政能量

惠州网络问政　行与思

南方民间智库◎编著

南方日报出版社
NANFANG DAILY PRESS
中国·广州

图书在版编目（CIP）数据

政能量 ：惠州网络问政行与思 / 南方民间智库编. — 广州 ：南方日报出版社，2013.1
ISBN 978-7-5491-0782-7

Ⅰ. ①政… Ⅱ. ①南… Ⅲ. ①电子政务－研究－惠州市 Ⅳ. ①D676.53-39

中国版本图书馆 CIP 数据核字(2013)第 027719 号

ZHENG NENGLIANG

政能量——惠州网络问政行与思　　南方民间智库 编

出版发行：南方日报出版社

地　　址：广州市广州大道中 289 号

电　　话：（020）83000502

经　　销：全国新华书店

印　　刷：广州市怡升印刷有限公司

开　　本：889mm×1194mm 1/16

印　　张：20.25

字　　数：320 千字

版　　次：2013 年 1 月第 1 版

印　　次：2013 年 1 月第 1 次印刷

定　　价：36.00 元

投稿热线：（020）83000503　读者热线：（020）83000502

网址：http://www.nfdailypress.com/

2008年9月16日，中共惠州市委书记、市人大常委会主任黄业斌（左）与南方报业传媒集团管委会主任、南方日报社社长、南方民间智库专家委员会主席杨兴锋（右）开展网络高端对话，同时与网友互动交流。活动结束后，黄业斌欣然为网友题词。在此前3个月，惠州全面拉开网络问政大幕。

2012年9月23日，黄业斌（中）与新加坡国立大学东亚研究所所长郑永年（右）共同做客“惠民在线”论坛，就“五个民共”与幸福惠州建设进行网络高端对话。

2012年9月23日，惠州市荣获2011–2012年度“广东网络问政年度城市”。人民日报原副总编辑周瑞金（右）向中共惠州市委副书记、市长陈奕威（左）颁奖。

2012年9月23日，第三届中国网络问政研讨会，南方报业传媒集团总编辑、南方日报社总编辑张东明代表主办单位致辞。

2012年9月23日，第三届中国网络问政研讨会，中国马克思主义研究基金会副理事长、中共中央党校原教育长郝时晋主题发言。

2012年9月23日，第三届中国网络问政研讨会，中国社科院研究生院博士生导师、人民日报原副总编辑周瑞金主题发言。

2012年9月23日，第三届中国网络问政研讨会，新加坡国立大学东亚研究所所长郑永年主题发言。

2010年4月16日，首届网络问政研讨会，凤凰卫视时事评论员邱震海点评发言。

“网络问政”惠州在行动……

惠民在线
今日惠州网
WWW.HUIZHOU.CN

南方民间智库（惠州）

惠民在线
今日惠州网
WWW.HUIZHOU.CN

惠民在线

惠州市、县（区）党政领导通过“惠民在线”论坛、党政领导信箱、网络问政研讨会、网友见面会等平台，听民声、察民情、聚民智、解民忧，形成了富有惠州特色的网络问政常态机制。

2010年10月22日，网友见面会，知名网友谌毅兵向黄业斌介绍“深莞惠（坪新清）产业合作示范区”规划建议方案内容与进展情况。

2011年11月22日，惠州市第十次党代会开幕，奥一网友李少魁、公民证（网名）、戴秋生旁听开幕大会。

2010年4月15日，民间拍案——实施《珠三角规划纲要》群众论坛惠州分论坛举行，论坛广纳草根智慧，凝聚乡野民意，为纲要在惠州及深莞惠落地生根“拍砖”、“灌水”。

2012年9月23日，大河网、红网、人民网、胶东在线、奥一网、中国宁波网和金山网、今日惠州网等8家网站，在惠州联合发布网络问政“6+2惠州共识”。

网络问政助推社会管理创新

周瑞金

2012年9月7日，人民日报的一条官方微博分析“当下改革面临的现状”，引起广泛关注——“利益主体各有诉求，社会舆论各执一词，得过且过的逃避和乌托邦式的苛求并存。对于改革者而言，既需要精巧平衡的智慧，更需要锐意进取的担当。转型中国，问题矛盾不能击鼓传花。”这说明，头脑清醒、有担当的政治家、媒体人，都在思考如何凝聚改革共识和激发改革力量。

当月，由南方报业传媒集团和惠州市委市政府共同举办的中国第三届网络问政研讨会，在广东惠州成功举办。我受邀参会，深切地感受到当地解放思想、深化改革、管理创新的浓烈氛围，尤其是以“五个民共”（即民共建、民共富、民共享、民共乐、民共治）执政思维所推动的种种行政举措，让人感受到了勇立改革潮头的气魄。研讨会由网络问政为切入口，探讨改革大计，并显示推动民意政治走向政治文明的独特力量。

惠州：网络问政先行者、深耕者、受益者

中国改革走过了34年的伟大历程。今天，局部突破与整体僵滞纠结在一起，希望与困难并存。网络问政兴起短短几年，已在全国呈燎原之势，以网络为纽带，官民顺畅沟通和良性互动。广东走在全国网络问政的前列，惠州更是其中“样板”。2012年5月，广东省第十一次党代会报告中提出，“健全决策咨询制度，积极开展网络问政”，以

及“推进网络参政问政制度化”，表明认知进入新阶段。

目前，我国网民已经超过5.38亿，农村网民规模为1.46亿。手机网民规模达到3.88亿，手机超越台式电脑成为我国网民第一大上网终端，平均每个网民每天上网时间已经超过2.84小时，大多数人接触互联网的平均时间，已经超过电视和报刊。

网络革命正在改变世界传统社会舆论生态。社交媒体和网络技术发展改变信息传播机制，让公众能够从越来越多的渠道接收到多种信息。在“人人都有麦克风”的自媒体时代，公民个体权利意识提高，传统的“家长式”管理方式，极易引发社会多元利益人群和网民的抵触心理。全能型政府带来的是全面性的管理压力，任何一件小事，一旦有风吹草动，舆论矛头都可能转向政府，最终，很可能酿成严重的社会危机。因此，坚持可持续的科学发展，由全能型政府向服务型政府的转变，乃是大势所趋。加强和创新社会管理制度，构建公平完善的社会建设格局，引入社会生态治理的新思维，是未来中国民主政治建设的必然之路。

网络问政要更上一层楼，就要从应急管理的层面，深入到制度改革的层面。包括中央提出的社会管理创新，广东提出的加强社会建设，并为政治体制改革提供有益借鉴。

显然，惠州是网络问政的先行者，也是深耕者、受益者。2008年6月，惠州率先运用互联网，将网络信息化纳入问政体系，拉开网络问政大幕。市领导广泛参与官民互动，市委书记黄业斌同志2010年3月就开通了微博，成为广东首个开微博的地市级领导人。在网民的积极参与下，惠州通过互联网察民情、汇民智，解民瘼，科学决策，民主决策，从源头上化解社会矛盾，创新社会管理，推动科学发展，提高幸福指数。惠州对网络问政及参政认识上的前瞻性、行动上的果敢性和实践上的创造性，值得全国学习借鉴。

还值得一提的是，2012年6月，广东全省21个地级以上市党政主要负责同志，在省信息中心参加计算机和网络应用技能考核。省领导巡考，书记市长们需完成发邮件、看微博、上QQ、回复网友问题、视频对话等“作业”。这一举措也是全国首创，它释放了一个强烈信号：

党政干部不仅需要网络问政的先进理念，还要具备会动手的信息化技能。

广东：网络问政成为社会管理创新的突破口

中国社科院的一项调查显示，超过70％的受访者认为一些地方政府存在着“隐瞒真实情况，报喜不报忧”、不作为和乱作为的现象。老百姓，变成“老白信，老不信”。在网络时代，政府如果在处理社会问题时表现出迟钝、无知甚至蛮横，都会在网上被无情曝光。互联网的低门槛、信息海量化碎片化，加之网民个人独立判读力不一，容易产生从众心理，形成舆论场的集聚效应。个别官员的贪腐、渎职、低效等，都会在网上被迅速放大，如同多米诺骨牌效应。因此，政府不能闭门造车，政务公开和听证会，运用互联网信息化手段，广泛开展网络问政和社会建设，是作为政府决策不可或缺的重要环节，必须加强政府行政管理科学化、制度化、法治化水平。

中央提出社会管理创新，要以解决“影响社会和谐稳定突出问题”为突破口。网络舆论，就是检测和研判这些“突出问题”的最新鲜、最丰富的信息源。借助互联网的问政参政，激活改进体制机制，改进公共治理，撬动民间社会，促进官民沟通，是当前成本最小、风险最低的政治体制改革举措。今天，互联网作为个人、民间组织之外的重要社会力量，正改变着传统的“强政府弱社会”格局，尤其是日益发展的微博，已经成为政府转型的最大社会推手，并激发了公民社会的产生。现代政治学和公民社会管理的最大启发，就是要推动政府行政制度的科学建设，有了老百姓对政府公信力的认同，才有整个社会的基本信任。

当前中国亟需一场社会管理的思维变革。社会建设和政治建设相对滞后，给社会稳定带来潜在的隐患，需要一场社会进步运动，来制衡权力、驾驭资本、制止道德滑坡，努力建立一个公平正义和繁荣稳定的社会。从2003年开始，广东在社会管理体制上不断创新，走在全国前列。2004年中央提出“社会建设”，所走的路径仍然如30年前的经济改革一样，从广东发轫并迅速取得全国性的影响。

由此看来，广东加强社会建设、创新社会管理，在新时期推动科学发展、促进社会和谐，正走在全国前列，也是建设幸福广东的重大历史使命。广东“社会建设”的先行先试，有着深厚政治基础和历史要求，是一种社会管理制度的创新模式。“权为民所用，情为民所系，利为民所谋”，到“权为民所赋”，其在地方和局部所进行的赋权社会所带来的变化，将拉开我国社会改革、民主政治建设和社会进步的序幕。第三届中国网络问政研讨会，让全国看到了网络问政已成为广东社会管理创新的突破口。

网络问政助推社会管理创新，需要加强科学化、制度化和法制化建设，使它能够互动，不但是老百姓通过网络问政向政府沟通了解民情，更重要的是今后政府要向老百姓请教，征求老百姓意见，包括重大政策的制定，要公开化，要让广大网民参与，逐步从民意政治，走向民主政治。

当然，这意味着要发展到新阶段应该具备几个条件：一是党政干部要提高媒介素养，能够和民众一起通过网络这一平台建设民主政治的自觉性和主动性；二是形成一系列有关的制度，保证网络问政的经常化、程序化，能够使网络问政参政保证质量；三是制定一系列必要的法律法规，使网络问政参政走向法制化，不随着领导人的更换，不受领导人素质的影响，能够使网络问政依法进行，取得有效的成果；四是培养一批网络领袖，让网络领袖发挥网络问政参政当中的中坚骨干作用，这样可以提升广大网民参政问政的水平。

正是有了这些期盼，希望惠州的网络问政，能够继续引领潮头，为广东和全国提供更多更新的经验。历史垂青于这片生机盎然的土地，相信惠州一定不负社会各界重托。

是为序。

（作者为中国社科院研究生院博士生导师、人民日报原副总编辑）

目录

从网络问政的“惠州样本”谈起

时代是进步的，因革损益，随时而异。互联网作为当代人类最伟大的发明之一，极大地提高了社会生产力，深刻改变了人们的生活及工作方式。在新的历史条件下，如何“建好、用好、管好互联网”、聚合正能量、增进人民福祉，这是时代之问，也是各级党委政府正在“应答”的一个新鲜热辣课题。

作为“全党深入学习实践科学发展观活动”试点市，广东省惠州市敏锐并果敢地顺势而为、借网有为，率先全面落实中央和省委、省政府要求，真抓实干、勇于创新，开创出了引人瞩目的网络问政“惠州样本”。惠州四年多探索，生动呈现了中国网络问政从无到有、从小到大，并趋向常态化、制度化的实践进程，值得关注和探讨。

种下梦想，一帖推开两条路

“有用、好用”，这是许多网友在用过惠州市网络问政平台后的整体评价。登陆惠州市网络问政综合信息平台，可知平台日均受理网友来信100多件，通过信息中心工作人员分派至遍及全市七个县（区）及市直130多家受理单位，进行处理。截至2012年12月，平台共收到网民有效来信122025件，回复120987件，回复率99.1%；办结117567件，办结率96.3%，办理高效，堪称榜样。

作为网络时代的一个新事物，网络问政工作说来容易，做起来却难。一些地方虽有相应平台，但多处于“问多答少”，甚至是“问而不答”，相比之下，惠州的高效难能可贵。那么，惠州是如何办到的？为何要超前许多地市率先搞起网络问政呢？知情者介绍说，惠州的网络问政是从一个网友的“公交梦”开始。

2008年6月以前，惠州没有系统化的网络问政，网友有意见最多就是上上论坛、发发牢骚，用现在网络流行语来说就是“吐槽”。6月15日，惠州本地论坛上一篇题为《最迫切的民心工程：淡水到惠州的公交梦》的帖子引发网民热议，帖子呼吁当时正在改造的惠南大道上应开通连接“一城两区”（即惠城区、惠阳区）的公交车以方便群众。10天后，市委书记黄业斌做出了“市民的建议有道理”的批示，并在网上挂出，此举瞬间激起了当地网民的极大关注。随后的两个月中，惠州最初的两个问政平台即“摘报”和“论坛”先后上线，当地的网络问政就这样“开篇”并日渐兴盛，8个月后，网友的“公交梦”也圆了。

回头来看，这篇网帖及市委书记的批示，是民众与官方“两个舆论场”有效打通的一次生动实践，可谓一帖推开两条路，一条公交路，一条问政路。这成为2008年“中国网络问政元年”中的标志性事件。

在谈到当时为何要对网友的“公交梦”进行批示时，黄业斌曾说：“改善民生是天大的事，落实民意是比天大的事”。在市委、市政府领导看来，开办网络问政的首要目的就是提供方便民意表达的平台，帮助政府摸清民意，改善民生，在此过程中“不回避、不忽悠、不作秀”。

真问互信，网络问政作为从政执政基本功

网络问政在惠州具有强大生命力，源于领导干部把善听网友意见、善用网友建议，作为从政执政的一个基本功，发挥制度的刚性作用，把倒逼压力转为工作动力，把网络问政转化成为广大党员干部的习惯思维、习惯方式。惠州网络问政的高效实用，源于有一套成熟的办理机制，有一系列严格到位的交办标准，即“网上交规”，这套“交规”对网友来信专门制定了诸如“首问负责制”、“办结时限红

绿灯制”、“百分百受理”、“领导批示及办理结果双公开”和问政工作“纳入‘一把手’目标责任考核”等（如下表）：

惠州网络问政建设中善用制度强化执行力

七个配套制度	七大执行标准
1．《“惠民在线”工作方案》	1．首问负责制
2．《关于开展网络问政工作的通知》	2．办结时限红绿灯制
3．《关于开展“惠民在线”网上办公工作的通知》	3．百分百受理
4．《关于明确开展网络问政单位的通知》	4．领导批示及办理结果双公开
5．《惠州市“网络问政创新完善年”活动实施方案》	5．纳入“一把手”目标责任考核
6．《惠州市网络问政督查工作制度》及《实施细则》	6．实施督查制
7．《惠州市关于深化网络问政工作的若干意见（试行）》	7．市委书记任问政领导小组组长

执行标准中的“办结时限红黄绿灯制”，要求受理单位对网友问题必须做到5个工作日内回复，超过时限即亮黄灯，超过15个工作日即亮红灯。“领导批示及办理结果双公开”要求部门的受理情况及办理结果要第一时间在网上公布，由市委督办、市政府督办转各部门办理的，其中的“领导批示和办理结果”也必须在网上进行“双公开”，并接受问政网友监督及网友评议。网友对被问政部门的办理评议，还可从满意度、规范度、文明度这三个方面进行细评。

因为有制度、有标准和对党政“一把手”问责做约束，惠州各级各部门对网络问政工作极为重视。惠州市城管执法局专门设立了网络问政办公室并配备两名专职人员。市房管局创新签发流程，建立由一名熟悉全局业务的局领导“一支笔”先签批，然后再交由承办科室办理的新流程，基本上实现了网友意见“当天接收、当天转办”。惠城区在全市7个县（区）中率先成立了专门的“网络问政中心”，负责并推动问政工作向基层镇街纵深。市政府办专门把原来的一份《网络信息专报》改为《互联网信息快报》，强调对网民重要意见即收快办。

目前在惠州，网友的问政事项已经成为各单位领导每天必看的重要信息。网友的声音、网友对惠州党委政府的诉求、建议等现已得到了专事专办、即收即办的“贵宾”待遇。在许多单位的办理回复中，不仅有具体的办理情况说明，还有部门主动留下的办公电话，以方便网友随时咨询。

在“网外”，惠州市委、市政府多次召开“网友见面会”，请网友与市委书记、市长会面，现场拍砖、建言。2010年开始，惠州市人大和政协专门新增了特殊的“网民旁听席”，网友参政议政的渠道在同步拓展。2012年、2013年市政府“十件民生实事”也在市长的倡导下，通过网络广泛征集网友意见，实现民生实事由百姓话事。

实干创新，搭建网络问政“全平台”

“制度化、规范化、常态化”是人们对网络问政“惠州样本”的总体评价，是指惠州现有一组固定的、立体化的地方网上问政“全平台”，如下图：

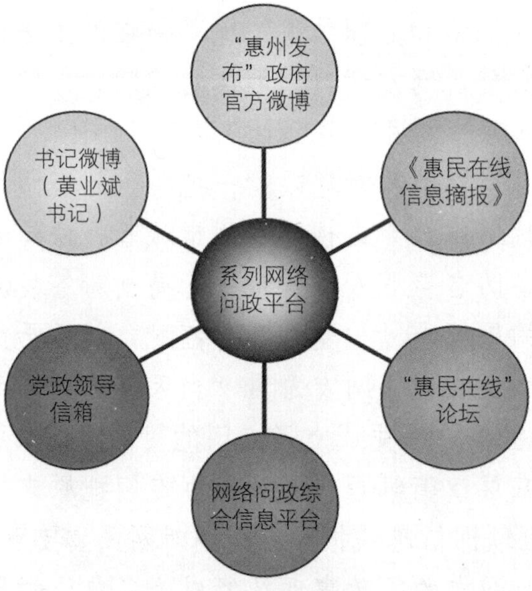

从2008年8月开始至今的四年多里，惠州先后开设了系列网络问政平台。首先，2008年8月14日开播“惠民在线”论坛（简称“论坛”），当月开始定期编写《惠民在线信息摘报》（简称“摘

报”），3个月后的2008年11月14日推出“网络问政综合信息平台”（简称“综合台”）；2010年又依次开通了书记微博（市委书记黄业斌个人微博）和“党政领导干部信箱”（简称“信箱”）；2012年10月19日，“惠州发布”即惠州官方微博正式上线。这些平台均是直接针对网民设定，并在收集民意和纾解民困的运转方式上形成了特定的互补。

“综合台”好比“问政大厅”，由政府负责，全天24小时接受网民对惠州各级党、政部门的投诉或建议等；“论坛”如“网民议政大厅”，由惠州报业传媒集团具体承办，负责每月联系市或市直部门及县（区）领导各一位与网民即时在线交流等；“摘报”尤如“打捞网上民意的窗口”，由专职部门每周全方位主动收集网络民意，形成专题报市领导批示，并进行督办；“信箱”则是网民“直接问政领导的大门”，来信直送该市16位党政领导。这些平台形成了与网民全方位沟通的网络问政新格局，有人形容惠州的党政部门及领导对网友的态度是全开放、不设防，“开门、开窗、开大厅，配备直通车”，保证“网友怎样方便怎样来”。

问出硕果，民意落地生根

惠州重视网络问政、重视网友意见，也“种”出了成效，“善待网民和网络舆论”让惠州初尝了甜头。

1. 网上听民声，网下解民忧，民生持续改善是问政的首要成效。统计几年来惠州网络问政平台上的网民来信可知，大部分是投诉类，越往基层越是如此。在惠城区2012年所收的5133份来信中，投诉类近62%，投诉内容多是些看似“鸡毛蒜皮”的小事，如噪音油烟、占道乱摆卖、市容绿化或是质疑执法不公、不作为等。对这些投诉，全部由相关部门跟进处理，赢得了网友的认同。负责网络问政的工作人员深有体会地说，“网上的呻吟常是网外的疼痛，现在有一个快捷、方便的问政渠道给群众，有助于相关部门及时发现并纾解民困。”

2. 搭建“直通车”，激发了公众参与积极性，促社会善治。加强社会建设需要公众参与，网上问政是最便捷、成本最低的民众参与方式之一，也是创新社会管理初期易调动群众积极性的好办法之一。比如，借网民的眼睛和问政来信，拓宽了监督渠道。对此，惠州市城管执法局有深刻感受，他们说，单靠全局几百个执法队员，要管好几千平方公里很难，单靠纪检室几个工作人员，要监督好几百人的执法队伍也很难，但是有了网民的问政监督，既能及时查处违法又能督促工作人员秉公执法，收效很好。

3. 提高效能，推进政务公开，打造服务型政府。通过网络问政有助暴露部门原有工作不足，并把完善工作由原来的“群众求”变为“自己推”，提升行政效能，加快向服务型政府转型。比如，在2010年《惠州市“网络问政创新完善年”活动实施方案》中有这样一段话：“根据网民在网络问政试点部门所提交的问题情况分析，大部分问题属于对相关行政事项办理的咨询意见，有些部门咨询类问题占到网民问题数量的90%以上”。《方案》同时专门就此项工作提出三点要求，一是全面推行信息公开，二是加强信息公开监督；三是完善信息公开考核机制。

4. 搭天线“接地气”，推进政民互动，提升了党员干部的执政能力和施政智慧。网络问政增加了广大党员干部与网民打交道的机会，帮助广大干部坚定并掌握新形势下走好群众路线的信心和本领，提升具体解决群众问题的能力。如今“惠民在线”论坛直播领导与网友的在线交流已有95期，有60多位市领导和市直部门及县区主要领导在此登台。工作人员说：“因大多领导都是首次参加直播，且不能拿稿读，所以一些刚进来时会紧张，开机前反复问‘是直播吗？说错了怎么办？’往往是与网民交流一会，领导就不再紧张了，因为网友大都是很友好的。”

5. 畅通民意渠道，增进社会和谐，助“防未病”。惠州市上访量，近年来在全省地市排名中都是末位，且整体数字呈现出逐年下降态势。惠州信访部门的总结是：网络问政和网上信访的开展，拓宽了信访渠道，降低了信访成本，有助于把矛盾化解在网上、化解在萌芽状态。经过几年的问政实践，惠州越来越多的公务人员都意识到，许多纠纷起初就像“社会小感冒”，早发现早治疗，防止隐患累积成“大病”。如今，惠州的网络问政，已和传统的信访、媒体舆论等一齐构建起了畅通民意、服务群众的“大网络”，形成了推动社会发展的强大合力。

6. 尊重群众话语权，促进科学决策，“金点子”变成发展的“金钥匙”。“网络上从来就不缺少智慧”，网络问政平台提供了一个把网友智慧合理、有序引入决策部门的高效渠道，惠州网民不少意见、建议被党委、政府采纳，并被视为“金点子”。一位参加过“网友见面会”的领导身有体会地说：“通过网络问政不仅解决了很多‘疑难杂症’甚至是‘顽疾’，有时网友的一条好建议，可能会让成千上万的群众受益，就如那个‘公交梦’一样。”

“五个民共”孕育出网络问政“惠州样本”

惠州网络问政取得良好成效，社会各界好评如潮。正是“功夫在诗外”。当我们把“惠州样本”与惠州近年来的发展定位、目标等联系起来看，不难发现惠州网络问政的红火，有其内在支撑和发展逻辑。

1. “五个民共”这一理念，为网络问政在惠州落地提供了充足的“阳光、空气、土壤”。惠州市从2008年起把 “建设科学发展的惠民之州”作为总目标、总任务，并在实践中逐步形成了“五个民共”执政理念。惠州网络问政正是这一理念的产物，围绕民字做文章，把“民共建、民共富、民共享、民共乐、民共治”贯穿于网络问政全过程，使网络问政有了最坚实的思想基础和最广泛的群众基础，成为一项听民声、察民情、聚民智、解民忧的“惠民工程”，成为一项凝聚全市人民智慧和力量共建幸福惠州的“幸福工程”。

2. 真听互信，真问实干，让网络问政转化为广大党员干部的习惯思维和重要工作方式。有网友说，黄业斌是惠州网络问政的总设计师，在惠州网络问政兴起和发展的每个关键阶段，这位提倡接地气、办实事的市委书记都可谓是“先行者”，第一个勇敢吃螃蟹者。如，他是惠州第一个批示网友建议的领导，是第一个走进“今日惠州网”视频直播平台与网民在线交流的领导，还是广东省第一个开微博的地市级领导。黄业斌认为，“善听网友意见是从政者的基本功”、“我自己带一个好头，我来了，市领导、部门领导也会来”。市长陈奕威认为，只有正确对待、积极回应网友的“拍砖灌水”，才能够更广泛的察民情、聚民智，才能够更务实的办好实事、惠民生，才能够真正打造人民满意的政府。在惠州，从市领导到职能部门再到广大网友都积极参与网络问政，网络问政从初始的听百姓声音，问计于民，到现在发展为市民网友共同论政和参政，已经形成了一种习惯，渗透到经济社会发展当中。

3. 政府效率高、执行力强，为网络问政在惠州普及提供了坚实保障。高效能建设和强执行力是支撑惠州网络问政成功的重要因素。2006年，惠州市被世界银行在《中国120个城市投资环境报告》中评为政府效率全国第一。近年来，惠州坚持不懈抓作风建设、效能建设、服务型机关建设，强调执行力，确保执行到位，使网络问政在全市范围内迅速铺开、落地生根。开展网络问政以来，惠州各级、各部门通过网络问政系列平台进行网上交流、网上沟通、网上办公，诸如市政管理、道路建设、环境卫生等大量民生问题，通过“网上”反映，又切切实实在“网下”得到化解，成为部门工作能力“试金石”，提高工作效率“好帮手”。

4. 改革注重系统性、协同性，使惠州网络问政有了持久的生命力。广东得全国改革开放风气之先，惠州是广东最为活跃的改革先行市之一。近年来，广东把多项极具重要意义的综合改革或单项改革试点放在惠州，惠州在系统、协同改革方面已积累了丰富的经验。得益于这些经验，惠州在推进网络问政的过程中，也十分注重系统性。

如，与系列问政平台同步推出的是《“惠民在线”工作方案》、《惠州市网络问政督查工作制度》等配套制度，这些制度“协同发力”。同时，先强调领导带头上线，再在部门试点，最后总结经验、全面铺开，最终使网络问政全面覆盖，实现制度化、常态化，这使惠州网络问政有了生命力。

当然，惠州网络问政的成功从更大层面上说，离不开中央、省各级领导对网络民意的重视和主动“触网”的示范，离不开“加强和改进网络内容建设，唱响网上主旋律”的时代背景和要求，离不了广东倡导先行先试的历史机遇。

（杨馥铭，知名网友、南方民间智库高级研究员）

行篇

- 惠民之州，迈步走在网络问政时代
- 给力网络：让民意落地生根
- 完善平台：惠州网络问政的实践路径
- 长效机制：一座城市网络问政的全方位探索
- 惠州金牌：“五个民共”理念成就城市荣誉

惠民之州，迈步走在网络问政时代

当下中国，创新社会治理之声不绝于耳。而网络问政，可以说是创新社会治理模式的主导平台之一，同时，也是市委书记黄业斌治下惠州的一张闪亮的城市名片。你一定会问，网络问政，惠州做了什么？

打开网络搜索，搜索“惠州　网络问政”这一关键词，关于“惠州经验”、“惠州样本”的新闻稿件屡见报端，关于“惠民在线”、“@黄业斌”的消息报道不胜枚举。什么是“惠州经验”？“惠州样本”又包含哪些内容？回顾惠州网络问政五年路径及成效，有创新，也有完善；有互信，也有实干；有坚持，更有收获。

问政起航

2008年，这个被誉为中国网络问政元年的年份，一次网络事件，让惠州率先全国，踏上网络问政路径成效的发现之旅；一场网络交流，让惠州逐步尝试，开始网络问政制度构建的探索征程。

这一切都要从一个网帖开始说起。2008年6月，网友“hzhqzxs”在惠州西子湖畔论坛发表帖文《淡水到惠州的公交梦》，引起了黄业斌的关注及批示。网帖被批示后，这一事件迅速轰动惠州。紧跟相关部门的快速反映和行动，半年后，从惠州火车站发往大亚湾区的惠南公交K1线开始行驶在惠南大道上。

这个网帖事件给黄业斌以启发，他说，我们一直在考虑如何开辟一条倾听群众呼声的新渠道。受到启发后，我们决定与网友在线交流，并把它命名为“惠民在线”。彼时，在线交流在惠州还是空白，黄业斌带了个头，还是个好头。

一切都还和一场网络交流有关。2008年8月14日晚，在黄业斌亲自设计推动下，“惠民在线”论坛正式开播，惠州“网络问政”启航。

这是一个注定被惠州历史所记录的夜晚，也是一个至今为网民所津津乐道的夜晚。不为外界所知的是，当晚的网络直播间竟然是临时搭建的，具体的承办单位今日惠州网相关负责人忆起，仍感慨不已。

倾听群众呼声，为老百姓服务不讲条件，也不能讲条件，靠得是善于发现和思考的智慧。针对特殊群体的要求，惠州先后探索成立“出租车司机之家”、“外来工之家”、“流动商户之家”等各种“特色之家”。

上线交流时，针对网民关于流动摊贩的质疑，黄业斌一脸沉重。他说，不但不能取消，政府还要做到“摆者有其摊”，还要确保“摊者守其序”。新加坡国立大学东亚研究所所长郑永年甚至乐观预见，终有一天，“流动商户之家”能替代城管，对流动摊贩进行管理。

路径助航

正在大家为惠州网络问政是否昙花一现而争鸣时。时隔一个多月，2008年9月16日，黄业斌再次通过网络和南方报业传媒集团管委会主任、南方日报社社长杨兴锋进行了一场网络高端对话，并与网友互动交流。

随后，市领导、部门领导李汝求、李达文、黄仕芳、王细波、黄锦辉也先后上线。2008年下半年，先后6位惠州党政领导成为“惠民在线”论坛嘉宾。网络问政不再是“开胃菜”，成了“工作餐”。基于此，2011年11月28日，刚刚到惠州工作3个多月的市长陈奕威也成为“惠民在线”论坛嘉宾。

截至2012年底，“惠民在线”论坛已经举办95期，网友累计现场发言17086条，领导在线回答1714条，部门在线回复3849条。其中黄业斌更是先后5次走进“惠民在线”论坛直播间，就民生问题对话网友，为城市发展问计南方民间智库成员和海内外知名学者。

随着时间的推移，惠州市网络问政的平台、渠道形式，也从单一的“惠民在线”论坛，进一步补充、完善、丰富，目前已有《惠民在线信息摘报》、惠州市网络问政综合信息平台、书记微博、党政领导信箱、惠州微博发布厅、网上办事大厅等。

从批示第一个网帖，黄业斌先后在155期《惠民在线信息摘报》上批示662个问题或建议，通过“书记信箱”批办365个事项。有关数据显示，2008年以来，惠州群众到各级部门的上访量正逐步减少。

三不两真

执政为民的道路有千条万条，关键取决于领导干部愿不愿意去走；调查民意的方法有千种万种，关键取决于决策者愿不愿意去想。惠州的领导干部愿意去想，也敢于创新；愿意去做，也勇于尝试。经过一系列的创新、尝试，走出了一条有别于其他地方，有着惠州特色的网络问政之路。

2009年7月7日，惠州市委书记、市长带着30位部门一把手，约请18位网民代表现场说问题、提建议。这一次，黄业斌旗帜鲜明而庄重承诺，“在网络问政中决不作秀”，引发网络强势围观和热议。坊间普遍认为，惠州网络问政的“三不两真”原则肇始于此。

据观察，在2010年致网民的拜年信中，黄业斌再次承诺：对网友提出的问题、意见和建议“不回避、不忽悠、不作秀”。2010年3月22日，黄业斌开通微博，4月7日批复23位网友问题，也表示“开微博不是开来秀的，而是开来用的”，知名网友“厦门浪”通过人民网发声，高呼“是一种犀利的姿态”。

2010年10月22日，第二次与网友见面的黄业斌又提出，“网络问政要真问、互信”。而后，经过半年多的实践和总结，2011年4月29日，他在首届华人网络论坛主题演讲中再次系统阐述，并重申网络问政“三不两真”原则，即始终坚持“不回避、不忽悠、不作秀”和“真问互信，真听实干”。

说起与网民的互动，不得不提到谌毅兵，“黄谌”交流和互动持续数年，堪称经典，至今还在延续。从中或可窥惠州坚持“三不两真”原则之一斑。

谌毅兵是深圳龙岗区委党校教师，坪新清产业合作示范区首倡者。2010年10月22日，网友见面会，他建议规划建设深莞惠（坪新清）产业合作示范区。精心准备，加上前期调研，引起黄业斌注意，见面会还没结束，惠州市发改局副局长罗志荣就上前对接具体事宜，邀谌毅兵深入沟通。

首届华人网络论坛会场，黄业斌在致辞中主动提及，深莞惠已签署合作框架，合理化建议变成现实，并向谌毅兵表示感谢。听到被点名，谌毅兵颇感惊讶和意外。2011年5月4日，他发表主题“走在网络问政的路上”的帖文，感慨、感谢和感动溢于字里行间。

2011年11月22日，惠州市第十次党代会报告明确提出，“加快推进‘坪新清产业合作示范区’建设”，听闻消息，谌毅兵十分动容。2012年8月30日，第三次网友见面会，他终于有机会向黄业斌当面道谢。

赞誉纷至

网来网去，浪淘真金。当一些地方党政领导还在为了和网友见一次面，对一次话而沾沾自喜时，黄业斌和网友的约会已经有些让人眼花缭乱了。他和网络问政，或者可以说是惠州和网络问政，最终得以收获正果，荣誉纷沓而至。

2009年、2010年、2011年，“惠州经验”、“惠州样本”、“幸福惠州”先后入榜最受网民关注的“广东网络问政十大经典案例”；2009年度、2011-2012年度，惠州两度当选“广东网络问政年度城市”；2010年，领衔4个“中国互联网与社会管理创新城市”之首；此外还有“全国文明城市”、“中国最具幸福感城市”、人民网“最受关注地方领导”……

南方民间智库专家调研组对此深有体会。近些年来，惠州至少打出了4张城市名片，“文明城市”是平台，“惠民之州”是内涵，“网络问政”是抓手，“幸福惠州”是目标。

说惠州是一座荣誉之城，一点都不为过。让惠州干部们最为看重的，有这样几块金牌：全国文明城市、中国最具幸福感城市、广东网络问政年度城市，因为这3个荣誉都和民意、民情、民生有关。前一个是官方评价，所有城市荣誉中的“王者之誉”；后两个是民间评价，有着深厚的群众和民间基础。但荣誉背后，指向的都是人类最基本的精神需求：文明、幸福和惠民。

“党委政府负责人实实在在做事，各部门实实在在抓，而且形成制度。”第三届中国网络问政研讨会嘉宾普遍认为，惠州网络问政走在全省乃至全国前列，其经验可供全国推广借鉴。

制度护航

网络问政工作的推进，少不了制度护航。2008年以来，惠州先后下发“惠民在线”工作方案，关于开展网络问政工作以及明确网络问政工作单位的通知，惠州市“网络问政创新完善年”活动实施方案，惠州市网络问政督查工作制度和实施细则等。

2012年9月23日，第三届中国网络问政研讨会，被民间称为“惠州网络问政16条”的《惠州市关于深化网络问政工作的若干意见（试行）》，让惠州网络问政的探索、努力和尝试，落了地，生了根。

细看“惠州网络问政16条”，其中包括探索从网民中推选“两代表一委员”人选、设立网络问政“智惠·金点子”奖、定期举办网民“大家谈”活动、建立网络问政重大事项交办制度、严格网民信件“红黄绿”灯限时办结制……条文具体全面，可操作性强。

而这一天，大河网、红网、人民网、胶东在线、奥一网、中国宁波网和金山网、今日惠州网在惠州联合发布网络问政“6+2惠州共识”，也让网络问政在这座城市的烙印更加深刻。

“只要民意落地生根，幸福就能加倍提升”，“网友建议越给力，幸福惠州就越持久。如今，惠民之州不但成了“幸福惠州”，还成了“网问之州”。“网问之州”又带来“网问之惠”和“网问之福”，可以说是“网民之幸”，也是“社会之幸”、“时代之幸”。

惠民之州，正迈步走在网络问政时代，这包含着过去，现在，还有未来。

（杨冗晟　钟伟连）

一 给力网络：让民意落地生根

全国网络问政看广东，广东网络问政看惠州。惠州市委、市政府主要领导很早就意识到，网络对官民无缝沟通、创新社会管理、创造新时期群众路线的重要意义，采取了一系列先发动作，如同“组合拳”，招招精彩。

2008年，在网民的参与下和黄业斌的过问下，惠南K1线公交开通。从这一事件感受到网络民意的力量，念于此，黄业斌率先垂范，带头亮相“惠民在线”论坛，带领惠州官员集体约见网友，与网友线上线下交流。

微博刚刚兴起时，黄业斌便认识到它作为最新形态的传播方式，有快速、互动、广泛、精炼等优势。2010年3月，黄业斌在南方微博上开通个人实名微博，成为广东首位“尝鲜”微博的地市级干部。市长陈奕威则身体力行，推动政务微博群“建”与“管”，部门微博由“独唱”变“合唱”。

“凡事预则立，不预则废”。黄业斌、陈奕威和惠州市委、市政府一班人先知先觉，先行先试，为网络问政在惠州的枝繁叶茂打下坚实基础。

1.1 “我来了，市领导部门领导也会来”

微引言

@黄业斌：我自己带一个好头，让在线交流成为一个常态。我来了，然后市领导、部门的领导也会来。请各位放心，也继续关注。//**@黄业斌：**我们一直在考虑如何开辟一条倾听群众呼声的新渠道。受到启发后，我们决定与网友在线交流，并把它命名为“惠民在线”。

2008年8月14日　来自　“惠民在线”论坛

2008年8月14日，黄业斌作为“惠民在线”论坛首位嘉宾，与网民在线交流。图为直播页面截图。

带头上线“惠民在线”论坛

让在线交流成为常态

2008年8月14日，一个让惠州网民永远铭记的日子，一个可以载入惠州网事史册的日子——这一天，在市委书记、市人大常委会主任黄业斌亲自设计推动下，今日惠州网“惠民在线”论坛正式开播，惠州“网络问政”正式启航。

当晚，黄业斌作为“惠民在线”论坛首位嘉宾，与网民真诚在线交流。他向网友承诺：“实际上我是刻意带个头，带一个好头，让在线交流成为一个常态，我来了，然后市领导、部门的领导也会来。”

“各位网友，大家晚上好！非常高兴跟大家见面，等一下我很乐意回答大家的问题。”晚上8时，论坛访谈在轻松愉快的气氛中展开，黄业斌落座后便热情地和网友们打招呼。1小时40分钟时间里，网友提出如何解决市区停车难问题、外来工子女就学、节能环保、住房、政府服务效率等问题，他都有问必答，决不含糊。

“尽量提一些实在的问题，我尽量多回答网友的问题。”黄业斌对网友说，“今后只要网友有需要，我的时间许可的话，我很乐意跟大家进行交流。”

黄业斌做客“惠民在线”论坛，在广大网友中引起了热烈反响，在线交流期间，网友共发出400多个帖子，表达关注和支持，提出意见、建议。

打响“惠民在线”品牌

参加完“惠民在线”论坛访谈的黄业斌，又被“老记”们围住了，连一口水都来不及喝，就接着开了一场“记者招待会”。

记者：在您的重视、支持和参与下，“惠民在线”论坛首次开播并获得成功，您对这个论坛如何评价？有何期待？

黄业斌：我们一直在考虑如何开辟一条倾听群众呼声的新渠道。由我带头，直接在网上看老百姓提出的问题，看到好的，我就打印出来批上字，交给有关部门去办理。不知道哪个部门把第一份批示放到网上，没想到网民反映会这么热烈，挺关注，我就让有关方面把批示放上网。

受到启发后，我们决定与网友在线交流，并把它命名为“惠民在线”。我认为，在线交流第一是倾听呼声；第二是吸取他们的合理建议；第三是把“惠民在线”看作是群众监督的重要途径，工作做好没有可以参考网民的评价。

接下来我们要本着互信、互补、互动这么一种态度，加强和网民的沟通交流。我希望把《今日惠州网》“惠民在线”这个品牌打出去，把它办成与老百姓接触、沟通的桥梁和纽带，把它办成解决问题的阵地。

记者：如何保证网民的合理意见及时有效得到办理？

黄业斌：我在这里再给各位表个态，就是要建立两项制度。第一，建立定期在线交流制度。今后，其他市领导和各部门负责人，也要在线交流，回答网友关注的问题。第二，要建立网友提出问题的办理情况反馈制度。我想告诉各位网友，你们今后提的意见和建议，只要是合理的，我们都会去办，而且建立反馈制度，请你们放心。（据惠州日报2008年8月15日报道）

【交流摘录】

常通过上网了解社情民意

@黄业斌：我非常注意和注重倾听群众的呼声，了解广大人民群众对党委、政府工作的意见和建议。第一，通过上网了解社情民意，网民有什么呼声、有什么意见、有什么要求；第二，客观来讲，上网也是接受网民监督的一个重要渠道。**//@“惠民在线”论坛网友：**请问黄书记，您平时工作繁忙，为什么还要在百忙中与网民在线交流呢？

2008年8月14日　来自　“惠民在线”论坛

@网友“火电厂”：难得有一个这么关心民生的书记，在这里，我呼吁全体惠州网友文明发帖，不讲粗口，不怨天尤人，不造谣生事，多点宽容和帮助别人，多发有建设意义的帖子，争当文明惠州人。**//@黄业斌：**通过今天晚上跟大家见面，让我有很深的感受。第一，我们广大的网友素质很高、很文明。第二，我们的网友很关心社会，尽到自己的社会责任。

2008年8月14日　来自　“惠民在线”论坛

围绕实施《纲要》问计网民

2009年5月25日，黄业斌再次做客“惠民在线”论坛，围绕实施《珠江三角洲地区规划纲要》、推动惠州加快发展问计网民。黄业斌说，广大网友关心惠州发展，建设性意见给他留下深刻印象，网友们文明上网，很有社会责任感。黄业斌表示等时机成熟，将召开网友座谈会。

2009年5月25日，黄业斌再次做客“惠民在线”论坛，围绕实施《纲要》问计网民。

【交流摘录】

让网民成为实施《纲要》推动者

@黄业斌：回答是肯定的。网民的意见、建议是我们实施《纲要》的重要组成部分。怎样实施好《纲要》，要听老百姓的意见，要听网民的意见，这样才能更加完善落实《纲要》的各项措施，让我们的老百姓、让广大网民成为惠州实施《纲要》最大的推动者和最大的受益者。**//@“惠民在线”论坛网友：**您觉得网民的建议对您真的有用吗？

2009年5月25日　来自　“惠民在线”论坛

@黄业斌：建设世界级石油化工基地、国家级电子信息产业基地、全省重要的清洁能源基地、粤港澳地区休闲度假基地、全国统筹城乡发展综合改革试验基地，是《纲要》给惠州提的目标、任务和定位。建设五大基地，是惠州实施《纲要》的一个平台、载体、抓手，也可以说是惠州的特色。**//@网友“新气象”：**惠州在贯彻落实《纲要》中提出要建五大基地，能不能介绍一下五大基地？

2009年5月25日　来自　“惠民在线”论坛

@黄业斌：用轻轨把惠州“一城两区”连起来，这个建议体现了老百姓的需求，实质上也是市场的需求。对此我也进行了调研，接下来和市政府的领导一起，给省交通厅、给施工单位衔接一下这个事，进行认真的论证，争取在惠州西湖设个站。**//@网友“飞飞”：**莞惠城际轨道建设已经动工了，能不能在惠州西湖附近设一个上落点？

2009年5月25日　来自　“惠民在线”论坛

@网友“一网情深”：我们惠州的旅游资源很丰富，但缺少一种灵魂性的东西：文化和情感。因此，建议要有表现惠州本土文化资源的表演剧。同时，西湖景区乃至整个惠城区，可开辟成为一个适合游人骑自行车，慢慢地悠闲品味的地方。要通过文化情感因素的营造让游客住下来，慢慢品味，希望书记能加强在这方面的投入。

2009年5月25日　来自　“惠民在线”论坛

就创新社会管理与网友互动

2011年10月19日，第三次做客“惠民在线”论坛的黄业斌，就“创新社会管理，建设幸福惠州”与网友互动。黄业斌表示从2008年起，他每年都要抽个时间来“惠民在线”跟网友见面，听听网友对党委政府工作的意见和建议。

黄业斌说，惠州网民对惠州这座城市充满了感情，为惠州的建设做出很大贡献。虽然每年在网络跟网友直接聊天就见一两次面，但实际上他每个星期都会通过惠民在线的摘报，批示大家关心的问题，交代有关部门迅速跟进办理。

【交流摘录】

非常乐意用云计算升级网络问政

@黄业斌：目前LNG公交车及用电池的公交车都比较贵，但惠州市党委政府会尽最大的能力支持购买环保车辆。//**@黄业斌：**在公共交通车辆方面，政府将加大投入，多买一些车，多开辟一些线路。对凡是需要开辟运营线路的，该开通就开通，该延长就得延长，最大限度地满足大家出行的需要。

2011年10月19日　来自　“惠民在线”论坛

@黄业斌：现在我们是计划两条腿走路，一是居家养老，现阶段90％左右都是要在家里养老；社会有需求，我们也要动脑筋，舍得投入，舍得花钱。惠州

“十二五”规划，要求每个乡镇，至少要有1-2家综合性的养老院，咱们朝着这个目标共同迈进吧！**//@网友“我不是超人”**：随着人口老龄化进程加快，会出现老人难住进老人院的问题，怎么安排？

2011年10月19日　来自　“惠民在线”论坛

@黄业斌：利用云计算把网络问政逐步提高水平，提高效率，我非常乐意！**//@黄业斌**：这位网友如果有兴趣的话，可以在网上给我发一些意见和建议，让我看得更明白一点，有机会思考得更成熟一点。只要条件一成熟，我们就启动这个工作。**//@“惠民在线”网友**：作为网络问政先行一步的城市，咱们惠州会不会利用云计算技术来加强网络问政工作，提高职能部门办事效率，方便群众办事？

2011年10月19日　来自　“惠民在线”论坛

@黄业斌：平价商店，希望更多一点是吧？惠州已经计划两年内，争取建350间左右平价商店，尽可能一年增加100至120家，让老百姓到平价门店买菜。**//@网友“CS”**：惠州有很多平价商店，东西便宜，质量也好，但位置太远，买东西不方便。建议政府把这些平价商店也开到城区，让更多的市民能够享受到优惠。

2011年10月19日　来自　“惠民在线”论坛

1.2 “上网是最好的调查民意方法”

微引言

@黄业斌：上网就是最好的调查民意的方法！我想，有一天我会觉得，一天不上网就不踏实。//**@杨兴锋**：重视网络问政，对落实科学发展观、构建和谐社会都很有意义。//**@杨兴锋**：惠民之州这个思路提得太好了，尤其是民生财政。//**@黄业斌**：在下一轮的科学发展中，就是要把惠州建成科学发展的惠民之州。

2008年9月16日　来自　奥一网《第一直播室》

黄业斌与杨兴锋高端对话“创文明城市、建惠民之州”

■**对话人物**：黄业斌（惠州市委书记、市人大常委会主任）

杨兴锋（南方报业传媒集团管委会主任、南方日报社社长）

■**对话主题**：创文明城市、建惠民之州

■**对话时间**：2008年9月16日16:00—17:40

■**对话地点**：奥一网《第一直播室》

2008年9月16日，黄业斌通过奥一网诚邀网友拍砖，共商民生大计。当日，黄业斌与杨兴锋就“创文明城市、建惠民之州”主题与网友互动交流，并开展网络高端对话。

这位开明风趣的市委书记笑称，他从高中时代起，看了30多年《南方日报》，一天不看就觉得不踏实。现在又有了一个新习惯，就是每天要上南方报业传媒集团的南方网、奥一网，“网友的很多意见对我很有启发。我想，有一天我会觉得，一天不上网就不踏实。”

对于网友投诉的房地产、黑网吧等诸多问题，黄业斌也坦然回应，不乏个性化言论。他宣称“我也痛恨那些无良老板”，还为博罗路难行向网友道歉，誓言迎头赶上，邀请网友三年后再来看看，再发帖表扬惠州。

2小时网络对话直播结束后，黄业斌兴致不减，为奥一网友题词“我和你心相连，千里信息奥一牵”，赠予奥一网友共勉。

黄业斌为奥一网友题词“我和你心相连，千里信息奥一牵”。

关于代课老师

黄业斌：基本解决代课教学问题
杨兴锋：民族复兴需要重视教育

@黄业斌：惠州要发展，就要走可持续发展的道路，教育一定要发展。就像一个家庭一样，温饱解决之后，就要抓教育，要把教育时时刻刻摆在重要的位置。**//@黄业斌**：历届市委、市政府都高度重视教育，到1998年基本解决了代课教学的问题，除惠东还有少数代课老师外，8200多名代课老师都已转为公办教师。

2008年9月16日　来自　第一直播室

之前，奥一网友关于“代课老师”的留言帖子，引起省委书记汪洋高度关注，网络热帖“代课老师”成为高端对话开场白。黄业斌表示，惠州基本没有代课老师，且老师收入与当地公务员收入水平差别不大。

2008年9月16日，黄业斌与杨兴锋网络高端对话“创文明城市、建惠民之州”。图为奥一网直播专题页面截图。

“惠州要发展，就要走可持续发展的道路，教育一定要发展。就像一个家庭一样，当你的温饱解决了之后，就要抓教育，所以要把教育时时刻刻摆在重要的位置。”黄业斌说，历届惠州市委、市政府都高度重视教育，到1998年止，惠州基本解决了代课教学的问题，除惠东还有少数代课老师外，8200多名代课老师都已转为公办教师。

“经过市委、市政府大量的研究，我们早几年提出了城乡教育联动计划，就是说城里面的教育要发展，也不要忘了农村这一块，要联动、要互动，要共同发展。”

教育的重点在学校，教育的根本在老师。黄业斌说，所以我们就要有一种理念，教师要和公务员的收入大体上一样。他举例说，同在1991年参加工作的两个老师，一个在惠州市第11小学工作，一个在芦洲小学工作，现在同为中级职称，收入均同为3694元。同一个级别的老师的工资比同一个级别的公务员还略高一点。

“教育对一个国家的崛起是至关重要的。”杨兴锋回应黄业斌发言说，前不久有一个《大国崛起》的电视纪录片，就讲述那些国家崛起的时候，在学校的课桌上就决定了。广东省委、省政府一直很重视教育，尤其是汪洋书记来了以后，从奥一网中发现了代课教师的问题，所以召集座谈会，希望用2年时间解决问题。

杨兴锋表示，作为党委机关报、作为党报集团，我们要发挥舆论的作用，一个就是要搞好舆论引导，一个是搞好舆论监督，就是要促进这个事情在两年内按照省委、省政府的想法，来解决好。另外，我们要搞好创新，创新我们的报道形式、报道内容、报道手段，在转型时期起到舆论的引导作用。也欢迎广大网友来支持我们、监督我们。

关于网络问政

黄业斌：倾听民意是我上网初衷

杨兴锋：构建和谐社会的切入点

“上网就是最好的调查民意的方法！”黄业斌说，了解社情民意、倾听老百姓的心声、就要上网了解情况。“如果表扬我们，证明我们的工作做得好；如果一段时间批评很集中，说明我们的工作没有做好，倾听民意就是我上网的初衷。”

黄业斌以调查研究为例说明上网的优势。他说，在新中国成立前革命阶段的时候，调查研究靠两条腿走路完成；新中国建立初期，调查研究是靠骑自行车；改革开放30年，到现在我们下乡去了解社情民意。“有了网络，现在可以少走一点路，我认为上网是最好的调查民意的方法。”黄业斌表示，他不仅自己带头，尽可能每天上网，通过网络调查研究、网络办公、网络解决问题，惠州市党政领导与网友交流也将成为惯例。

“我想，有一天我会觉得一天不上网就不踏实。”黄业斌笑着说，“我现在已经养成习惯。比如，我看南方日报看了30多年，现在有一天不看南方日报不踏实。现在我要朝网络迈进，要上南方网、上奥一网，如果有一天不上这两个网觉得不踏实。我在这里向南方网、奥一网网友表示敬意，我也希望广大奥一网的网友对惠州的发展多提宝贵意见。”

杨兴锋说，“网络的一个特点是可以互动；第二个是方便，只要有电脑，哪里都能反映情况。党政领导一上网就可以了解到各方面的民情、民意，我觉得这是最便捷的了解民情、民意的一个平台、一个手段。所以，各级领导非常重视从网上来了解民情、民意，一发现有什么问题，马上要求分管的领导、分管的部门及时调查研究，如果属实马上解决。”

“这个对我们构建和谐社会是一个很好的切入，也是我们十七大提出来的要满足群众的知情权的一个很重要手段。所以我觉得我们各级的领导重视网络问政，对我们落实科学发展观、构建和谐社会都是很有意义的事情。”

关于科学发展

黄业斌：科学发展建设惠民之州

杨兴铎：根本体现科学发展内涵

@黄业斌：本届市委、市政府提出，在未来几年办好三件大事。第一就是经济总量再翻一番，在经济总量上再造一个惠州。第二个大事就是要把创建文明城市拿下来。我觉得一个城市的文明是一个地方最大的成功，也是最好的投资环境，最良好的可持续发展的基础。第三件事是办好2011年的省运会。

2008年9月16日　来自　第一直播室

惠州被党中央列入全国23个科学发展观试点活动单位之一。黄业斌说，接到中央和省委的决定以后，惠州觉得有压力，既然要试点，就得为全省提供经验。

“惠州在下一轮的科学发展中就是要把惠州建成科学发展的惠州。惠州就是惠民之州，最后达到强国富民，惠州下一步的科学发展怎么搞？就让我们破题了。我们找到了科学发展把它作为总目标。广东推动新一轮思想大解放，我们要夯实发展的基础，惠民就是要解决民生问题，要有钱才能发展、财政才有收入，所以一定要在发展上下功夫。”

建设惠民之州，老百姓能得到什么实惠？黄业斌表示，惠州接下来要注意两个方面的问题：第一个就是要做好统筹城乡，不光城市里面发展，农村也要发展，发展要一体化，不要忘了广大的农村，不要忘了广大的农民父老乡亲，要同步发展。

第二个是发挥我们自身的优势，做强做大电子信息产业和石化两个支柱产业，十一五末，在经济总量将再造一个惠州。第三个一定要在解决问题上惠民。老百姓关注的问题，也是党委、政府关心的问题，这些问题要解决，不能让它在社会上长期存在。第四个要在共享成果上尽力。我们在学习实践当中提出了民生财政，过去提出叫公共财政。从2008年开始，每年财政预算用于民生的要占财政总支出的20％，而我们的目标是占到39％。

黄业斌说，本届市委、市政府提出在未来几年办好三件大事，第一就是经济总量再翻一番，在经济总量上再造一个惠州，就是说到2011年翻一番，达到1800亿；第二个大事就是要把创建文明城市拿下来，一个城市的文明是一个地方最大的成功，也是最好的投资环境，最良好的可持续发展的基础；第三件事是办好2011年的省运会。

未来惠州要扮演什么角色？黄业斌说，惠州要发挥自己的特色，例如一定要牢牢把握住石化产业，争取打造成为广东、全国乃至全世界一流的石化基地。接下来我们要做大港口物流这一块，我们重点搞集装箱这一块，争取加大与和黄合作，将这一块做好。惠州要在广东构建现代产业这一块抓住机遇，加快发展，然后建设出符合惠州特色的一个体系。

杨兴锋说，惠民之州这个思路提得太好了，它实际上是非常完整的、从根本上体现了科学发展观的内涵。“按照刚才黄书记讲的惠州建设惠民之州的思路，我们觉得很振奋。尤其是刚才我们听到一个词就是民生财政，我觉得这个提得很好。”（据南方日报、南方都市报2008年9月17日报道）

1.3 “我们在网络问政中决不作秀”

微引言

@黄业斌：我可以负责任地告诉大家，我们研究问题、回答问题，从来都不作秀，作秀就失去了网络问政的意义，这是我们的初衷。//**@李汝求：**需要更加重视网络沟通，更加重视培养“惠民在线”平台，使之成为政务公开、搜集群众意见呼声意见的平台，借此推进工作，把网络问政作为政务公开的重要内容，在互动中最大限度地顺应民意。

2009年7月7日　来自　网友见面会

2009年7月7日，书记市长网友见面会现场，黄业斌（中）、李汝求（右）、陈训廷（左）出席见面会。

惠州高官集体约见网友，直面网络问政

2009年7月7日，惠州市在江北会议中心举行“书记市长网友见面会”，惠州市委书记黄业斌，时任市委副书记、市长李汝求，时任市委常委、组织部长陈训廷，以及30个部门负责人到场，这样的规模，不是会见领导，而是约见了18名一直以来关注惠州，为惠州发展提出了许多行之有效的意见、建议的网友代表。

此次书记市长与网友直面交流，为网络问政碰擦出更多火花。据了解，参加见面会的网友代表，是由网站推荐的具有一定影响力和知名度的意见领袖或资深网友，来自教育、网络、房地产等业界人士，还有在读大学生和博士。

“我和市长都过来了，30个局办的一把手也都来了。”座谈会刚开始，黄业斌高调表明，惠州市委、市政府对此次网友见面会的重视程度。黄业斌说，接下来的两个小时，希望大家能敞开心扉交换意见，主题是围绕惠州发展，贯彻珠三角纲要，“谁抢到麦，谁就先来”。

网友“笑看惠阳”率先举手发言。作为主持人，黄业斌笑言：“千山万水，不如淡水，你叫笑看惠阳，我看你笑得也很好。”

“笑看惠阳”的第一个问题就非常尖锐：政府有没有一个具体的措施来防止下级单位在网络问政工作中的作秀现象，以及形象工程的出现？另外，我们网友的心声，就是希望我们网络问政的各级官员，对我们网民所提出来的问题，能有一个确实的、准确的回答，尽量用肯定的语气，而不是模棱两可。

黄业斌笑着答话，“我可以负责任地告诉大家，我们研究问题、回答问题，从来都不作秀，作秀就失去了网络问政的意义，这是我们的初衷，也是我们的一贯做法，不光是在网络上，在工作上，在任何场合上，我们都从不作秀。你们提出来的问题，我们会实事求是地作出一些回答。”

@黄业斌： 我们有四道关对你们的问题负责，第一道关，你们把问题提出来，宣传部门会把重要的观点、重要的网络语言筛选出来给我们看，然后我和市长，局长就提出来的问题对号入座，对这些问题提出处理意见，然后交给有关部门去办理，最后一个环节是反馈。你们在网上每提一条对惠州发展有益的意见和建议，我们都经过这么四道关来办理。

2009年7月7日　来自　网友见面会

在经历多轮“抢麦”后，为让在场每位网友都能发言，黄业斌提出新规矩：“希望接下来发言的网友能在1分钟内发言完毕。”

网友“南北83”在发言中就深莞惠三地交界处垃圾处理问题提出看法，建议三地建立联合处理机制。另外，希望三地联合举行大型招聘会。“南北83”发言结束时，黄业斌笑眯眯地看着手表说：“很好，58秒半！”

到了18时30分，网友意犹未尽。因网友发言踊跃，书记、市长及官员与网友互动热烈，本来安排2个小时的见面会超时45分钟。

见面会上，最年轻的网友“鹅城写手”的就业问题成为话题焦点。鹅城写手毕业后参加过不下百次面试，至今未能找到工作。就当前严峻就业形势，他激动的质问“到社会底层去，这个底层到底是多底的底层？”

黄业斌立即让时任惠州市委常委、组织部长陈训廷（现任惠州市委副书记）为其支招，介绍惠州目前大学生村官政策。同时，惠州市人事局局长卢桂良也为其介绍目前市政府的相关政策，并鼓励大学生转变就业观念。

@黄业斌：你看我们搭建的这个平台多好，不仅能跟网友互动，还能帮网友找工作。鹅城写手不仅可以考虑去做村官，还可马上到“江南春尽”的公司应聘嘛。**//@鹅城写手：**到社会底层去，这个底层到底是多底的底层？

2009年7月7日　来自　网友见面会

网友“江南春尽”在谈到发展惠州，微小型企业人才招聘困境。黄业斌随即“抢麦”：你看我们搭建的这个平台多好，不仅能跟网友互动，还能帮网友找工作。鹅城写手不仅可以考虑去做村官，还可马上到“江南春尽”的公司应聘嘛。

网友tronicshz提出惠州要利用自己的有利资源，积极开发新能源，让新能源的开发成为惠州市经济发展一张新的城市名片。黄业斌表示，惠州将在新能源的开发上增大投入，促进现有的新能源利用，他真诚邀请这位在读博士能回惠州工作，为惠州新能源的开发出谋划策。

最年轻的网友“鹅城写手”的就业问题成为话题焦点。

各个单位负责人就网友提出的问题一一做出回应，还积极吸取网友对深莞惠经济圈、人才交流和社会治安方面的交流合作提出的好建议。黄业斌表示，各级领导干部要善于在网络中吸取营养，关注网络，网络问政应该成为政事和民生问题得到很好解决的一个重要手段。

2008年8月开始，惠州市党政高层和各级部门主要负责人，频频“触网”为百姓解忧，不怕网民“拍砖”、“灌水”，通过“惠民在线”网络问政平台听到市民最迫切的心声。（据南方都市报、中国新闻社2009年7月8日报道）

网友简介

网　名	单位／职业	发言主题／内容摘要
海王星	隆生集团	提倡“先干不评论、先试不议论、时间做结论”的创新理论
心远庐	惠州市公安局	构建深惠莞治安大格局
不洁的凡塔	记者	发展惠州市数字娱乐产业竞争力，打造网游基地
沙漠里的鱼	网站设计师	我们应该放纵还是拒绝摊贩，抑或管理摊贩?
南北83	记者	莞惠交界处环保问题等
Tronicshz	在读博士	新能源战略与惠州科学发展的合理建议
江南春尽	网站设计师	扶持微型企业、小企业，鼓励自主创业、以创业带动就业
惠城写手	惠阳高级中学老师	惠州教育资源配置问题
十三郎	中信惠州公司	政府对房地产企业不应人为设置障碍
紫葳花开	卢圣堡公司	城乡统筹综合改革需要规划全面和重点结合
笑看惠阳	零售业从业者	关注惠阳的事务，关心公益群体
鹅城写手	大学生	大学生就业问题
独一无二	网络从业人员	面对机遇和挑战，惠州准备好了吗?

1.4 “网友的话，请原汁原味告诉我”

微引言

@黄业斌：“惠民之州，精彩省运”。再过100多天，第十三届省运会就要在惠州召开了，网民朋友们，希望你们能够以此为契机，为在网络上展示一个富有“岭南特色、惠州风采”的省运会多出力。

2012年3月22日　来自　南方微博

黄业斌与南方民间智库成员对话“惠民之州，2010再出发”

■**对话人物：**黄业斌（惠州市委书记、市人大常委会主任）
彭　澎（南方民间智库专家委员会副主席、广州社科院高级研究员）
钟晓青（中山大学园林及生态经济规划设计研究所所长）

■**对话主题：**惠民之州，2010再出发

■**对话时间：**2010年3月22日16:00—17:40

■**对话地点：**奥一网《第一直播室》

对话开始前，黄业斌与主持人、南都全媒体主播田霜月沟通：“网友的发言不要过滤，请原汁原味地告诉我。”

2010年3月22日，黄业斌再次上线，通过奥一网与广大网友及南方民间智库成员交流。

2010年3月22日16时，惠州市委书记黄业斌再次上线，通过奥一网与广大网友及南方民间智库成员交流。据了解，这已经是近两年半来，黄业斌第5次上线与网民交流，平均每半年上线一次。

当日下午，离直播开始还有5分钟，黄业斌身穿黑色西装，准时出现在直播间。刚一现身，他立即与主持人沟通："我希望听到网友的真心话，直播的时候网友的发言不要过滤，请原汁原味地告诉我。"

刚刚坐上直播台，黄业斌再次提醒主持人，"网友说什么，你一定将他们的原话告诉我，哪怕是骂我都行。"在调试耳麦环节，黄业斌试了试，感觉声音效果不错，转头询问技术人员，"关键是网友要听得清楚才好。"

在听完彭澎与钟晓青两位南方智库成员建议后，黄业斌随即向两位专家发出邀请，希望他们为惠州的发展出谋划策。

黄业斌说："两位教授能不能帮我做一下这个课题，首先，比如说现在温总理都在强调转变增长发展方式，在转变增长发展方式方面，哪些地方哪个城市有比较好的经验，它的转变增长方式可以给我们借鉴的话，如果有这方面的经验，请给我介绍。

第二个，到时候惠州从实际出发，转变经济发展方式，怎么转才有最大的效果，你们来给我做这篇文章，如果做得好的话，聘请你们做顾问。"

直播结束后，黄业斌还在奥一网开通微博，并以“惠民之州，精彩省运”为主题，号召广大网友为省运会多出力。（据南方都市报2010年3月23日报道）

【对话摘录】

惠州敞开胸怀，欢迎一线白领来

@黄业斌：今天通过奥一网，我表个态，惠州敞开心怀，欢迎一线的白领来惠州发展！//**@奥一网网友**：在北京、上海、广州，很多一线城市的白领，因为房价的原因，可能感觉生活没有安全感，幸福指数低，一不小心就成为房奴，很多就回流到二线城市，那我们能不能号召他们来惠州呢？//**@黄业斌**：惠州要成为一个宜居宜业的城市。

2012年3月22日　来自　第一直播室

@黄业斌：一年赶超江门也好，三年赶超中山也好，这个都是手段，不是目的，我们目的就是大家的科学发展，大家为广东当好全国的科学发展排头兵做出贡献。//**@彭澎**：我记得你提到一个说法，挺直率，也挺大胆，就是一年赶上江门，三年赶上中山，你对惠州的发展目标，或者整个城市的发展定位，是什么样的思考？

2012年3月22日　来自　第一直播室

@黄业斌：惠州在前两轮发展当中，取得了一些新发展，在今后面临一些挑战，比如说低碳经济，我们作为地方党委、政府，必须要高度重视这个事。我要告诉你，低碳经济，惠州准备好了，惠州可以按计划，按要求全面推进。//**@钟晓青**：今年人大一号议案提出低碳经济的思维，我们惠州准备好了吗？

2012年3月22日　来自　第一直播室

@黄业斌：如果时光倒流十一、十二年，我们要在这里对话，我看惠州的汽车就搞成了。惠州人还是有搞汽车这个梦，我们到时候还会继续努力，争取在大亚湾规划好的情况下，有一个板块做石化，还有一个板块做IT，还有一个板块做汽车。//**@彭澎**：我知道惠州还有一个汽车梦，深圳和东莞也在上汽车项目，惠州对汽车产业又是什么样的打算和设想？

2012年3月22日 来自 第一直播室

@黄业斌：我要告诉这位网友，惠州是需要工人的，尤其是需要有技术的工人。但惠州在珠三角、广东还不算富裕地区，工资标准相对比较低，城区、大亚湾每月约1200元～1500元，你要充分考虑这里的条件符不符合你，我是非常欢迎你到惠州来打工的。**//@奥一网网友：**很多媒体都在说珠三角闹民工荒了，不知道惠州的情况怎么样？我是湖南人，到惠州来不知道能不能找到工作？

2012年3月22日 来自 第一直播室

@黄业斌：客观地讲这个问题是存在的，同样，这个问题别的城市一样有，可能更突出。我想跟大家说，要正确看待。一个人参加工作、结婚，还有住房，是三件大事，期望不要太高，不可能大学毕业两三年就想买得起一套房，还得有一个奋斗的过程。**//@网友“惠州人”：**深莞惠一体化，深圳人、东莞人都到惠州来买房，这样会不会抬高惠州的房价？我们惠州人更买不起房了！

2012年3月22日 来自 第一直播室

1.5 “网络问政要真问互信，真听实干”

微引言

@黄业斌：我在这里放一句硬话，惠州绝不容许潜规则的存在，不能让惠民之州存在潜规则生存的土壤。我的微博、信箱都是敞开的，欢迎网友监督。//**@黄业斌：**不回避、不忽悠、不作秀是我们网络问政的基本原则，网络问政就要真问、互信，真听、实干。

2010年10月22日　来自　网友见面会

黄业斌再邀24位惠、深网友见面，倾听民意

“我们将继续坚持不回避、不忽悠、不作秀的原则，网络问政要真问、互信，真听、实干。”2010年10月22日，惠州市委书记黄业斌再邀24位惠、深网友见面，围绕网络问政、落实《纲要》等话题倾听民意。

现场板砖飞溅，网友声情并茂，观众掌声不断。黄业斌希望广大网友通过其奥一网微博、邮箱等举报政府部门办事“潜规则”。黄业斌表示，惠州网络问政将制度化，每月均有市领导与网友见面。

奥一网对见面会进行全程直播，不少网友跟帖参与。同时，由奥一网推选的8位网友以南方微博为平台，同步报道见面会进展及花絮。

@黄业斌：10月中旬，我将再次和网民朋友们见面，与大家座谈、聊天。我很期待这次见面，期待对建设惠民之州的独特见解，也期待各种思考带来新的启发和思路。见面会只是我们开展网络问政的形式之一，最重要的是提供一个沟通、解决问题的畅通渠道，我十分欢迎并期待通过各种渠道进行的交流。

2010年10月9日　来自　南方微博

@WE播惠州： 幽壹问业斌书记是否上网？答说，第一会上网，第二会认真上网，第三因为老花眼，所以上网时间不能够长，更多时候的是看《摘报》。

2010年10月22日　来自　南方微博

本次网友见面会为黄业斌第二次与网友面对面座谈，也是近年来黄业斌第7次与网友互动交流。受邀的24位网友，由奥一网、今日惠州网、西子湖畔网等3家网站推荐。

网友见面会围绕网络问政、落实纲要、文化惠州等主题展开。为随时与网友互动，原来的主持人退居其次，由黄业斌亲自主持。24位网友轮番抢麦，有2位网友抢麦无果，自恃嗓音洪亮便弃麦发言。原定2小时的见面会，延长至3小时，仍有不少网友感叹时间太少，“未能发挥一半功力”。

@WE播惠州： 刚刚奥一网总编辑蓝云第一次行使了自己的权利，提醒网友“笑看惠阳”发言时间到，在大家的掌声中，“笑看惠阳”结束了自己的发言，书记表示可以提交书面发言。**//@WE播惠州：** “鸣之”发言多次超时，“沧海一声笑”拍砖，提议每个人都要遵守游戏规则，发言不要超过5分钟，为让更多的网友有发言机会，书记回应说，如发言超过5分钟，掌声欢送。

2010年10月22日　来自　南方微博

黄业斌认真听取谌毅兵“深莞惠（坪新清）产业合作示范区”规划分析，询问方案内容与进展。（惠州日报供图）

南方民间智库成员、网友谌毅兵掀起见面会第一个高潮。他提出要“网汇民意、网聚民智、网助发展”的看法得到黄业斌的赞赏。随后，谌毅兵拿出3块规划版图，现场展示“深莞惠（坪新清）产业合作示范区”的规划方案，提出在深莞惠交界处坪地、新圩、清溪三地，以政府合股的方式合作，打造成为生物医药、互联网、新材料等高科技示范区。

黄业斌认真听取谌毅兵的分析，不时插话，询问方案内容与进展。谌毅兵的发言刚一结束，惠州市发改局副局长罗志荣立即上前对接具体事宜，并邀谌毅兵进行深入沟通。

@茗芝：谌毅兵谈，重深莞惠发展，应建立一个共同的坪清新产业开发示范区。这个示范区建起来，运作好。已有专题研究材料。业斌：听了谌毅兵的建议，很好。深莞惠怎么发展，应该有载体。他提出了一个由虚到实的设想。

2010年10月22日　来自　南方微博

@蓝云：谌毅兵畅谈坪新清（深莞惠）合作示范区，现场展示三个示意牌，认为该区可成为珠三角一体化的突破口。（评：谌是网友，更是民间智库！）

2010年10月22日　来自　南方微博

网友“名字很难取”是在惠州6年的外地人，他代表广大外来工邀请书记一起看电影。黄业斌欣然应约，现场表示将邀请外来工朋友到文艺中心看一场演出或看一场电影。

“机关办事有潜规则。”网友“心远庐”发言时说，要找政府部门办事，得先摸清办事主管领导，先吃饭喝酒、上门送人情，办公室都是走过场。

“我在这里放一句硬话，惠州绝不容许潜规则的存在，不能让惠民之州存在潜规则生存的土壤。”黄业斌说，要将转变机关服务办事效率，列入明年机关作风建设的重要议题，纪委监察局牵头，调查这些潜规则，发现一个，严肃处理一个。“我的微博、信箱都是敞开的，欢迎网友监督。”

@茗芝：“江湖海”谈，惠州提出建设文化惠州，推进文化惠民，那么，建怎样的文化惠州与怎样建文化惠州，值得深入细致研究。切实尊重与合理使用真正人才、鼓励创造性文化行动、务实而创新地做强文化事业。如创办高品质的文学院，签一批影响力作家，让其优惠入户并落实待遇；打造一批高品质的惠州题材文艺作品集。

2010年10月22日　来自　南方微博

2010年10月22日，黄业斌再邀24位惠、深网友见面，倾听民意。

针对网友提出网络问政制度化的问题，黄业斌承诺，将有更多问政载体，将有更多的制度保障，将有更高的办理水平。（据南方都市报2010年10月23日报道）

@大晟：“惠城写手”现在所扮演的角色，其实已经有了人大代表、政协委员的影子。个人认为，目前来看，人大代表、政协委员中的网民代表独立成团或届别，是早晚的事情。**//@蓝云：**“惠城写手”第三次见书记，首先他反馈说他之前反映的东湖片区学校问题已初步解决。他重点建言可从网友中推举产生两会代表委员。（评：老建议了，但值得继续提，可继续深入探讨。）

2010年10月22日　来自　南方微博

@惠州大伯伯：惠州机场什么时候“飞”起来！报纸多次发了消息，也代表着市民的多次、多年期盼。说实话，惠州离广州新白云机场、深圳宝安机场都有点远。从惠州的地理位置、人口数量、经济潜力、辐射范围，惠州机场虽然无法发展为枢纽机场，但完全有条件有必要建设成为一个优越的中型的机场，可以先直飞上海北京。

2010年10月22日　来自　南方微博

链接>>>>>>>>>

走在网络问政的路上

2011年4月29日，惠州市委书记黄业斌在首届华人网络论坛致辞中说，“我要特别给大家介绍一个情况，2010年10月22日，我开了一个网友见面会，会上奥一网的网友谌毅兵向我建议，能不能在惠州、东莞、深圳共同划出一个地方来建产业园。经过半年左右的努力，这个合理化建议变成现实了。2011年4月18日，‘深莞惠第五次联席会议’上合作框架已经签署了。所以政府和网友的互动还是蛮有收获的，我不知道今天这个网友来了没有，我见到谌毅兵还要表示感谢。哦，你来了，谢谢！”

听到黄业斌书记的现场讲话，我既感到一些意外，更深感网络及网络问政之作用和意义。一个普通网友的意见建议，以网络问政的形式为党委政府及领导、社会各界所了解和理解，为党委政府接受，这不是个人的成绩，而是网络问政的成绩，更是广东、惠州网络问政发展的重要体现。

从提出“坪新清”概念、开展课题研究、参加群众论坛，到省领导及深莞惠三市领导对“坪新清”的重视、三市签署合作框架协议，“坪新清”与我这一年半的网络问政连在了一起。展望“坪新清”，作为概念的提出者，笔者希望它在三市及各界的大力推动下，加快做好规划，尽快启动建设，成为三市未来发展的一个增长极，成为区域合作的典范。

展望网络问政，笔者希望广东、惠州以更加开放的姿态、更加多样的方式，海纳百川，广泛听取民意、汇集民智，推动广东的科学发展、和谐发展。同时，笔者将以网络公民的责任和热情，积极参与和推动网络问政，积极建言献策，为社会发展尽微薄之力。

（作者谌毅兵为南方民间智库成员、深圳龙岗区委党校教师，本文2011年5月4日发表于奥一网网络问政平台）

1.6 “民意落地生根，幸福加倍提升”

微引言

@黄业斌： 屈指算来，惠州全面推行网络问政工作，已经有3年3个月了，感悟很多，浓缩成一句话就是：只要民意落地生根，幸福就能加倍提升。时间宝贵，我重点讲三个观点：接地气、聚网气、增福气。民意是惠民之州建设的“幸福坐标”，畅通表达渠道才能“接地气、解民意、得民心”。

2011年11月20日 来自 广东网民建言谋策论坛

网民旁听惠州市第十次党代会

2011年11月20日，“风起南方 网聚民智——2011年广东网民建言谋策”论坛在广州举行，惠州市委书记黄业斌应邀出席论坛。

黄业斌说，屈指算来，惠州全面推行网络问政工作已有3年3个月了，其间感悟很多，浓缩成一句话，就是“只要民意落地生根，幸福就能加倍提升”。

在论坛活动中，黄业斌还邀请网友旁听惠州市第十次党代会。他说：“惠州

2011年11月22日，奥一网友李少魁、公民证（网名）、戴秋生旁听惠州市第十次党代会开幕大会。

会和去年一样，继续邀请网友旁听，把群众最真实的利益表达融入到推动惠州发展的大计中。"

11月22日，惠州市第十次党代会开幕，奥一网友李少魁、公民证（网名）、戴秋生参与旁听。另一位网友谌毅兵的相关建议则被写入了党代会的报告。惠州市党代会报告明确提出，要“加快推进‘坪新清产业合作示范区’建设”，而谌毅兵正是首倡者。

开幕大会后，3位网友接受了媒体的采访，他们认为，党代会报告中有关于惠州市“进一步畅通诉求表达渠道”的表述，网友能够作为一份子参与旁听党代会，正是惠州不断探索畅通民意渠道的生动实践。

在论坛发言中，黄业斌重点讲了三个观点：接地气、聚网气和增福气。

黄业斌说，民意是惠民之州建设的幸福坐标，畅通表达渠道才能接地气、解民意、得民心。接地气之后就要聚网气。黄业斌认为，只有通过了解民意，创造性地让老百姓合法合理的利益诉求得以实现，才能聚集更强的力量推动发展。

从群众角度出发，惠州一直把畅通民意表达渠道作为接地气的重要途径。

网友李少魁说，他参加了4年的网络问政活动，给他留下最深印象的就是惠州的网络问政。其中竟然有网民向网络问政的党政优秀单位颁奖的环节，这是网络问政的考核机制，它真正体现了惠州网络问政的民本位的作风。

人民网原总裁何加正认为，网络问政要继续深化发展，必须要将民间自发逐渐转变为政府真诚主动。从种种迹象看，广东有着这样的趋势，已经走在了前列，惠州已经实现了这样一个转变。（据南方日报2011年10月22日报道）

链接>>>>>>>>>

民意落地生根　幸福加倍提升

——在2011年广东网民建言谋策论坛上的演讲词

各位嘉宾、网民朋友们：

大家上午好。很高兴参加今天的“民意畅通与幸福广东”论坛。我从惠州专

2011年11月20日，黄业斌在广州出席“2011年广东网民建言谋策”论坛活动。

程而来，第一取经，第二想借这个机会与大家探讨“民意与幸福”的课题，分享工作体会。屈指算来，惠州全面推行网络问政工作，已经有3年3个月了，感悟很多，浓缩成一句话就是：只要民意落地生根，幸福就能加倍提升。

时间宝贵，我重点讲三个观点：接地气、聚网气、增福气。

民意是惠民之州建设的“幸福坐标”，畅通表达渠道才能“接地气、解民意、得民心”。我们党的根基在人民，血脉在人民，人民群众就是给予我们党无穷无尽力量的大地母亲。我们党也正是始终依靠群众路线，才完成了新民主主义革命和社会主义革命的历史任务。在社会主义建设新时期、新阶段，我们也只有把群众利益放在第一位，了解老百姓需要什么，希望什么，努力去为老百姓办事，为解决人民群众的利益而鞠躬尽瘁，才能避免变成因双脚离地而亡的大地之子，始终立于不败之地。也正是从这个角度出发，惠州一直把畅通民意表达渠道作为“接地气”的一个重要途径，让民生的福祉在一个畅通无阻的民意表达中铺展开来，绽放光彩。

“接地气”——我们认真坦诚。从2008年8月开始，惠州就在全国率先全面探索网络问政工作。三年来，我们坚持“不回避、不忽悠、不作秀”和“真问互信，真听实干”的原则，问政于民、问计于民、问需于民，先后出台多项具体措施和绩效评价体系。

“接地气”——我们探索、深入而不止于片面。通过惠民在线论坛、综合信息平台和《惠民在线信息摘报》，形成了一套广纳民意、汇聚民智、维护民利的网络问政长效机制；开通一站式网上行政审批服务系统，推行“惠民邮箱”和惠民卡；已经开设的县区长信箱、局长信箱、书记微博和市长信箱，开拓了政民互动的新渠道，从而实现了听民声、察民情、聚民智、解民忧的网络问政常态机制。

“接地气”——我们注重民意通达、落地生根。在网络时代，网络逐渐成为干部下基层的新通道。我们通过网上信访和手机信访，多管齐下畅通群众诉求快速反映渠道，解决实际问题，让人民群众意识到在网上“说了不白说”。截至目前，惠州全市的网络问政综合平台共收到群众表扬、建议、投诉、咨询等信件78000件，回复率达到99.46%，办结率达到96.23%。我本人在133期《惠民在线信息摘报》上批示、交办并解决问题550个。去年底，我们开通了“党政领导信箱”，我的信箱目前已收到近3000封信群众来信，有诉求、有建议、有思路，给我了很多启发，每封信我都会认真阅读，及时回复、转办。

接地气之后是聚网气。通过了解民意，创造性地让老百姓合法合理的利益诉求得以实现，才能聚集更强的力量推动发展。近年来，具有惠州特色的网络问政体系已成为惠州党委政府密切联系群众、共同推动社会建设的连心桥。在广义上讲，我的理解，网络问政在互联网上织了一个民意表达的大网，而现实社会需要有更多的通道，让人民群众能够想说就说，尽情说。要聚网气，一是通过开展网络问政提升我们的执政能力和施政智慧；二是铺设与社会各阶层意见互通的听政和施政网络。因此，我们在构建全维度、全畅通、全媒体的网络问政平台同时，也很注重现实社会的民意诉求网络。我们建立了复退军人之家、出租车司机之家、教师之家、外来工之家、流动商户之家，在各行各业搭建民意表达平台，以最近的距离了解社会各阶层的想法，通过各种方法化解社会矛盾，实现社会共建共享，从而达到和谐、多赢；如今，惠州的网络问政，已和传统的信访、媒体舆论等一齐构建起了畅通民意、服务群众的“大网络”，形成了推动社会发展的强大合力。

今年我市还被评为中国“2010年度互联网与社会管理创新城市”。这是对我们工作的肯定和激励！我这里和各位网友透露一下，明天惠州市就要召开党代会了，和去年一样，还会继续邀请网友旁听，把群众最真实的利益表达融入到推动惠州发展的大计中。

通过“聚网气”，我们的施政策略不断改善，实现让全社会“增福气”。比如过去我们习惯用单一行政手段的方式处理问题，现在则向运用经济、行政、道德、科技等综合手段转变，真正让经济社会发展的成果能够转化成一件件实实在在、惠及老百姓的好事，让老百姓能够享受到发展福利，做到在惠州生活有福气，在惠州创业有福气，在惠州工作有福气。举例来说，惠州在就业、教育、医保等问题上，在全国、全省率先探索，一个一个地啃硬骨头，先行先试，老百姓满意了，我们的执政环境也大大得以改善。2008年，在全市上下的共同努力下，我市以全国地级市排名第一的好成绩获得“全国文明城市”称号，现在我们又提出要争创全国文明城市标兵城市，目的就是以更高的标准、更强的合力推动社会管理不断迈上新台阶。文明标兵城市，其实质就是让老百姓能够享受到更多的实惠，公平地得到更多的发展机会，从而切身感受到“增福气”，从心底里爱上惠州，享受惠州，奉献惠州。

畅通民意、全心全意服务群众是我们必须长期坚持的、而且要不断赋予新内涵、新思路、新作法的工作，惠州在这方面做出了很多有益的探索，取得了一些成绩，这离不开省委、省政府的坚强领导和大力支持，离不开社会各界以及在座各位的鼎力相助，更离不开广大网友贡献的诸多智慧。我们将再接再厉，摸索更多创新新形势下群众工作的有效途径、有效模式，为建设惠民之州、幸福惠州而不懈努力！

谢谢大家！

黄业斌

（2011年10月22日）

1.7 “从为民作主向由民作主转变”

微引言

@陈奕威：在执政方面，有一个理念需要转变，就是要从过去的为民作主向由民作主转变。要为老百姓办什么事，由老百姓来充分发表意见。//**@陈奕威：**提高老百姓的幸福感是我们一切工作的出发点和落脚点，我们要把民生放在第一位，用发展的成果保障和改善民生，建设好惠民之州，让市民更幸福。

2011年11月30日 来自 “惠民在线”论坛

陈奕威首次做客“惠民在线”论坛

2011年11月30日，陈奕威首次做客“惠民在线”论坛，与网友在线交流。（惠州日报供图）

2011年11月30日，“惠民在线”论坛直播间迎来网友期盼已久的“威哥”。节目还未开始，留言平台上已经有数十条留言，留言涉及内容丰富，包括交通问题、收入问题、社会治安等。同时，惠州市教育局、公安局、人社局等相关部门领导在线，并有专人解答网友提出的问题。

“非常高兴来到惠州，为广大父老乡亲服务，这是我的福分。”当天上午，陈奕威就“增进民生福祉，升华惠民之州”主题，与广大网友在线交流。上线之初，首先进行了简短的自我介绍：我生在潮州，我在潮州学习、工作到26岁离开潮州，在汕头工作了20年，然后又到揭阳工作了三年零五个月，然后来到惠州。

陈奕威首先提到惠州市第十次党代会所部署的三件大事：建设环大亚湾经济带，要打造四个产值超千亿的产业集群，还有争创宜居宜业宜游的城乡协调发展示范市。经过努力，五年之后，惠州的人均GDP将会超过一万美元。届时，经济实力将会更加的强大，将为老百姓办更多的实事、好事。

陈奕威说，到惠州三个月来，惠州的悠久历史让他印象深刻，惠州的民风非常淳朴，惠州的生态环境非常优美，惠州的发展空间非常广阔。

到任惠州后，很多网友希望能像在揭阳一样，开办“向市长说说心里话”栏目。对此，陈奕威表示，到惠州后发现，网络问政已经做得非常成熟，有一套非常规范的操作办法，政府了解网民呼声的渠道很多。他希望广大的网民可以通过市长信箱、党政领导干部信箱反映情况。

他说，通过惠民在线，希望跟网友说两句话，第一句话就是打造好惠民在线，让网民更贴心；第二句话，就是建设好惠民之州，让市民更幸福！（据南方都市报、惠州日报2011年12月1日报道）

2011年11月30日，“惠民在线”论坛直播间迎来网友期盼已久的“威哥”。图为直播页面截图。

【交流摘录】

五年后各县区都有三甲医院

@陈奕威：建设惠民之州，充分体现了人本立市理念，同时也是以人为本、执政为民的具体体现。在执政方面，有一个理念需要转变，就是要从过去的为民作主向由民作主转变。要为老百姓办什么事，由老百姓来充分发表意见。我们会尊重大多数人的意见，将其作为决策的重要依据，这样我们做出来的事情，老百姓可能会更欢迎，老百姓得到的实惠会更多。

2011年11月30日　来自　“惠民在线”论坛

@陈奕威： 发展的出发点和落脚点都是让老百姓幸福。我们要把民生放在第一位，用发展的成果保障和改善民生。当前和今后一个时期，我们将重点抓好就业、教育、医疗卫生、社会保障、居民收入等民生规划。**//@网友“刘星”：** 您新上任，打算如何解决民生问题、提升老百姓幸福感？

2011年11月30日　来自　“惠民在线”论坛

@陈奕威： 一是就业，就业是最大的民生。二是教育，教育是重要的民生。三是医疗卫生，老百姓的健康是天大的事情，我们要把老百姓的健康摆在更加重要的位置。希望未来5年，每个县（区）都有一所以上三甲医院，市区有3～5所三甲医院，进一步提高医疗卫生水平，为老百姓的健康提供更有力的保障。四是社会保障，这是老百姓非常关心的问题。

2011年11月30日　来自　“惠民在线”论坛

@陈奕威： 惠州港口资源丰富，建港条件优越，接下来，对整个港口的规划将会做一个修编。我们将按照具体规划，尽快把惠州港建设成为亿吨大港。今年实际吞吐量超5000万吨是没有问题的，5年之内，也就是在“十二五”期间达到亿吨大港，我们非常有信心。**//@网友“蓝色的云”：** 惠州港建设有何具体部署？

2011年11月30日　来自　“惠民在线”论坛

@陈奕威： 住房问题是一个重大的民生问题。我们一直高度重视保障房建设，32个项目都在10月底前全部开工，总套数有13000多套。我们制订完善“三大机制”，让保障性住房真正地给有需要的人群，一是准入机制；二是公开、公正、公平的分配制度；三是退出机制。**//@网友“奋奋”：** 惠州如何确保保障性住房真正地给有需要的人群？

2011年11月30日　来自　“惠民在线”论坛

@陈奕威：校车安全关系到广大师生的生命安全。现在惠州的校车有1334辆，都实行了非常严格的管理。一是发放校车的标志牌来进行备案管理；二是逐步淘汰非专用校车；三是所有校车都安装GPS，校车整个动态都处在监控之下。**//@网友“高速”：**近期外地校车安全事故频发，惠州在校车管理上采取了什么措施？如何确保校车安全？

2011年11月30日　来自　“惠民在线”论坛

@陈奕威：在一个多小时的交流过程中，我也感受到老百姓，特别是网友对我们关爱有加，并寄予厚望，使我们感受到责任重大，不敢懈怠。我们会以此为动力，把政府工作做得更好。我想用两句话来结束今天的交流，第一句话就是，打造好“惠民在线”，让网民更贴心；第二句话就是，建设好惠民之州，让市民更幸福！

2011年11月30日　来自　“惠民在线”论坛

1.8 “网友建议越给力，幸福惠州越持久”

微引言

@黄业斌：今天与15位网友见面交流，气氛热烈，启示颇多。大家为惠州改革发展、社会稳定提意见有针对、表看法有高度。我有个看法，改善民生是天大的事，基本公共服务均等化是实现的抓手；落实民意比天还大，大家发现问题、发表意见、理性建言是一种推动。网友建议越给力，幸福惠州越持久，我们今后继续在网上多交流、多沟通。

2012年8月30日　来自　南方微博

2012年8月30日，网友见面会上，黄业斌倾听网友代表的意见、建议。

三会网友　黄业斌提议设“金点子奖”

2012年8月30日，主题为“基本公共服务均等化大家谈”的网友见面会如期举行。这是惠州网络问政自实施以来，黄业斌第三次与网友面对面座谈。见面会上，他提出将见面会“制度化、常态化”，希望能有更多机会听到来自基层真实声音。

见面会开始前，面带微笑的黄业斌步入会场，并与来自各地的网友主动握手并一一打招呼。他说："有一段时间没见面了，见到大家感觉很开心。面对面的见面机会不多，但是在网上'见面'很多，关于惠州经济社会发展，改革发展稳定的一些声音，一些好的意见建议，对我们党委政府工作的一些好的意见建议会做出批示，让有关部门去落实。"

"如何跟网友加强交流，也是我在党校思考较多的话题。"黄业斌表示，上半年去中央党校读书学习期间，仍会经常浏览一些网友的信息，重要的是我不但看，还要批意见。

在北京学习期间，黄业斌时常在南方微博发表博文，同时，在节假日还会对广大网友表示问候。活动结束后，黄业斌在个人微博感言：今天与15位网友见面交流，气氛热烈，启示颇多。"我有个看法，改善民生是天大的事，基本公共服务均等化是实现的抓手；落实民意比天还大，大家发现问题、发表意见、理性建言是一种推动。网友建议越给力，幸福惠州越持久，我们今后继续在网上多交流、多沟通。"

参与见面会的网友中，有数位网友是黄业斌的"老熟人"。其中，由奥一网推荐、来自深圳龙岗区委党校的谌毅兵，来自顺德的民间学者李少魁，不仅数次参加广东的网络问政活动，对惠州的发展也非常关注。

其中，谌毅兵在前次的见面会上提出"坪清新产业合作示范区"概念，受到黄业斌的高度关注，不仅写入了惠州市党代会报告，也作为深莞惠一体化的重要成果，成为三市合作的重要载体之一。

2012年8月30日，南方民间智库成员、民间学者李少魁发言。

一头花白头发的李少魁第三次来到惠州。他坦言惠州近年来的发展让他时常关注，他以民间学者的身份提出建议，希望惠州能在理论创新上做一个“理论惠州”的观点获得黄业斌赞许。

由于活动现场遵循“人人平等限时发言”原则，在规定的6分钟内陈述完表达的观点。杨择郡、“@惠州谢大姐”等数位网友因超时而被工作人员举牌“示警”，不得不向主持人“借一分钟”，而本地知名网友“鸣之”则连续超时，连续两次表示“再借我一分钟”。

南方民间智库成员、惠州市政府法律顾问杨择郡律师，从法律角度提出在“三打两建”中所遇到的问题和建议。

“这说明我们的社会管理还有不到位的地方，打掉黑社会性质组织后，政府该怎么完善？”黄业斌希望杨择郡能够将建议整理成文，“如果政府采纳了，就给你奖励”。就这一话题展开，他表示政府部门可以广开言路，向民间发出邀请，希望民间的各路专家提出真知灼见，找到好的意见和建议。

黄业斌说，希望大家为惠州的发展多拍砖、多灌水，可考虑建立一个奖励、勉励的机制，就是网友“金点子奖”。“今天这15个网友提的意见、建议，如果我是评委的话，原则上都可以拿奖，我看要建立这个奖项。”

“可以通过社会化的机构，用政府购买公共服务来实现目标。”座谈中，黄业斌多次提及“政府购买”话题。他以谌毅兵提出“坪清新产业合作示范区”及杨择郡提出“农村饮用水安全”话题为例，希望更多网友能为政府献计献策分忧解难。（据南方都市报2012年8月31日报道）

@黄业斌：网友的建议越给力，惠州的幸福就越持久。希望你们继续为惠州的发展建言献策。//**@黄业斌：**网络问政有经验，很多工作需要改进。一定要把这项工作规范化、常态化，长效化，作为制度。//**@黄业斌：**改善民生是天大的事。落实民意，也是天大的事，或者说落实民意，有时候是比天还大的事。

2012年8月30日　来自　网友见面会

1.9 "社会建设先行，人心才能安静"

微引言

@黄业斌：周日，我将通过"惠民在线"论坛再次上线，同郑永年教授一起和大家在线交流幸福惠州建设。网民的智慧是网络问政的源泉，一直以来，惠州在推进网络参政问政制度化方面有很多探索，郑教授是这方面的专家，我很期待同他的会面和交流，并邀请和欢迎各位网民的积极参与。

2012年9月22日　来自　南方微博

黄业斌与郑永年高端对话"五个民共"与幸福惠州建设

■**对话人物：**黄业斌（惠州市委书记、市人大常委会主任）
郑永年（新加坡国立大学东亚研究所所长）

■**对话主题：**"五个民共"与幸福惠州建设

■**对话时间：**2012年9月23日15:00—17:00

■**对话地点：**今日惠州网"惠民在线"论坛

在2012年7月发布的《2011年广东群众幸福感测评调查报告》中，惠州位列珠三角城市第一；2010年到2012年，惠州连续三年获"中国最具幸福感城市"称号……2012年的惠州，不管是在官方的评价中，还是在老百姓的口头上，都更加频繁而紧密地与"幸福"一词联系在了一起。

一位是地方党委领导，一位是高校教授；一位有着多年的地方实践工作经验，一位具有国际视野并长期关注中国发展。2012年9月23日，黄业斌与郑永年共同作为"惠民在线"论坛嘉宾，围绕"五个民共"与幸福惠州建设主题，进行了一场有关"幸福"的高端对话。

2012年9月23日，黄业斌（中）与郑永年（右）进行高端对话。

流动商贩不仅不能取缔，政府还应该做到“摆者有其摊”；中国需要一种安静文化，建设安静文化，社会建设应该先行，公共服务、社会保障都建立健全，人心才能趋于安静……高端对话之外，黄业斌、郑永年还与网民进行了互动交流。奥一网、南网、今日惠州网等网站全程进行直播。

谈“五个民共”

黄业斌：民共富是立足点和归属点

郑永年：惠州走的是藏富于民路线

@郑永年：跟其他地方比，惠州走的是不一样的路线，那就是藏富于民。**//@黄业斌：**民共建，是发展的动力，是基础，是前提；民共富，是立足点、归属点；民共享，就是发展成果与人民共享，发展成果由人民共享。**//@惠州古人：**民共建动力何来？民共富如何保障？民共享如何体现？民共乐如何测量？民共治何以可能？

2012年9月23日　来自　“惠民在线”论坛

“五个民共”在惠州是一个日渐被人接受的词汇和施政理念。黄业斌表示，惠州在不断思考和实践中坚持民共建、民共富、民共享、民共乐、民共治。郑永年对此点评说，把更多经济发展的果实让老百姓共享，这点非常重要。“很多地方政府向社会汲取了很多资源，把资源抓在自己手里，老百姓很不高兴，整天找政府。惠州的党政领导就很聪明，追求经济发展和社会公平的结合，与民共富、共享、共乐。”

郑永年提出，社会发展的动力，来自于政府与社会之间的互动。“没有社会参与的压力机制，我想任何政府都会懒惰下去，松懈下去，所以政府和社会紧密互动，才是可持续发展的动力。”郑永年希望惠州的网友多给黄业斌“施加压力”，以此促进政府公共服务的制度化、常态化，“官员跟百姓建立起有机的联系、互动，对政府有利，对整个社会也有利”。黄业斌以微笑和鼓掌表示认同。

网友“惠州古人”针对“五个民共”提出“民共建动力何来？民共富如何保障？民共享如何体现？民共乐如何测量？民共治何以可能？”黄业斌回答说，民共建，是发展的动力，是基础，是前提；民共富，是所有工作的落脚点，是我们工作的一个归属，是立足点、归属点；民共享，就是发展成果与人民共享，发展成果由人民共享。民共乐，是文化层面、精神层面的东西，人文、环境、生态都是民共乐的重要内容；民共治，是保障，尤其是政治上的保障，具体到惠州的实践，就需要大力加强民主法制建设，加强基层民主政治建设。

郑永年认为，惠州的经济发展和社会发展、政治发展之间比较平衡。“尽管惠州市的财政收入不高，但是很大一部分的财政用于民生经济。跟其他地方相比，惠州走的是不一样的路线，那就是藏富于民，我认为非常好。”

谈安静文化

郑永年：中国需要一种安静文化

@郑永年： 社会建设应该先行，公共服务、社会保障健全，人心才能趋于安静。当官的要像官员，当老师的要像老师，当警察的要像警察。//**@黄业斌：** 建设安静文化，是否有操作空间？//**@郑永年：** 惠州的人比较平静、安静，不是那么躁动。//**@郑永年：** 经济发展了，大家为什么反而躁动不安呢？我觉得中国需要一种安静文化。

2012年9月23日　来自　“惠民在线”论坛

郑永年是第四次到惠州，惠州给他留下了深刻的印象。论坛开始时聊起惠州印象，郑永年说：“这几次来，跟惠州人接触，我觉得惠州跟中国其他城市不同的地方，就是这里的人比较平静、安静，不是那么躁动。中国现在有一个特点，就是全社会都比较躁动，但在惠州基本看不到这一点。”“经济发展了，大家为什么反而躁动不安呢？我觉得中国需要一种安静文化。”郑永年说。

黄业斌显然对这一话题甚感兴趣。在论坛快要结束的时候，他客串起主持人的角色，专门向郑永年再次询问道：“建设安静文化，是否有操作空间？”

郑永年进一步阐释说，极端贫穷不会带给老百姓幸福感，这就是为什么改革开放以来，中国各地都在拼命追求GDP。但到今天老百姓也明白，并不是说GDP越高，就越幸福。很多结构性因素，例如收入分配不公、贫富分化和各阶层社会关系紧张等，都与中国的低幸福指数有关。“任何一种文明中，都有使大多数社会成员安静下来的安静文化。中国传统文明也如此，但现在丧失了文化的安静因素。”郑永年说，“我经常批评中国的个别教授不像教授，像商人、像官员，什么都像，就是不像教授，而有些官员又像教授，角色很混乱。”

如何建设一种安静文化？郑永年表示，社会建设应该先行，公共服务、社会保障都建立健全，人心才能趋于安静。然后要进行文化建设，每一个阶层都必须确立自己的专业文化，“当官的要像官员，当老师的要像老师，当警察的要像警察。”黄业斌一直安静倾听，最后请郑永年一有关于安静文化的研究成果要寄给他，他想做第一个读者。

谈流动商贩

黄业斌：政府应做到“摆者有其摊”

郑永年：流动商户之家能管理商贩

@郑永年：希望有一天流动商户之家能够替代城管，对流动商贩进行管理。**//@郑永年：**我很赞同书记的做法，给他们空间。**//@黄业斌：**流动商贩不仅不能取缔，政府还应该做到“摆者有其摊”，只要做到“摊者守其序”就行。**//@“惠民在线”网友：**城市的宽容让流动商贩越来越多，乱摆卖有卷土重来之势。

2012年9月23日　来自　“惠民在线”论坛

2011年年初，惠州成立“流动商户之家”，在不妨碍交通、不影响市民生活的区域，设置了一批集中摆卖点，接纳流动商贩沿街摆卖，这一社会管理创新的做法也得到广泛赞誉。惠民在线论坛有网友对此提出不同看法，他认为城市的宽容让流动商贩越来越多，乱摆卖有卷土重来之势。

主持人把该网友看法抛出来时，黄业斌略一沉思说，流动商贩是我们城市人群当中重要的成员，他们或者是下岗了，或者是没有找到工作，通过自己的努力和劳动，沿街卖水果、蔬菜等，“我对这种劳动，内心很尊重”。对流动商贩太宽容会不会引起城市的管理混乱？黄业斌给出了有力的回答：“不会。主要是我们的城市管理跟得上，我们转变了观念和执法方式，流动商贩也会很守秩序地去经营。我们要多一点体谅最底层人群。他是在自食其力，他没有去找政府，他今天没活干，就挑着一担水果在卖，养家糊口。”

黄业斌说，流动商贩不仅不能取缔，政府还应该做到“摆者有其摊”，谁需要挑水果和青菜去卖的时候，政府就给他一个摊位，只要做到“摊者守其序”就行。说完自己在惠州对流动商贩的认识和实践之后，转身问郑永年：“新加坡有没有流动商贩？”

“新加坡最早的产业就是流动商贩。新加坡每一个居民楼下面都是小摊贩，但已经很规范，很卫生了。”郑永年说，“我很赞同书记的做法，给他们空间。”新加坡在城市管理上也非常注重保护摊贩的利益，有些地段摆摊者云集，后来政府要求进超市，这些人就说：如果进了超市，我们就要失业了。后来政府就不要求了。

黄业斌在一旁连连点头。郑永年认为，惠州成立“流动商户之家”的实践是社会自治的途径，可以交给社会去办的事，政府不要插手，“我希望有一天这个流动商户之家能够替代城管，对流动商贩进行管理，大家自觉，政府提供服务，社会秩序就是一种自发的秩序。”

谈公共服务

黄业斌：城里怎么搞，村里也应该怎么搞

郑永年：政府要提供好的公共服务保障

@郑永年：怎么样又好又快呢？取之于民，就要用之于民。//**@郑永年：**幸福感要超越经济总量和银行存款，要看政府能不能提供好的公共服务保障。//**@黄业**

斌：凡属于基本公共服务的，城里是怎么搞的，镇里就应该怎么搞，村里也应该怎么搞。//**@郑永年**：共同富裕怎么走？这是公共服务均等化很重要的内容。

2012年9月23日 来自 “惠民在线”论坛

惠州是省委、省政府确定的全省唯一一个深入推进基本公共服务均等化综合改革试点市。郑永年也注意到了惠州在推行均等化的动作。“过去很长时间，很多官员把重点放在经济发展上，所以现在产生很多的社会不稳定因素，就是收入分配差异太大。共同富裕怎么走？这是公共服务均等化很重要的内容。”

黄业斌表示，推行基本公共服务均等化的工作，惠州就一个理念，“凡属于基本公共服务的，城里是怎么搞的，镇里就应该怎么搞，村里也应该怎么搞。”但客观地讲，基本公共服务均等化的背后就是看你的经济“蛋糕”大不大，政府和各部门不该花的钱一分钱都不应该花。

谈到理念和思路的转变，黄业斌说，我们有句老话叫“理念决定思路，思路决定出路”，一念之差，成败之差。我觉得理念、思路是很重要的，现在我们把这个理念、思路调整过来了，由不均衡的发展到均衡的发展。郑永年表示非常认同，“价值观找对了，肯定会有思路，有了思路，就会找到制度，中国几千年的文明，现在又那么开放，可以向很多地方学，也可以向国外学。”

惠州应该如何在做大城市经济总量“藏富于民”？切分财政的“蛋糕”时，如何兼顾经济持续发展和改善民生事业的关系？黄业斌请郑永年为惠州官方的决策提供思路。郑永年说，政府要向老百姓少收一点税，尤其是对低薪阶层。“中国老百姓现在存款很多，但是不敢花钱，为什么？因为公共服务水准很低。幸福感要超越经济总量和银行存款，要看政府能不能提供好的公共服务保障。”

“我们举个例子，公共服务不能提供，社会就不稳定，这个经济发展肯定有问题，尤其是像惠州这种比较开放的经济，有很多外来投资，如果社会不稳定，外资就跑掉了。你要社会稳定，就必须提供这些公共服务，我们需要进一步的经济发展，就要有公平社会。”

郑永年认为，发展得越快，社会越不稳定，那是坏的发展；发展得越快，社会又稳定，这是好的发展。“那怎么样又好又快呢？那就涉及到公共服务，这就是政府的基本职能，你取之于民，要用之于民。”（据南方都市报、惠州日报、东江时报2012年9月24日报道）

二　完善平台：惠州网络问政的实践路径

惠州的网络问政平台，有传统的简报，有新潮的微博，有单向的发布，有多向的互动，构成了一个完整的体系，一套完善的规则，让网络民意全方位地上达庙堂，下传江湖。

用一句话分别概括各平台功能，可作此言："惠民在线"论坛，为网民问政议事大厅；《惠民在线信息摘报》，网络民意可直达市领导；网络问政综合信息平台，提供24小时问题受理服务；书记微博，市委书记直接主动问计网民；党政领导信箱，网民与市领导点对点沟通；@惠州发布：部门官微从"独唱"到"合唱"。

惠州在开展网络问政工作时承诺：对网友提出的问题、意见和建议，不回避、不忽悠、不作秀；网络问政重在真问互信、贵在真听实干。平台的不断完善，为网络问政的开展提供了完备的技术支撑和制度保障，也是惠州网络问政自信的底气来源。

2.1 “惠民在线”论坛：网民问政议事大厅

微引言

@黄业斌： 欣闻《惠民在线》获得全国地方网站最具创新发展潜力品牌，在此表示热烈的祝贺。希望今后《惠民在线》能够更加突出互动，继续在民意上传、政情下达、排解民困上发挥更大的作用。同时，欢迎网民朋友们对惠州更好地开展网络问政工作提出宝贵的建议。

2010年8年24日　来自　南方微博

“惠民在线”论坛应运而生

2008年10月28日零时起，连接惠州市惠城区和惠阳区的惠南大道收费站停止收费。促使这项攸关“一城两区”百万市民切身利益问题的最终解决，缘于网民与市委书记的一次“网会”。而它的背后，是一项网络问政常态机制的诞生。

惠南大道经惠淡公路改造变身城市干道，自2008年6月26日通车后，网民纷纷在民间论坛“灌水”、“拍砖”，呼吁撤销惠南大道收费站。一时间，民间呼声日高，网络民意汹涌。

“网络不是洪水猛兽，它是民意的集散地、风向标。我一直在思考如何借助网络，构建一个集民意、听民声、解民困的新平台。”在市委书记黄业斌的亲自设计推动下，“惠民在线”论坛应运而生。

2008年8月14日晚，“惠民在线”论坛正式开播，网友“大水鱼”直接向首期嘉宾黄业斌抛出了“撤销惠南大道收费站”这个尖锐的问题。黄业斌当即回应，表示一直关注此事，明确提出了撤销该收费站的时间表。

网络问政课题随即摆到了市委常委会的台面上。9月23日，惠州市委办、市政府办专门印发了《“惠民在线”工作方案》，明确每月有一名市党政领导做客论坛与网民在线交流，政府职能部门负责人参与。该方案还对在线交流机制、信息收集机制、信息处理机制、信息反馈机制等作出了明确规定，形成了一套完整的网络问政机制。

著名党建理论专家、中共中央党校教授叶笃初表示，“党的十七大以来，我国民主政治花繁叶茂，惠州网络问政又添新叶一丛。网络问政扩大了公民的有序政治参与，具有双重意义：就网民而言是参与，就公职者而言乃是尽责求教。”

成为网民问政议事大厅

“惠民在线”论坛开播以来，网友发帖提问，在线领导回应，部门着手解决，这种交流方式不回避、不忽悠、不作秀，网民真问互信，部门真听实干，受到网民的好评。

目前，“惠民在线”论坛已成网民问政的“议事大厅”。如网民提出的红花湖景区建设、横江沥沿线截污工程、外来务工人员子女就读、市区停车难、小学班级大班化等民生话题，一系百姓关注的焦点问题都得到解答回复。

截至2012年12月底，“惠民在线”论坛已播出95期，做客的嘉宾囊括了市领导和各部门负责人，也培养了的强大粉丝团。每当“惠民在线”论坛开播，总是“网友满座”，将难点热点问题写成帖子往网上灌。

2012年9月20日，惠州市房产管理局局长陈力强做客“惠民在线”论坛，围绕“着力打造幸福导向型房地产业”跟网友在线交流。网民早就通过媒体了解到在线交流信息，节目还没开始，已经把帖子顶得高高的。陈力强一坐下，就抓紧时间回答网友问题。

网友“巧巧”问，过去一年，惠州房价跌了一些，接下来会不会出现报复性上涨？陈力强回答说，我们做过分析，房价报复性上涨可能性不是很大，“国家对房地产市场在调控，惠州整个供应量比较大，供应环节没什么问题。”

在“会客厅”里，陈力强认真地解答网友问题，通过网络平台进行沟通互动。能马上解决的问题，局长拍板答应；不能马上解决的，下来做调查研究，给网友答复。由于网友问题太多，不可能在短短1小时里一一回答。“会客厅”外，还有房产管理部门在线下回答网友提问。

首期视频直播室临时搭建

“各位网友，大家晚上好！这里是‘惠民在线’论坛……”2009年7月30日晚8时，《今日惠州网》“惠民在线”论坛主持人陈美伶如约出现在视频中，她那招牌式的笑容早已深入网友心中。这天晚上，惠州市副市长谢端就文化、体育、卫生事业与网友进行了在线交流。

到现在，陈美伶也无法确切记清自己主持多少期“惠民在线”论坛直播节目。“‘惠民在线’论坛是现场直播，而且要与网友互动，期间会有一些不确定因素，开始几期面对嘉宾，心里十分紧张。”陈美伶说，虽然如今已主持了多期，但她丝毫不敢放松。每期节目前，她都会做大量的准备工作：熟悉嘉宾的工作规划及重点；浏览论坛上网友的留言和提问；向跑线记者了解部门情况。

为让首期“惠民在线”论坛顺利开播，《今日惠州网》工作人员打了一场攻坚战。“2008年7月中旬，接到‘惠民在线’论坛开播的任务，我们一边抓紧联系多家供应商，进行流媒体系统的招标工作，一边加紧挑选参加视频直播的工作人员，并进行培训。由于时间关系，首期视频直播是在临时搭建的直播室进行的……”相关负责人讲起当时的筹备工作，仍感慨不已。（据惠州日报、东江时报、今日惠州网报道）

链接>>>>>>>>

平台介绍

利用网络交流具有高效、便捷、不受时空限制的特点，今日惠州网开设了“惠民在线”论坛，每月安排1位市领导或1位职能部门领导上线，以视频、图文网络直播的方式与网民在线互动交流，直接回应网民问题。

“惠民在线”论坛2008年8月开播，截至2012年12月底，共举办95期，其中市领导上线28期，县（区）领导上线19期，市直单位负责人上线48期，网友累计现场发言17086条，领导在线回答1714条，部门在线回复3849条。

“惠民在线”论坛由惠州市纪委、市委办、市政府办、市委宣传部主办，惠州市经济和信息化局、惠州市信访局、惠州报业传媒集团、惠州广电传媒集团

“惠民在线”论坛首页截图。

承办，论坛直播间设在今日惠州网。

惠州市有关部门先后下发《“惠民在线”工作方案》和《关于开展“惠民在线”网上办公工作的通知》，确保“惠民在线”论坛在线交流常态化、制度化。

惠州党政主要领导对办好“惠民在线”论坛十分重视，市委书记、市人大常委会主任黄业斌亲自推动，作为“惠民在线”论坛首期嘉宾，带头上线和网民交流，并先后4次上线做客“惠民在线”论坛，平均每年一次。2011年11月30日，市委副书记、市长陈奕威刚来惠州3个多月，就上线和网民互动交流。

近年来，“惠民在线”论坛获多项荣誉。2009年在第23届（2008年度）中国地市报新闻奖评选中荣获二等奖；同年，获“全国地方门户创新品牌奖”；2010年7月，在广东省首届网络文化精品颁奖典礼上，获“最佳品牌栏目奖”；同年8月，获第二届中国互联网品牌大奖“全国地方网站最具创新发展品牌”。

往期回顾

	嘉　宾	职务	上线日期
第90期	陈训廷	惠州市委副书记	2012年12月28日
第89期	张晓牧	惠州市体育局局长	2012年12月20日
第88期	胡建斌	惠州市发展和改革局局长	2012年12月13日
第87期	李达文	惠州市委常委、政法委书记	2012年11月28日
第86期	曾庆全	惠州市国土资源局局长	2012年10月31日
第85期	黄树正	惠州市政府副市长	2012年10月31日
第84期	许岸高	惠州市卫生局局长	2012年10月22日
第83期	李德友	惠州市住房和城乡规划建设局	2012年9月27日
第82期	黄业斌	惠州市委书记、市人大常委会主任	2012年9月23日
	郑永年	新加坡国立大学东亚研究所所长	
第81期	陈力强	惠州市房产管理局局长	2012年9月20日
第80期	邹平生	惠州市科技局局长	2012年8月23日
第79期	李　松	惠州市委常委、市纪委书记	2012年8月16日
第78期	钟朝阳	惠州市城市管理行政执法局局长	2012年7月19日
第77期	朱毅凡	惠州市机构编制委员会办公室主任	2012年7月4日
第76期	王开洲	惠州市委常委、组织部长	2012年6月27日
第75期	王　钢	惠州市城市燃气发展有限公司董事长兼总经理	2012年6月21日
第74期	李运武	惠州市社会保险基金管理局局长	2012年4月26日
第73期	兰德华	惠州市住房公积金管理中心主任	2012年4月26日
第72期	郭可青	惠州市供电局局长	2012年4月12日
第71期	赵维宁	中国电信惠州分公司总经理	2012年3月29日
第70期	王细波	惠州市监察局局长	2012年3月15日
	黄闻坚	惠州市公安局副局长	
	赖卓斌	惠州市工商局副局长	
	邝兆雄	惠州市质监局党组书记	
第69期	梁志强	中国移动惠州分公司总经理	2012年12月23日
第68期	詹小东	惠州市林业局局长	2011年12月15日
第67期	陈奕威	惠州市委副书记、市长	2011年11月30日

附：“惠民在线”论坛上线嘉宾观点摘录

把坑害消费者企业都列入黑名单

@惠州市委副书记陈训廷：当前惠州正处于大发展、大建设时期，房地产业发展势头很猛，难免有少数本来没实力、没经验的企业也去搞房地产，导致问题楼盘出现。作为党委政府来讲，我们首先要加强教育引导，让所有开发商一定要按照国家的法律、法规去办理。第二个就是要加强监督。第三就是打击取缔。现在我们把坑害消费者的企业都列入黑名单，以后还要取缔它们的资质。

2012年12月28日　来自　“惠民在线”论坛

惠州创文优势在于全民热情参与

@惠州市委常委、宣传部长黄雁行：创建文明城市，是综合性荣誉最高的一块金牌，是因为它本身110多项指标里头涵盖了经济的、政治的、文化的、社会的、生态的，要把所有指标做好的话，等于我们各部门的工作就做好了。全市人民的共同参与，也是惠州创建工作很大的优势，中央文明委与省文明委曾表达过两层意思，就是他们为惠州市党委、政府的创建热情深深感动，也为惠州人民全民参与创建的干劲深深感染。成绩属于全市人民。

2009年1月14日　来自　“惠民在线”论坛

社会平安不平安由群众说了算

@惠州市委常委、政法委书记李达文：社会和不和谐、平不平安，最后由群众说了算。从2008年开始，惠州社会治安满意度和群众认可度逐年提高，这几年都保持在90%以上，排名全省前列。“平安惠州”建设包括了社会建设的方方面面，具体说为十大工程，比如说有法治建设，有民生保障，社会矛盾调节，法治文化建设等，涉及到党委政府50多个部门，我们期待着“平安惠州”的建设，通过“平安惠州”的建设把我们惠州建设一个文明、民主、和谐的惠州。

2012年11月28日　来自　“惠民在线”论坛

加大农村劳动力培训缓解招工难

@惠州市委常委、常务副市长张瑛：一是政府继续加大本地农村富余劳动力的培训转移力度；二是加强校企合作，让企业跟学校来进行结对，定向地培训，定单式地培养，来满足企业的用人需求；三是针对企业的用人需求，相关部门会通过相应的网站和中介机构，以及到一些劳动力资源比较丰富的地区，来组织专门的招聘和招募。另外，政府还倡导企业能够提升员工的工资福利水平，以此提升企业在用工、招工方面的竞争力，多管齐下共同努力破解“招工难”。

2009年10月29日　来自　“惠民在线”论坛

积极探索制度反腐科技防腐

@惠州市委常委、纪委书记李松：目前惠州市党风廉政建设和反腐败工作，有很多走在全省乃至全国前列。首先是反腐倡廉体制机制改革，惠州市在全省较早地成立了预防腐败局、市公共资源交易中心，在源头治腐方面起到了积极作用。另外，在探索制度反腐、科技防腐方面取得了较好的成绩，我们通过软件代替人脑，在医疗卫生领域，开发了阳光用药、阳光采购、阳光物流等软件，建立了社保资金电子监察系统，较好地缓解了老百姓看病难、看病贵的问题。

2012年8月16日　来自　“惠民在线”论坛

贫困户2011年全部按照标准脱贫

@惠州市委常委、统战部长杨灿培（时任副市长）：实施扶贫开发“规划到户、责任到人”工作，是省委、省政府的重大决策，惠州提出三年任务两年完成，就是说2011年要完成。2010年已经有过半的贫困户脱贫，所有贫困村达到三万块钱以上的收入标准。对贫困户，我们制定了一系列的政策，有劳动能力的，进行培训安排就业。贫困户子女当年初中毕业的，根据本人意愿，优先安排免费就读技工学校和中等职业技术学校。另外，组织一些龙头企业，去带动他们发展种植业。

2011年4月14日　来自　“惠民在线”论坛

创新实施“市人民教育家培养计划”

@惠州市委常委、秘书长范中杰（时任市长助理）： 惠州教育的发展需要一大批领军人物，需要营造一种名师辈出、名校辈出的环境。因此，惠州创新实施了“市人民教育家培养计划”。力争通过3年时间培养出2～3名在全国有影响的教育家，为广大教师树立标杆，引领惠州教育事业发展。培养对象的选拔活动已经完成。从报名的308人中初步评选出50名培养对象，目前名单已经公示。

2011年10月12日　来自　“惠民在线”论坛

后进村面貌不改变　帮扶工作就不撤退

@惠州市委常委、组织部长王开洲： 去年村级换届以后，我们在全市组织开展了换届“回头看”活动，共排查出44个“后进村”和4个问题突出村。“后进村”因为工作基础薄弱，基层组织战斗力不强，影响和制约了农村的发展和稳定。为了帮扶“后进村”，市里面共安排了4位市领导，48位县（区）领导，还有145个乡镇（街道）的班子成员挂点联系，我们的目标和要求是“后进村”的问题不解决、面貌不改变，我们的挂点帮扶工作就不撤退。

2012年6月27日　来自　“惠民在线”论坛

全县教师统发津补贴增收千元

@惠州市副市长王胜（时任博罗县委书记）：为提高教师待遇，我们将从今年7月起，在全县实行教师统发津补贴制度。统发后，教师工资平均可以增加1000元左右。今后，我们还将建立和实行教师工资自然增长机制，确保教师工资增长幅度不低于公务员工资增长幅度，确保农村教师与城镇教师收入基本持平、教师收入与公务员收入基本持平。近年来，我们对教育的投入不断加大，建设了博罗中学新校区，去年创建了3个省教育强镇。

2009年5月13日　来自　“惠民在线”论坛

让百姓看病更容易更便宜

@惠州市副市长刘冠贤：让百姓更健康，医务人员水平更高，百姓看病更容易、更便宜是医改坚持的理念。我们的目标是到2015年，基本医疗卫生服务更加公平可及，服务水平和效率明显提高；卫生总费用增长得到合理控制，政府卫生投入增长幅度高于经常性财政支出增长幅度，政府卫生投入占经常性财政支出的比重逐步提高，群众负担明显减轻，看病难、看病贵问题得到有效缓解。人均期望寿命达到79岁，婴儿死亡率降低到5‰以下，孕产妇死亡率降低到15/10万以下。

2012年4月18日　来自　网络问政综合信息平台

培训表彰奖励平安建设志愿者

@惠州市副市长、公安局长李敏：群防群治一直是公安工作的方针，“警力有限、民力无穷”，今年要全面启动“警民携手、共创平安”的公安工作社会化建设，力求通过主动作为、有效作为，使群众参与到治安管理当中来。要动员各方面的社会力量，包括治安积极分子、复员退伍军人，包括网友，对于参与平安建设的治安志愿者们，既要给予表彰、奖励，还要加强他们的培训，让他们掌握必要的技能和方法，解除治安志愿者的后顾之忧，激发群众参与打击犯罪的积极性。

2013年1月24日　来自　“惠民在线”论坛

把稳定物价作为十大惠民实事之一

@惠州市副市长邓庆忠：面对当前物价上涨形势，市委、市政府高度重视，把稳定物价作为当前的首要经济工作任务，作为2011年十大惠民实事之一，积极采取有效措施：一是充分运用价格调节基金，推进稳定物价“三项建设”，即大棚建设、冷藏设施建设和平价商店建设。二是发放低收入群体的临时价格补贴。三是切实加强对市场价格的监管。今年惠州要建设80家平价商店，现在已经建好了50多家，普遍反映良好。

2011年8月30日　来自　“惠民在线”论坛

城乡居民人人享受基本医疗保障

@惠州市副市长黄树正：这些年来，惠州高度重视民生问题，推出了一系列惠及民生的社保政策。实现了城乡居民人人享受基本医疗保障，在医保年度最高支付限额上也是频繁提高。今年惠州再次提高居民医保年度最高支付限额，门诊特定病种由原来的14种增加至现在的21种，基金年度最高支付限额从16万元提高到30万元，居民医保A档从10万元提高到20万元，居民医保B档从13万元提高到30万元，为老百姓看病提供了良好保障。

2012年10月31日　来自　“惠民在线”论坛

鼓励提倡办学“一校一特色”

@惠州市教育局局长陈可辉：校服是一个学校的标志，校服可以体现学校的特色。教育部门鼓励、提倡办学一校一特色，每个学校根据自己的优势办出自己的特色。校服也可以有各个学校的特色和风格，由各校学生参与设计，以学生自愿为原则，我想这样学生就会很喜欢穿校服，感觉穿校服是一种荣誉，有一种自豪感。所以，以后教育部门要往这方面推进，这也是发展的一个方向。此外，要把校服制订的主动权交给学校家长委员会，交给学生和家长。

2009年7月10日　来自　“惠民在线”论坛

年内建70公里自行车专用车道

@惠州市规划建设局局长李德友：以自行车道为主的慢行系统是城市交通的重要部分，惠州由于受前几年道路拓展的影响，自行车的道路系统受到了一定的影响。不过今年已经在研究相关工作，已拿出一个慢行道路系统方案，今年准备在市区实施70公里的自行车道路，把它进行贯通、完善。同时，结合绿道系统的建设和慢道系统的建设，新增50公里的城市绿道，纳入自行车的慢道系统。

2012年9月27日　来自　“惠民在线”论坛

年内再有33个行政村通客车

@惠州市交通局局长吴献民：要解决农村的乘车难、行路难问题，一个是路，一个是站，一个是车。惠州通行政村村道硬底化改造去年已经基本完成，自然村正在有序推进，力争在“十二五”期间完成。下来，我们的工作是围绕实现“三个100％”来开展，即100％乡镇建有客运站（含招呼站）、有通客车条件的行政村100％建有候车亭、有通客车条件的行政村100％通客车。按照目标，年底需完成38个乡镇客运站建设、513个行政村候车亭建设和33个行政村通客车任务。

2010年10月13日　来自　“惠民在线”论坛

禁养区养殖场6月底清理完毕

@惠州市纪委副书记、监察局长王细波（时任市环保局局长）：多年来，横江沥和吊鸡沥的治理都一直不尽如人意。现在看起来，至少要到6月底才能把它治理得差不多。一个是征地拆迁耽误了时间；另一个是污水处理厂包括截污管网建设都要进行招投标，也耽误了一段时间。等污水处理厂主体工程建成，截污管网对接上就可以运行，吊鸡沥、横江沥的污水就会往那排。截污以后还会对吊鸡沥、横江沥进行生态修复，有关部门正在做方案。

2010年4月21日　来自　“惠民在线”论坛

垃圾分类要靠大家一起做

@惠州市环保局局长黄水祥（时任市环卫局局长）： 我们对垃圾的分类还处于起步和试点阶段。现在对城市生活垃圾的分类，主要还是在一些小区对有毒、有害的垃圾进行回收。首先要单独收集、运输和处理，特别是对废旧电池，比如在东湖花园进行了试点。第二，对分类垃圾进行广泛宣传。垃圾分类也要靠大家自觉，一起来做。第三，主要从两个方面来抓垃圾分类。一是重点对有毒有害的垃圾进行分类、回收；另外，环卫部门对生活垃圾进行末端分类，如垃圾处理厂。

2009年5月21日　来自　“惠民在线”论坛

医疗资源配置不合理导致看病难

@惠州市卫生局局长许岸高： 造成看病难一个非常重要的因素是医疗资源配置不充足且不够合理。最直接的反映是医生、护士和病床不够充足。按“十二五”规划，每千常住人口要配置执业（助理）医师数1.9人，惠州要配置医生8799人，而现在惠州医生只有7300多人，缺口达1400多人，护士的缺口达2400多人，医疗病床缺口达5400多张。此外，政府财政投入不足、卫生系统自身制度设计问题、医院就诊流程存在问题等，也是导致百姓看病难的因素。

2012年10月22日　来自　“惠州在线”论坛

2.2《惠民在线信息摘报》：民意直达市领导

微引言

@黄业斌：网友们近期提出的曝光潲水油窝点的建议很好，我们有关部门随后会公布举报潲水油的电话，欢迎网友们随时举报。同时，我们还要求食品安监、卫生监督、工商、质检等部门高度重视，一定源头治理、互相配合，还要建立责任追究制度，接受监督，打一场“人民战争”，尽最大努力保食品安全、保健康！

2010年4月6日　来自　南方微博

一个网帖拉开网络问政序幕

2008年6月15日，网友“hzhqzxs”在惠州西子湖畔论坛发表帖子《淡水到惠州的公交梦》，帖子分析了惠城中心区和惠阳淡水的客运现状，直指公交车未通阻碍两地经济文化及民心的融合，引发网友热议。

2008年6月24日，市委书记黄业斌对该帖作出批示，并转给市公用事业局等部门制订解决方案。同年7月29日晚，网友“有话想说”将黄业斌的批示拍照后上传到网络，“喜讯”帖子一经发出，受到众多网友追捧和支持，短短12小时内浏览人次近万，网友跟帖达230多条。

2009年2月22日，让市民盼望已久的“一城两区”通公交车终于成为现实，从惠州火车站发往大亚湾区的惠南公交K1线从此在惠南大道上行驶。此事不仅显示了市委、市政府对网络民意的高度重视，也开启了惠州市网络问政工作，并为网络问政工作在惠州的全面铺开提供了强大动力。

2008年8月，在黄业斌的亲自指导下，关于对网民问题的批示在惠州市相关网站挂出。紧接着，为了带动政府部门重视网络民意，黄业斌亲自在网友的帖文以及《惠民在线信息摘报》上批示并在网上挂出，点名涉及民生问题最多的13个单

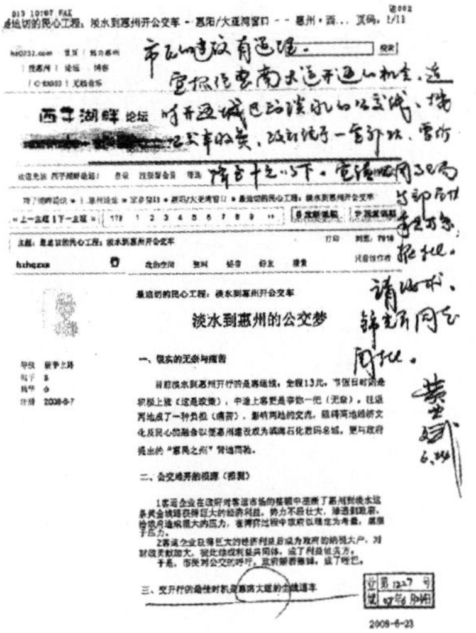
[redacted]
最迫切的民心工程：淡水到惠州开公交车

淡水到惠州的公交梦

一、现实的无奈与痛苦

二、公交难开的根源（猜测）

2008-6-23

2008年6月24日，黄业斌对网友发帖《淡水到惠州的公交梦》作出批示。

位进行网络问政试点工作，为全面展开网络问政工作提供经验。

全方位收集民意直达市领导

《十问惠州“电动车新政”》，2009年8月3日，一位署名为“有小轿车的人”的网友在惠州市政府门户网“网民问政”栏目写了这样一个帖子，反映超标电动车禁止上路的问题。不久后，栏目显示帖文已被惠州市人大办公室受理。

2012年9月，新学期开学第一天，惠州市富民小学的学生和家长欣喜地发现：学校旁边的十字路口已设置了红绿灯、二次过马路安全岛、斑马线等交通安全设施，学生们上下学更加安全放心了。

2012年年初，网友“大脸猫”反映位于富民小学附近的十字路口缺少足够的安全设施。网友反映的问题被选入《惠民在线信息摘报》，引起了黄业斌和陈奕威的高度重视，并专门就此作出批示。市交警部门迅速行动，完善了相关的交通安全设施。

市领导上网与网民在线交流，毕竟受时间等因素的制约，为最大限度地吸纳网民的意见、建议和批评、监督，2008年8月开始，惠州对网民关注的意见、建议和问题进行定期收集整理，每周编成一期《惠民在线信息摘报》上报市主要领导，全方位收集民意直达市领导。

据了解，每期《惠民在线信息摘报》上的批示，均由市委督办和市政府督办转各部门办理，结果统一在市政府门户网、今日惠州网、西子湖畔网上公布，此外，当地媒体还进行及时跟踪报道，解决了不少网友普遍关注或久拖不决的热点、难点问题。（据南方都市报、惠州日报2012年9月23日报道）

链接>>>>>>>>

平台介绍

2008年8月开始，惠州对本地主要网站论坛的网民意见、建议，尤其是网民普遍关注、久拖不决的问题，进行收集整理，每周编写1至2期《惠民在线信息摘报》，上报市四套班子主要领导，以及各县（区）党政一把手。

相关领导在摘报上的批示，由惠州市委督查办、市政府督查办以及各县（区）委办转各部分处理，市领导批示、处理结果等原汁原味在惠州市政府门户网站、今日惠州网、西子湖畔等3个网站上公布。

4年多来，惠州市委督查办、市政府督查办根据市领导的批示跟踪督办，对开展网络问题督查工作，始终坚持做到批必办、办必果，先后对市委书记黄业斌在155期《惠民在线信息摘报》上批示的662个问题或建议，以及“书记信箱”365个批办事项进行了跟踪督办，形成督查报告121份，其中重点问题专项报告19份。

“惠民在线”论坛、《惠民在线信息摘报》和惠州市网络问政综合信息平台，是惠州市委、市政府重点打造的三个“网络问政”平台和品牌，为群众解决了各类问题，其中不乏群众长期关注但没有得到解决的问题，大力推动了“惠民之州”的建设。同时，这三个品牌也日益为群众所熟悉和喜爱。

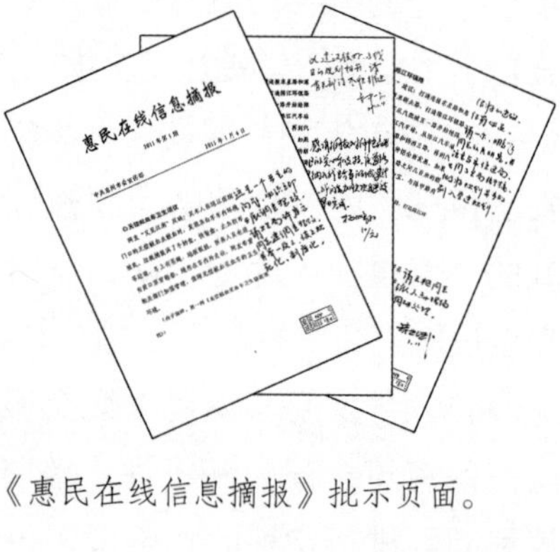

《惠民在线信息摘报》批示页面。

《惠民在线摘报》工作流程图

1	摘报编写	市委办对人民网、奥一网和市政府门户网、今日惠州网、西子湖畔网等本地主要网站论坛上，网民关心的问题及有建设性的意见、建议，尤其是网友普遍关注或久拖不决的问题进行收集和综合分析，编写《惠民在线信息摘报》。同时，就摘报信息向市领导、县（区）领导提出处理建议。

↓

2	摘报呈送	《惠民在线信息摘报》送市四套班子领导、各县（区）党政一把手和涉及摘报内容的相关部门负责人。

↓

3	领导批示及上网挂出	由相关市、县（区）领导在摘报上批示，提出处理意见。所有领导批示复印3份，在3个工作日内，一份送市委宣传部，一份送市委督查办，一份送相关职能部门处理。所有领导批示由市委宣传部统一安排在市政府门户网、今日惠州网、西子湖畔网挂出。

↓

4	督办落实	相关领导的批示由市委督查办进行督查办理，相关县（区）、部门在规定的时间内将批示的办理情况报市委督查办，由市委督查办汇总呈市主要领导阅批。

↓

5	网上反馈	市委办将市领导对相关县（区）、部门办理情况的批示及落实结果，统一在市政府门户网、今日惠州网、西子湖畔网挂出。

2.3 网络问政综合信息平台：24小时受理渠道

微引言

@黄业斌：昨天，惠州市17位党委新闻发言人集体亮相，并公布了他们的联系电话和电子信箱。党委新闻发言人制度的建立和健全，对于推动党务工作全面、及时、准确公开，具有正面而积极的意义。今后，我们要继续完善、健全这一制度，主动、广泛取得广大群众的支持和理解，进一步密切并巩固党和人民群众的血肉联系。

2011年4月1日　来自　南方微博

“一站式”网络问政方式

2009年8月5日，署名为“陈小林”的网友发帖说：“我于2008年4月在大亚湾西区买了一套商品房，当时大亚湾区政府承诺可以迁入买房人三代的户口，但在今年6月又暂停了这一政策，让我们担惊受怕，当初选择在这里买房主要是为了户口，而现在这一政策已经暂停了两个月之久，也没有一个具体的说法，让我们小老百姓该如何是好啊。盼复！！！”

当日，惠州市公安局立即回复说：“你向惠州市公安局反映的问题已收悉。大亚湾区政府因为要调整‘购房入户’的一些措施，已暂停办理，何时恢复请留意当地政府公告。谢谢！”

市民上网发帖，部门来回应，如今这样的形式在“惠民在线——网络问政综合信息平台”上已十分普遍。为切实落实通过网络问政建设“惠民之州”的举措，惠州在市政府门户网打造了网络问政综合信息平台，并在今日惠州网、西子湖畔网等本地网站同时链接推出。

惠州市网络问政综合信息平台设立了“一揽子”问政项目：书记批帖、惠民

惠州市网络问政综合信息平台页面截图。

在线访谈、部门回应、网友意见、网上调查、意见征集、热点难点追踪和统计监督等8个栏目。网友提出的问题由信息中心通过政府公文交换平台分送给相关职能部门，各部门通过该平台予以回复，最终实现了台前受理、后台办理的“一站式”网络问政方式。

水源被污染，影响农民耕种。2012年3月26日，网友“a丫头”反映，博罗县泰美镇岭子头村的水源被上游的养猪场污染。市委书记、市人大常委会主任黄业斌专门作出批示。对此，博罗县回复表示水库水质符合农田灌溉水质标准。

网友“a丫头”反映，博罗县泰美镇岭子头村有不少村民以务农为生，所使用的灌溉水都来自水库。“上游养猪场将污水排入水库。”网友“a丫头”说，很多村民都认为，水被污染的程度太严重，已经影响到了农民日常的灌溉，达不到农田用水的标准。“希望有关部门能够重视这个问题，还我们清洁的水源。”

网友“a丫头”反映的问题被选入《惠民在线信息摘报》（2012年第4期），引起了黄业斌的重视，并专门就此进行批示：“抓紧派专人处理，确保群众饮用水安全。”

经博罗县相关部门现场调查，岭子头岑坑村6个投产的猪场在养殖过程中产生的猪粪都进行了收集用作肥料，废水经沼气池处理后再排入鱼塘，调查现场均未见养殖污水直接外排或经鱼塘后外排。县环保局监测工作人员对岭子头村单桥水库进、出口采水样。监测结果为水库进、出口水均符合《农田灌溉水质标准》（GB5084-92）中的水质标准。

下一步，博罗县相关部门已要求6个已投入养殖的猪场进一步加强整改。同时，还要求各养殖场在3月底完善相应的污水无害化处理设施，达标排放养殖污水，方可继续经营，逾期整改不达标或拒不整改的，将由泰美镇政府实施强制关闭或清拆。此外，对1个在建的猪场也已要求其严格按环保部门的规定完善污水无害化处理设施，须通过环保部门的验收、达标排放方可投产经营。（**据东江时报2012年3月31日、2009年8月12日报道**）

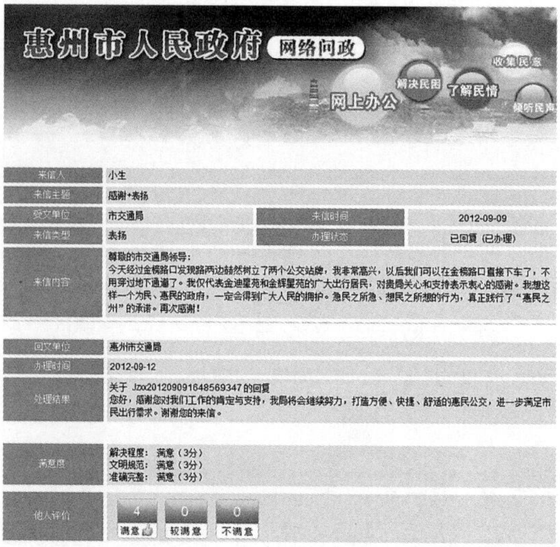

截至目前，惠州市网络问政综合信息平台已收到群众的表扬来信569件。

@小生：今天经过金榜路口发现路两边赫然树立了两个公交站牌，我非常高兴，以后我们可以在金榜路口直接下车了，不用穿过地下通道了。我仅代表金迪星苑和金辉星苑的广大出行居民，对贵局关心和支持表示衷心的感谢。我想这样一个为民、惠民的政府，一定会得到广大人民的拥护。急民之所急、想民之所想的行为，真正践行了“惠民之州”的承诺。再次感谢！@惠州市交通局

2012年9月9日　来自　网络问政综合信息平台

链接>>>>>>>>

平台介绍

2008年11月14日开始，经重新整合资源，网络问政综合信息平台在惠州市政府门户网推出，同时，由今日惠州网、西子湖畔网等本地网站进行链接。该平台设立了“一揽子”问政项目：书记批帖、惠民在线访谈、部门回应、网友意见、网上调查、意见征集、热点难点追踪和统计监督等8个栏目，打造了富有惠州特色的网络问政综合信息平台。

惠州市网络问政综合信息平台为群众提供24小时的意见受理渠道，全天候接受网民通过网络、电话等方式提交的咨询、建议和投诉，各职能部门在规定的时间内网上回复网友问题。群众提交的信件通过政府电子公文交换系统，第一时间分送相关县（区）和市直职能部门承办，实现“前台受理、后台办理”的“一站式”网络问政模式，以及民生诉求受理处置模式。

2011年5月，移动手机综合信息平台开通，网民可以通过移动手机进入综合信息平台，网络纠风覆盖至边远山区的人民群众，实现民意渠道诉求更畅通、群众参与作风监督更便捷。手机网络综合信息平台作为深化网络纠风工作重要举措，是继电话、信件、来访、互联网之后，群众关注政务、反馈问题的第五个渠道。

目前，该平台日均受理群众来信100多件，通过信息中心工作人员分派至相关部门进行处理，受理部门已遍及全市七个县（区）及市直130多家单位。网络问政平台逐渐得到认可，成为群众向市领导、各相关部门提出诉求和建言献策的重要窗口和载体。截至2012年12月，平台共收到网民有效来信122025件，回复120987件，回复率99.1%；办结117567件，办结率96.3%。

2.4 @黄业斌：微博不是开来秀的，而是开来用的

微引言

@厦门浪：黄书记的微博更多的是一种犀利的姿态，一种减少和消除民众恐惧的姿态，通过微博，每个市民都知道书记离他们不远！//**@全心异：**微博越来越像是一块试金石，勇者敢于面对，智者选择客观，愚者反应粗暴。//**@黄业斌：**开微博不是开来秀的，而是开来用的。一定要在"实"字上下功夫。

2010年4月9日　来自　南方都市报

广东地市领导黄业斌首个尝鲜微博

2010年3月22日，南方报业集团旗下刊物称，"南方微博"上出现了一个特殊的名字——惠州市委书记黄业斌，截至记者发稿时，这是广东省唯一由地市级领导人开通的实名微博。

"'惠民之州，精彩省运'。再过100多天，第十三届省运会就要在惠州召开了，网民朋友们，希望你们能够以此为契机，为在网络上展示一个富有'岭南特色、惠州风采'的省运会多出力"，这是该微博上唯一一篇记录，发布时间显示为当日下午6点。

虽然记录数量有待积累，虽然没有实名认证标志，也没有显示出粉丝和关注的数量，只有一个简单的页面，但还是引来不少网友进行了回复。在3月23日13点前后，该网站5位网友以回复的形式向黄业斌提问，内容涉及房产、交通、环境等方面。

这是黄业斌再一次与网民线上交流的起点。在此前的2年半时间中，黄业斌5次上线与网民交流，平均每半年上线一次。（据人民网2012年3月23日报道）

奥一网南方微博“@黄业斌”页面截图。

开微博不是开来秀的，而是开来用的

“开微博不是开来秀的，而是开来用的”，2010年4月8日，黄业斌在首开微博后，对23条网友留言逐一回复，同时指示相关部门领导调查解决。知名网友“厦门浪”认为，市委书记开“微博”是一种犀利的姿态，一种减少和消除民众恐惧的姿态，因为通过微博，每个市民都知道书记离他们不远！

69名网友跟帖反映问题

黄业斌尝鲜微博消息传开后，其微博浏览量猛增，并有69名网友跟帖回复反映问题，同时也有网友表示质疑，“微博是否又是一个官员秀场”？奥一网工作人员将情况汇总后反映给黄业斌。

4月8日，一份共有8页的黄业斌亲笔批示的回复传回奥一网工作人员手中。黄业斌对其微博网友跟帖的23条予以回复，语言平实，并以口语化方式与网友交流，同时指示相关职能部门负责人及县区领导调查解决。

同时，黄业斌表示：开微博不是开来秀的，而是开来用的。目的是听民意、聚民智、解民困、促发展。因此，一定要在“实”字上下功夫。要突出“解决问题”这个重点，要注重“与网友互动”的良好过程。

批示约见网友听取意见

网友“桥边独钓”在黄业斌微博中跟帖发言，“如果不是作秀，那就看看怎样解决城市交通阻塞的难题。向您所推荐的‘道路无交通阻塞，一刻钟服务圈规划法’，从规划入手，达到一次规划百年受益。”黄业斌批示请惠州市交警支队长许来育约见网友听取意见。

龙门网友跟帖，呼吁政府关注相对落后的龙门。黄业斌表态说，“市委、市政府全力支持龙门的发展，将尽快到龙门开现场办公会，加快发展步伐。”另外，有不少网友反映“停车难”、“买房入户”、“乘车难”等问题，黄业斌批示相关职能部门负责人调查处理。

奥一网工作人员介绍，会将微博回复定期汇总，形成《摘报》报送黄业斌书记，这也成为黄业斌与网友及时沟通的又一通道。

南方民间智库成员彭澎表示，如果全国各地都如惠州这样，认真地开展网络问政，从而真正地减少上访甚至是群体事件，这不仅节省了政府和民众的大量精力，也增加了社会的和谐程度，还是互联网技术的一大成功应用！（据南方都市报2010年4月9日报道）

链接>>>>>>>>

平台介绍

他与时俱进，在广东地市级领导人中第一个开通实名微博；他坚持互动，认真批复网友留言广受媒体和网民关注和追捧。近三年来，他一如既往地在微博上坚持，彰显诚意和决心。微博问政征策，大小节日送福；倡导文明交通，呼吁扶贫济困；邀请市民分享“感动”，与新客家人探讨“归属”，和一线工农评说“幸福”……自2010年3月22日发出第一条微博，至2012年12月31日，黄业斌微博共发布微博104条，网友回复8327条，黄业斌书面批复了其中的200多条。

在微博上，他听民意、聚民智、解民困、释民惑，他说，“开微博不是开来秀的，而是开来用的。”他关注、重视民生问题，河源地震发生、台风“鲇鱼”来临，他会担心人民生命财产安全；国庆黄金周，他会担心大家是否“吃得放

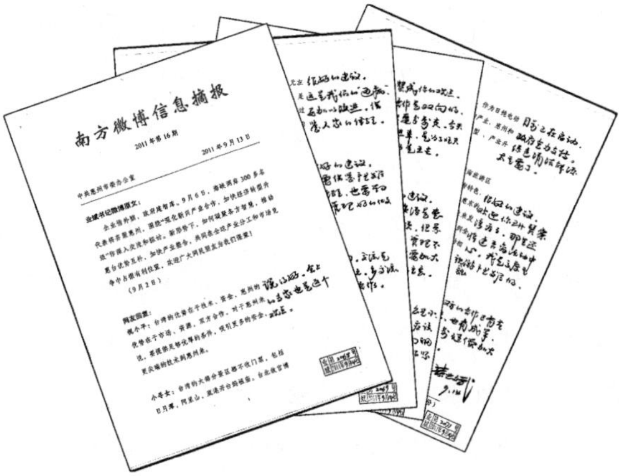
南方微博信息摘报

《南方微博信息摘报》批示页面。

心，玩得开心，出行安全、顺心。”保障房分配、农产品价格、潲水油问题都会引起他的重视，他关注高温下的劳动者，关心困难群体，呼吁扶贫济困，号召献爱心、行善举，他说“‘勿以善小而不为’，一颗颗小小的善心，汇聚起来，就是充满整个社会的大爱！”

“大家都很关心我开微博，我想说，开微博只是一个新的开始，最终要达到听民声、汇民智、促进发展的目的。”微博成为他汇聚民间智慧的平台，座谈会、在线交流、重大场合，他就“创新社会管理”、“社会建设”、“做大做强支柱产业”、“建设幸福惠州”“人才引进”等问题，他发微博求教网民，希望“多出点子，多提建议”，两会期间，他希望“网民朋友们通过有关部门开通的各种渠道，在“两会”上发出最民间、最基层、最真实和最理性的声音。”

他抓住一切时机宣传“惠民之州”“幸福惠州”，自发出第一条“省运微博”，他先后4次发布“省运微博”，宣传“省运会”同时，更多是推介“惠州”，他邀请记者朋友常来惠州走走，希望大家多关注惠州建设与发展，他欢迎有假期的网民朋友多来体验“大美惠州”，邀请网民骑行惠州的3条绿道。蝉联“全国文明城市”、“中国十大最具幸福感城市”，获评“网络问政年度城市”，他都会第一时间在微博和网友分享。

节日期间送出祝福也是常有之事，这类微博达21条，春节、端午、中秋、重阳、冬至，传统节日，他关心市民饮食、出行安全，春节祝福大家“家人团圆”，重阳希望年轻人“在家给老人端茶，捶背，聊聊天；身在外地更要常打个电话，常回家看看。”妇女节、劳动节、青年节、教师节、记者节，特殊节日，他关心从业者生存状态，记者节寄语记者“弘扬真善美，鞭挞假丑恶，为民鼓与呼”，教师节倡导从“感恩老师”开始，逐步在全市形成人人“讲感恩、尊师长、重教育”的良好氛围。

他对未成年人也十分关注，呼吁高度关注未成年人思想道德建设，要求假期期间要重视中小学生的安全问题，避免意外事故发生。他对工人朋友们有着深厚的感情，“如果你们遇到了为难事、烦心事、感人事、幸福事，欢迎通过微博与我交流和分享。”他对幸福有着自己独到的理解“幸福是什么？对于回家过年的农民工来说，幸福是一张回家的车票；对于我来说，幸福是看到农民工踏上返乡路时脸上的微笑。”他还是一个网络潮人，他会说“Happy new year 兔 you！”也会说“让我们HOLD住幸福，一起创造美好新生活！”（杨冗晟）

微博速览

网民朋友们，新年快乐！过去的2012年，大家在互联网上真诚沟通、多提良策；在本职岗位上敬业勤业、乐群敏行，为惠民之州建设发挥了积极作用。新的2013年，惠州各项事业要再上新台阶，经济社会发展要更加繁荣，需要大家继续围绕提升民生福祉多抛“金点子”！共建美丽惠州，我们在一起，加油！

2012-12-31 20:36:42 通过 网页 共有回复35条

文明程度提高一分，幸福质感厚实一层。从2009年惠州摘获“全国文明城市”金牌，到2011年以全国地级市总分第一蝉联，全市人民为擦亮文明金牌、保持创建活力一起努力和贡献。当前，我市已吹响争创“全国文明城市标兵”的号角，希望我们再接再励，继续争做文明人、讲文明语、行文明事、爱文明城，共同为幸福惠州建设增添更多的文明力量！

2012-9-5 11:01:42 通过 网页 共有回复44条

不知不觉间，通过微博和大家交流沟通已经持续2年啦。两年间，因为真诚，每一次落笔都充满期待；两年间，因为信任，每一次阅读都倍感温暖。大家的陪伴、支持和认可，让我们通过微博等新网络平台开拓民意渠道更加畅通。大家的真知灼见，给了我很多启迪。只说感谢不足以表达心情，真心希望网络上的互动，现实中的期盼，我们在一起。

2012-3-22 20:18:14 通过 网页 共有回复133条

今天是记者节，祝广大新闻工作者节日快乐！记者朋友们，弘扬真善美，鞭挞假丑恶，时代呼唤你们；为民鼓与呼，传递真善美，社会需要你们。在这个特别的节日，我要再次道声感谢：谢谢你们对惠州的关爱。欢迎大家常来惠州走走，希望大家多关注惠州建设与发展。

2011-11-8 10:50:06 通过 网页 共有回复53条

幸福是什么？对于回家过年的农民工来说，幸福是一张回家的车票；对于我来说，幸福是看到农民工踏上返乡路时脸上的微笑。上周召开的省委全会提出建设“幸福广东”，新的一年，惠州将加快惠民之州建设，提升市民幸福指数，率先给力“幸福广东”。欢迎大家一起微博晒“幸福”！

2011-1-12 17:00:20 通过 网页 共有回复28条

今天上午，惠州市启动感恩教育系列活动，适逢教师节来临之际，惠州4万5千余名教师为教育事业贡献了才智、爱心和青春，我倡议，可以从“感恩老师”开始，逐步在全市形成人人“讲感恩、尊师长、重教育”的良好氛围。

2010-9-6 17:30:45 通过 网页 共有回复29条

非常感谢大家远道而来，到惠州参加民间拍案群众论坛活动，和网络问政研讨会。看到网友智慧汇聚，思想火花激烈碰撞，是一个很好的创新和学习。大家都很关心我开微博，我想说，开微博只是一个新的开始，最终要达到听民声、汇民智、促进发展的目的。

2010-4-17 7:49:01 通过 网页 共有回复56条

“惠民之州，精彩省运”。再过100多天，第十三届省运会就要在惠州召开了，网民朋友们，希望你们能够以此为契机，为在网络上展示一个富有“岭南特色、惠州风采”的省运会多出力。

2010-3-22 18:11:32 通过 网页 共有回复84条

2.5 党政领导信箱：给市领导发电邮方便管用

微引言

@黄业斌：群众的每封信我都会认真阅读，及时回复、转办。来信给了我很多启发。//**@冯祥：**给市领导发电邮，方便管用！“党政领导信箱”让市领导直接倾听群众呼声，了解群众的需求。//**@黄业斌：**“党政领导信箱”一定要用到实处，用出效果，要让老百姓认可、满意。

2012年12月22日　来自　党政领导信箱

“党政领导信箱”要用到实处

如今，网友若是打开惠州市网络问政综合信息平台，会发现平台首页多了一个“党政领导信箱”。2010年12月22日上午9时，惠州市委常委会议室，惠州市委书记黄业斌，市委常委、宣传部长黄雁行等共同按下启动光球，正式开通“党政领导信箱”。至此，惠州网络问政又添了一个新品牌，一种新渠道，这也是惠州进一步深化网络问政的重要举措。

此前，惠州已开通局长信箱和县区信箱，保证群众诉求渠道畅通。为促进党委政府领导和网民的互动交流，又在网络问政综合信息平台中设置“党政领导信箱”，为惠州市每一位市委、市政府领导设立公开的个人信箱，市民可直接给市领导写信。

开通仪式上，黄业斌说，阳光是最好的防腐剂，在目前的新形势，惠州每一位党政领导都要开通个人公开信箱，在听民声、察民情、解民忧同时，也接受群众监督。

“凡是有利于畅通老百姓诉求渠道的，凡是有利于建设惠民之州的，凡是有利于惠民、利民的事情，都要多做点。”黄业斌说，“党政领导信箱”不是开来看的，而是开来用的，一定要用到实处，用出效果，要让老百姓认可、满意。

党政领导信箱页面截图。

“每封群众来信我都认真阅读”

2011年11月20日，黄业斌在2011年广东网民建言谋策论坛主题发言中认为，只有通过了解民意，创造性地让老百姓合法合理的利益诉求得以实现，才能聚集更强的力量推动发展。

2010年年底，惠州开通了党政领导信箱。将近一年的时间，黄业斌的信箱已收到近3000封群众来信，其中有诉求、有建议、有思路。黄业斌说：“群众的每封信我都会认真阅读，及时回复、转办。来信给了我很多启发。”

他说，在网络时代，网络逐渐成为干部下基层的新通道。惠州就是要通过网上信访和手机信访，多管齐下畅通群众诉求快速反映渠道，解决实际问题，让人民群众意识到在网上“说了不白说”。

“给市领导发电邮，方便管用！”

“尊敬的黄业斌书记，您曾经批复的惠州山水世家F栋房产证的问题，现在已解决。由衷地感谢您的关心！”

这是一位署名为“谢立君”的市民通过“党政领导信箱”写给黄业斌的感谢信。谢先生是市区山水世家F栋的住户，该栋90户业主的房产证因各种原因整整6年没有办下来，其反映的问题在黄业斌的批示下得以解决。

2011年拿到房产证后，谢先生一直想表达对黄业斌的谢意，后来得知开通了“党政领导信箱”，便代表该栋住户给写了一封感谢信。黄业斌在回复中表示：“群众满意就是我最大的幸福！希望你继续关注惠州发展，监督我们的工作。”

“‘党政领导信箱’是点对点的，对来信人有一定的隐私保护，让市民能够更加放心、大胆地提出意见、建议或反映问题。对群众反映比较急切的问题，市领导会马上批示，要求相关部门解决。”工作人员介绍，“党政领导信箱”开通以来，收到了大量群众来信。其中市委书记的信箱最多的一天就有50多封来信。

在网上看到“党政领导信箱”开通的消息后，2011年5月底，市民冯祥就市区汽车尾气污染问题给一位市领导信箱写了一封信，希望政府能好好管理此事。这封来信转到惠州市环保局办理后，该局很快给冯祥回复了办理结果。回复中，惠州市环保局详细介绍了针对汽车尾气污染采取的一系列联合整治措施，如开展机动车排气污染整治专项行动，超标车辆将定期通过媒体公布曝光等。

“给市领导发电邮，方便管用！”冯祥坦言，收到回复的信件，让他既有点意外又倍感欣慰。“我觉得开设党政领导信箱的做法很好，不仅拉近了市领导和老百姓的距离，而且能让市领导直接倾听群众呼声，了解群众的需求。”（据南方日报、南方都市报、惠州日报报道）

@党政领导信箱工作人员：相比“惠民在线”等其他网络问政平台，“党政领导信箱”是点对点的，对来信人有一定的隐私保护，通过直接给市领导写信，让市民能够更加放心、大胆地提出意见、建议或反映问题。对群众反映比较急切的问题，市领导会马上作出批示，要求相关部门解决。

2011年8月30日　来自　惠州日报

链接>>>>>>>>>

平台介绍

在网络综合信息平台上，惠州市委、市政府每位领导都设置了“党政领导信箱”，各县（区）设置了“县（区）委书记信箱”、“县（区）长信箱”，市直部门设置“局长信箱”、“党政领导信箱”。通过“党政领导信箱”，群众的投诉、举报可以直接到达市、县（区）党政一把手和部门主要负责人。

“党政领导信箱”是惠州市网络问政综合信息平台的延伸，目前已经成为惠州市网络问政的新品牌。相比“惠民在线”等其他网络问政平台，“党政领导信箱”是点对点的，对来信人有一定的隐私保护，通过直接给市领导写信，让市民能够更加放心、大胆地提出意见、建议或反映问题。对群众反映比较急切的问题，市领导会马上作出批示，要求相关部门解决。

自2010年12月22日开通以来，群众反映的一大批教育、环保、社保、交通运输、政法、城市管理等方面的民生热点、难点问题得到有效解决。

如何“写信”

登录惠州市政府门户网站点击“党政领导信箱”

市民只要登录惠州市政府门户网，直接点击“党政领导信箱”（或进入“网络问政综合信息平台”后点击“党政领导信箱”），就可以进入网络问政平台中“党政领导信箱”的写信页面，给市党政领导写信留言，提出意见和建议，反映情况和问题。

有关方面提示，市民在写信页面，可根据各领导职责分工，结合需要反映的问题，选择相应的市领导，填写好信件主题、内容，以及真实的联系方式，然后点击“提交”。提交问题后，平台系统将提供信件的编号，写信人可根据信件编号进行查询。

信件处理

有关部门将信件收集摘录后报市领导批阅办理

为及时处理好“党政领导信箱”中的群众来信，惠州市各有关部门将对口负责信箱中信件的收集、摘录，报领导本人批阅并进行办理，并确保按时限回复来信人。同时，市委办、市政府办将对群众反复投诉的问题、热点焦点问题、涉及多部门的问题进行选摘，每月分两次将各部门选摘上报的信件整理后送市委宣传部。市委宣传部汇总、编写《惠民在线信息摘报》（市领导专辑）报市领导本人，并送市委书记、市长。

如何督办

市委督查办市政府督查办汇总办理情况报市领导

在督办方面，市委督查办、市政府督查办按照市委书记黄业斌“百分百交办，百分百回复”的批示精神进行督查落实，要求相关县（区）、部门在规定时间内（一般问题5个工作日、复杂问题15个工作日内）将批示办理结果报市委督查办或市政府督查办。具体办理流程为：

呈批——市领导批示——市委督查办、市政府督查办根据市领导批示精神向相关职能部门发出《督办通知》——职能部门将办理情况向市委督查办、市政府督查办反馈——市委督查办、市政府督查办综合办理情况报告呈报——市委督查办、市政府督查办根据市领导批示精神，抓好落实并反馈相关职能部门——办结

对于群众反映的内容比较复杂，涉及多个部门、多位市领导的问题，将由市委办牵头召集有关部门定期召开交办会，协调处理。此外，每季度市委督查办、市政府督查办还针对部分当时未办结或重点问题进行一次实地核查，形成督查报告和《每季度书记批示事项办理情况表》呈报市委书记、市长及相关市领导。（据惠州日报2010年12月23日报道）

2.6 @惠州发布：部门官微从“独唱”到“合唱”

微引言

@陈奕威：微博有微博的特点。不能只是发布政务新闻，应该有一些生动的语言。只有生动、活泼的语言，网友才会喜欢。//**@张志安：**政务微博在具体实施和运营过程中，最重要的就是“人性化”和“互动性”。另外多倾听意见，及时加以反馈。如果不做好这两点，政务微博很可能就是“宣传微博”或者“僵尸微博”。

2012年10月16日　来自　南方日报

关注惠州，就@惠州发布

在微博时代，作为网络问政样板城市的惠州不能OUT了！2012年6月12日上午10时，@惠州发布在新浪微博、腾讯微博、南方微博三大微博平台同步上线开通。这是惠州市深化政务信息公开和服务网民的新举措、新探索。

“惠州发布”是惠州市政府新闻办公室实名认证的官方微博，将第一时间发布权威信息和便民信息，为广大市民网民实时了解惠州重要政务和公共服务信息，提供更加便捷的途径。据市政府新闻办有关负责人介绍，该微博的主要发布内容为新闻、便民服务、文化、旅游、县区动态、财经热点等信息。

@惠州发布微博LOGO为惠州标志性景点惠州西湖，页面风格清新简洁。其中新浪和腾讯微博页面处有大幅惠州美景图片，包括西湖、红花湖、双月湾等景点，腾讯微博页面还有一个介绍惠州的视频。

@惠州发布还链接了惠州市政府门户网、今日惠州网等本地主要门户和新闻网站，以及@平安惠州、@最美惠州、@惠州交警、@惠州天气等部门官方微博。

"@惠州发布"新浪官方微博页面截图。

部门官微"独唱"变"合唱"

2012年8月24日，惠州微博发布厅在新浪微博、腾讯微博正式上线，发布厅由惠州25个市直部门和7个县（区）的官方微博组成，至此，惠州部门官方微博由"独唱"变"合唱"，将更及时准确地发布信息，回应民生热点和市民关切的问题。

惠州微博发布厅主页为惠州市官方微博@惠州发布，该微博于6月12日在新浪微博、腾讯微博、南方微博三大微博平台同步上线，是宣传推介惠州、发布政务和服务信息的新平台。

据介绍，在首批加入微博发布厅的25个市直部门官方微博中，除@平安惠州、@最美惠州等少数几个部门官方微博已开通一段时间外，其余大部分为近期认证上线的微博。

官微推进：少打官腔多谈民生

2012年10月，惠州政务微博工作推进会召开。针对个别政务微博存在缺少互动、活跃程度不够的问题，有的政务微博多发布政务信息，官腔味较浓等，会议提出，今后在政务微博的管理上，应该少打官腔，多用活泼的网络语言，多发一些便民利民的民生类信息。

此前，惠州市长陈奕威接受南方日报专访时说，网友对惠州政务微博的建议让他感触很深，网友提到了管好微博的八个字："放下身段、用心去写。"陈奕威说，微博有微博的特点。不能只是发布政务新闻，应该有一些生动的语言。比如天气变化时，提示网友多添衣等。只有生动、活泼的语言，网友才会喜欢。

与会的一些政务微博管理者中不少也指出，发布的微博应该少些"官味"，多用生动的网络语言，应该更有"生活味"，才能吸引更多网友的转发与评论。惠州市旅游局官微@最美惠州的管理者还建议通过与国内名博开展交流互动，增强政务微博的影响力等。@西子惠东爱心群友认为，部分政务微博应该多发布一些部门相关的惠民信息，别只是说一些空话套话。

中山大学传播与设计学院副教授、博导张志安认为，政务微博在具体实施和运营过程中，最重要的就是"人性化"和"互动性"，即以人为本、给老百姓提供他们真正需要的信息。另外多倾听他们的意见，及时加以反馈。如果不做好这两点，政务微博很可能就是"宣传微博"或者"僵尸微博"。（据南方日报、南方都市报报道）

@张志安：未来惠州政务微博能在三个方面得到提升：一是更好地做到全覆盖；二是政府微博应有政务理念，特别是有危机发生的时候，政务微博的作用就更能得到体现；三是建立政务微博的评估机制与持续发展。与民生联系密切的部门，要重视关注度，与民生关系不密切的部门，要重视微博质量。最后，希望能包容一些声音，包括网友的骂声。

2012年12月27日　来自　南方日报

链接>>>>>>>>

平台介绍

2012年8月24日，惠州微博发布厅在新浪微博、腾讯微博正式上线。该发布厅政务微博群由惠州25个部门、7个县（区）官方微博共同组成，将更及时准确地发布信息，回应民生热点和社会关切的问题，对惠州公开政务信息、创新社会管理、倾听民众呼声、服务社会公益、加强网上宣传、塑造惠州形象，都将起到积极作用。

惠州微博发布厅主页为惠州市官方微博@惠州发布，于6月12日在新浪微博、腾讯微博、南方微博三大微博平台同步上线，突出发布信息、服务民生、沟通交流的功能，主要栏目有惠州要闻、权威发布、便民提示、文化视点、惠民实事、好人之城、惠州名品、惠州名人、惠生活、畅游惠州等。截至2012年12月底，@惠州发布在新浪、腾讯、南方微博共发布信息6338条，粉丝93429个。

据了解，@惠州发布开通运行一段时间后，为进一步向广大市民及时传递政务信息，提供服务资讯，惠州市决定开通微博发布厅，打造全新的微博发布平台。经过了一段时间试运行，惠州微博发布厅正式上线。2012年10月，惠州市召开政务微博工作推进会，要求适当减少政务类信息的发布，多从便民、利民等民生角度出发，拓宽信息面，及时准确发布信息。

惠州市政府新闻办负责人介绍，开通官方微博的目的是，以最快捷、最广泛、最易接受的方式，及时向外界发布各类宣传推介惠州的信息，发布有关举措和政策的新闻链接，让更多人关注惠州的发展进步，让广大市民网民实时了解惠州政务动态和公共服务信息。

惠州政务微博发布厅腾讯页面截图。

官微速览

@平安惠州

微博第一时间播报路况警情

2010年5月1日，惠州市公安局开通“平安惠州”微博，成为广东首批开通公安微博的地级市公安局之一。利用微博传播速度快、覆盖范围广等特点，“平安惠州”作为发布突发事件和重大案件信息的新平台，及时发布“枪杀两名交警凶犯被警方抓获”等案件信息，成为第一时间发布公安机关重要信息、第一时间回复咨询建议、第一时间播报路况警情、第一时间推广警营文化的重要工具。

@惠州团委

微博活动吸引广大青年关注

2012年3月，惠州团市委开通惠州共青团官方微博，并发动400多个基层团组织和6万多名团干部及青年个人开通官方微博和实名认证个人微博，组建形成惠州共青团微博群。微博开通后，通过“青春微博”行动、“写出您的青春宣言”、“我推荐、我评议身边好人”、“志愿服务”、“道德讲堂”、“惠州万人长跑迎奥运”等主题微博活动，以及“关注有奖”等活动，吸引广大青年的关注。

@大亚湾发布

内容以新闻和便民信息为主

大亚湾高新区官方微博@大亚湾发布于2012年7月底上线，内容以大亚湾区的新闻和便民信息为主。@大亚湾发布是该区继建立起每月召开新闻通气会、定期邀请网友参观、开通民意绿色通道等互动交流平台后，进一步完善与媒体和群众互动交流机制的重要举措和另一种形式的自主新闻发布。网友可以通过这些平台，即时了解大亚湾区发布的有关政策、举措和服务资讯。

@惠州120

案例图解分析传递急救知识

宣传院前急救知识，展示急救人员风采，通过案例逐一分析急救要点，让更多市民关注急救知识，掌握急救技能。惠州市120急救指挥中心官方微博——“惠州120”通过网络传递急救知识，让更多的人了解惠州120。同时，该微博还通过一些案例逐一分析、图解分析，方便市民学习掌握简单的急救知识。

@惠州物价

有价格问题请@咨询或投诉

2012年7月25日，惠州市物价局开通新浪、腾讯官方微博，除了发布最新价格信息外，网友遇到价格问题也可以@惠州物价进行咨询或投诉。据介绍，@惠州物价主要发布惠州市稳定物价三项建设进展情况，重要商品价格及服务收费变动以及价格专项检查等物价政策、举措和服务资讯等，同时，还是与网友互动，收集网友的咨询、投诉和建议的平台。

@最美惠州

释放旅游推广的无限能量

自2012年4月初惠州市旅游局官方微博@最美惠州上线后，持续发布惠州美景、美食、休闲、购物、旅游知识等信息，引来广大粉丝关注。市旅游局还组织全市各旅行社、A级景区及星级酒店陆续开通企业微博，利用更多平台宣传惠州旅游资源；举办“最美惠州微发现”活动，利用微博媒介推荐旅游，突显出惠州旅游在宣传推广上的全新思维与创新意识，释放旅游推广的无限能量。

媒体评论

不怕起步晚，只怕停下来

@末丛：不怕起步晚，只怕停下来。这句话送给行走中的惠州。//**@末丛：**政务微博群可以成为最好的政府发声和民意互动渠道，也可以成为僵尸和花瓶。千呼万唤始出来的惠州政务微博群究竟会长成什么模样，现在仍无法预计，只能将各种“积极作用”当作美好的激励，听其言，观其行。

2012年8月27日　来自　南方都市报·惠州读本

2.7 网上办事大厅："一站式"网上办事平台

微引言

@陈奕威： 惠州网上办事大厅要办成惠民大厅。**//@张瑛：** 近期惠州正式启动了投资项目审批制度改革，计划大幅压缩投资项目审批事项，但是相应没有技术保障，投资审批制度难以高效运转，接下来，要进一步完善网上办事大厅投资审批功能模块，实现投资审批。

2013年1月18日　来自　南方都市报

网上办事大厅正式开通运行

2012年10月19日，惠州网上办事大厅正式开通运行，市民可登录办理行政审批、政策咨询、评价投诉等事项。在当天举行的全省网上办事大厅正式开通仪式上，惠州作为唯一代表进行现场汇报演示，省领导对惠州市网上办事大厅建设工作给予了充分肯定。

惠州网上办事大厅首批录入服务事项总数5390项，可在线申办事项1582项。办事指南、表格下载、服务查询、在线申报等栏目可以满足市民办事的不同需求。市民只要打开电脑，动动鼠标，不出家门就可以搞定这些事了，网上办事大厅成为市民和政府各部门的"直通车"。

除省规定的"政务公开"、"投资审批"、"网上办事"、"政民互动"、"效能监察"5个功能模块全面投入应用之外，惠州市创新建设的手机、平板电脑等移动终端版同时投入使用，还率先同步开通运行县（区）网上办事分厅，构成一个庞大的"一站式"网上办事平台。

"以前办一个审批项目可能要跑好几个部门，现在有了这个网上办事大厅，少了奔波之苦。"刚刚在网上完成新公司注册的黄瑞颇有感慨地说。

751项事项实现网上办理

截至2013年1月16日，惠州网上办事大厅可在线办理服务事项达751项，占市直服务事项的65.2%。预计2013年上半年，90%的行政审批事项、80%的公共服务事项可实现在线办理。

“一个投资项目从立项到施工许可少则半年，多则两三年都办不下来。近期惠州正式启动了投资项目审批制度改革，计划大幅压缩投资项目审批事项，但是相应没有技术保障，投资审批制度难以高效运转，接下来，要进一步完善网上办事大厅投资审批功能模块，实现投资审批。”惠州市委常委、常务副市长张瑛要求，未来惠州实现投资审批协同办公，真正实现投资审批提速。

如今在惠州市安监局的行政服务窗口，已经是门可罗雀，这不是因为业务量的减少，而是这些业务都在网上办理了。惠州市安监局面向企业和公众的29项服务事项，均已达到了4级服务深度，实现网上全程办结。

中石化惠州公司的业务员说：“我们在惠州共有164座加油站，办证等事项都通过安监网上办事大厅进行电子申报，不但免除了人工往返办理业务之苦，而且办结领证时间也节省了70%，真的是既便捷高效又阳光透明！”

首聘16位社会监督员

平台搭起来了，如何让其真正发挥效用？张瑛强调，要让目前能够在网上办理的市直751项服务事项“真能办”以及“真的办”，要让社会进行监督。2013年1月17日，惠州市聘请了首批16位网上办事大厅社会监督员，他们分别来自人大、政协、媒体、院校、行业协会等，将从不同维度对网上办事大厅的建设提建议。

如果网上办事大厅的宣传只停留在数字上，容易让群众认为在玩数字游戏。对此，惠州坚持“不忽悠、不作秀”，通过网络和媒体公开“晒”每个可在网上办理的服务事项目录清单，让群众和企业可以对照进行监督。

惠州还在全省率先开发网上办事大厅评议功能，有了这个功能，就意味着公众可以像网络购物一样，买完东西后对商家的服务态度、水平等进行评价。同时，评议的结果将纳入效能监察考评当中，从而形成“评议+效能监察”相结合的监督体系。

设“金点子奖”吸纳民意

据惠州市发改局负责人介绍，为使广大市民了解、支持、使用网上办事大厅，惠州设立了“金点子”奖，问需于民、问计于民。如将网上办事大厅的建设方案、版面设计、栏目设计等向社会公开征集意见，首批已发放“金点子”奖100多个。同时，发送征求意见短信，通过反馈将群众需求最迫切的服务事项优先开通运行。

此外，惠州在行政服务中心和市直部门原有实体办事窗口，统一设立“网上办”专区，让群众在使用中发现问题，完善功能。（据南方日报、南方都市报、惠州日报报道）

惠州市网上办事大厅页面截图。

链接>>>>>>>>

平台介绍

2012年9月17日，惠州市以市级录入事项最多、功能模块最齐全、建设标准最规范的地级市之一，与广东省网上办事大厅同步投入试运行。同时投入试运行的还有手机版网上办事大厅，惠州市民开始搭乘“政务特快”专列。10月18日，在广东省网上办事大厅正式开通仪式上，惠州作为全省21个地级市唯一代表进行现场汇报演示。

目前，惠州市网上办事大厅综合服务体系已基本建立，多个指标走在全省最前面，特别是率先同步开通运行县（区）网上办事分厅，县区建设目标比省的规定时间提前了两年以上，构成一个庞大的“一站式”网上办事平台。

截至2013年1月，惠州市直1150项服务事项中，751项已达到3级服务深度（即可以网上办理）。据了解，惠州市网上办事大厅录入服务事项总数高达5390多个，占应录入事项的90%以上，可在线申办事项1582个。其中，市级录入事项1258，占全省的十分之一，可在线办理事项504项，占全省的七分之一。

作为广东省网上办事大厅的重要组成部分，还在建设初期时，惠州市网上办事大厅在全省已经囊括了四个“率先”，分别是：率先实现与省网上办事大厅无缝对接，率先在全省建成市、县两级网上办事大厅，同时全省率先建成了手机版网上办事大厅以及效能监察功能。

目前，惠州市网上办事大厅“政务公开”、“投资审批”、“网上办事”、“政民互动”、“效能监察”5个功能模块全面投入应用，手机与IPAD等移动终端版同时投入运行。惠州还有不少创新之举，如通过聘请社会监督员、晒目录清单、开通评议功能等加强对网上办事的效能评议和监督。

■惠州网上办事大厅网址：http://wsbs.huizhou.gov.cn；

■惠州手机版网上办事大厅网址：http://wsbswap.huizhou.gov.cn。

三　长效机制：一座城市网络问政的全方位探索

网络问政植根于广东这片思想解放的土壤，得益于改革开放的风气之先。在网络问政的征程上，惠州敢为人先、勇于创新，通过不断地探索、实践和总结，建立行之有效的长效机制。

2008年开始，惠州陆续出台《惠民在线”工作方案》、《网络问政督查工作制度》及《实施细则》等规章制度。及至2012年，《惠州市关于深化网络问政工作的若干意见》试行，外界称为“惠州网络问政16条”，是近年来网络问政经验积大成者，又具有前瞻性。

广东省第十一次党代会报告提出“推进网络参政问政制度化”，“惠州网络问政16条”已有落地，公之于众，昭示决心。

规律最终要凝结成可操作的制度，以保持网络问政的长久生命力。长效机制使得网络问政持续高位运行，以此观之，惠州引领潮头。

3.1 “惠民在线”推动在线交流机制

微引言

@“惠民在线”工作方案：为拓宽民意沟通渠道，收集民意信息资源，推动“惠民之州”建设，充分整合利用今日惠州网“惠民在线”论坛、惠州广播电台“行风热线”和市政府门户网站“政民互动”板块等，办好“惠民在线”论坛，推动在线交流机制，回应群众关注的社会民生、经济发展等各方面的诉求。

2008年9月23日　来自　惠市委办〔2008〕64号

“惠民在线”网上办公开通

@“惠民在线”网上办公平台：为拓展平台功能，加强职能部门与群众的交流与沟通，“惠民在线”于2009年9月1日开通网上办公平台，广大网友可通过平台向46个相关职能门及其主要负责人提交意见、建议、问题以及投诉，相关部门主要负责人将亲自对问题等进行批示交办，并在规定时限内予以办理、回复。

2009年9月21日　惠市委办发电〔2009〕66号

“请施为学同志并编研中心、市政规划科对‘惠民在线网民’反映的意见和建议认真进行研究。局长：李德友2009年9月4日。”也许已有细心的网友发现，在“惠民在线”网络问政平台上，多了“网上办公”功能。

这是近日“惠民在线”网络问政平台增设的“网上办公”功能。网友可以通过“网上办公”版块，向相关职能部门及其主要负责人提交意见、建议、问题以及投诉，相关部门主要负责人将亲自对网民提出的问题等进行批示交办，并在规定时限内予以办理、回复。

据介绍，为了进一步拓展“惠民在线”网络问政平台的功能，加强职能部门与群众的交流与沟通，有效提高政府部门的工作效率，“惠民在线”已于2009年9月1日在市政府门户网站和今日惠州网开通“网上办公”服务。

目前，网上办公功能已经在发挥作用。如网友“惠民在线网民”9月4日向市规划建设局反映了西枝江二桥（暂定名）的建设问题，当天局长李德友就作出批示，要求总工程师施为学和编研中心、市政规划科对“惠民在线网民”反映的意见和建议认真进行研究。

9月5日，施为学进行回复并留下办公电话，表示“如方便请您留下联系方式，以便我们共同探讨西枝江桥的规划建设问题，在下步规划建设工作中采纳各方面的合理化建议。”（据东江时报2009年9月7日报道）

2009年8月20日，“惠民在线”网络问政实施一周年座谈会举行。

链接>>>>>>>>

“惠民在线”工作方案

当今，互联网正深刻影响着我们的生活，网络日益成为民众表达意见的重要领域。为拓宽民意沟通渠道，办好《今日惠州网》“惠民在线”论坛，充分整合利用《今日惠州网》“惠民在线”论坛、惠州广播电台“行风热线”和市政府门户网站“政民互动”板块等，收集民意信息资源，推动“惠民之州”建设。现就有关工作的实施制定如下工作方案：

一、指导思想

以科学发展观为指导，以“收集民意、倾听民声、了解民情、解决民困”为宗旨，以建设深入实践科学发展观好班子的具体体现为要求，进一步畅通、拓展党委、政府与群众沟通的渠道，形成以《今日惠州网》“惠民在线”论坛为总平台，惠州广播电台“行风热线”和惠州市政府门户网站“政民互动”板块为分平台，收集、报送、交办、处理、反馈群众意见建议的工作机制，从而更好地掌握民情民意，化解社会矛盾，解决热点问题，密切党群政群关系，推动“惠民之州”建设。

二、主办、承办单位

主办：市纪委、市委办、市政府办、市委宣传部

承办：市信息产业局、市信访局、惠州报业传媒集团、惠州广电传媒集团

三、组织机构

（一）成立领导小组

组长：黄雁行（市委常委、宣传部长）

副组长：李松（市委常委、纪委书记）

（二）下设协调组、宣传组、业务组、技术组。具体职责和成员（略）为：

协调组：负责协调、安排市领导的上线时间、上线主题、资料准备，市领导的相关要求和问题的处理、督办、落实，以及各部门负责人上线时间。

宣传组：负责协调新闻媒体做好在线交流的准备、宣传、预告、信息上报及发布。

业务组：负责制定上线工作方案、信息收集反馈，做好现场安排、人员调配和后勤保障。

技术组：负责技术和设备保障。

四、运作机制

（一）在线交流机制

1. “惠民在线”论坛每月一次，时间为晚上8时至9时30分，在《今日惠州网》和市政府门户网站同步播出。协调组负责安排上线的市领导、相关部门负责人。在线交流现场设在今日惠州网，由市信息产业局、惠州报业传媒集团负责具体组织落实。开播前，《今日惠州网》、市政府门户网站做好网民意见、建议和问题的征集，并送给将上线的市领导、市委宣传部、市信息产业局及相关部门。

2. 市纪委指导“行风热线”节目继续按原有方式办好，确保规范有效运作。

3. 上线交流的主要内容为回应群众关注的社会民生、经济发展等各方面的诉求。

（二）信息收集机制

1. 收集方式：分三个渠道收集，汇总到市委宣传部，形成每周两期的《“惠

民在线”信息摘报》，报送市党政领导及市人大常委会、市政协主要领导。

（1）《今日惠州网》负责收集市民在“惠民在线”论坛、“我向书记市长建一言”板块的建议、意见和问题，形成每周两期《“惠民在线”论坛信息摘报》送市委宣传部互联网宣传管理科。

（2）市信息中心负责收集市民在市政府门户网站“惠民热线”、“市长信箱”、“广纳贤言”、“公众监督”等栏目中尚未解决的建议、意见和问题，形成每周两期《“政民互动”信息摘报》送市委宣传部互联网宣传管理科。

（3）惠州广播电台负责收集听众在电台“行风热线”、“家在惠州”等节目中尚未解决的相关建议、意见和问题，形成每周一期《“行风热线”信息摘报》送市委宣传部互联网宣传管理科。

2. 收集范围：所收集的信息应为近期群众关注的涉及民生、经济、社会发展等各方面的内容，并具有一定的普遍性、典型性和启示性，有助于解决当前社会热点、焦点、难点和敏感问题，有助于促进社会团结稳定，有助于促进党委、政府的工作。

（三）信息处理机制

1. 市领导上线时，相关部门也要上网，在线回复市民现场提出的与本部门有关的问题。市领导在在线交流中要求各部门落实的问题，以及现场尚未答复的问题，由市委督办、市政府督办进行整理后，转有关部门办理。

2. 市领导在《“惠民在线”信息摘报》上的批示，由市委督办、市政府督办转有关部门办理。各部门处理情况，要在一定时限内形成书面答复，送市委督办、市政府督办。

（四）信息反馈机制

市委督办、市政府督办对相关部门的书面答复进行整理、汇总。需要对外公布的，统一安排在《今日惠州网》、市政府门户网站公布。

（五）宣传预告机制

在“惠民在线”开播前，市委宣传部统筹协调《惠州日报》、《东江时报》、惠州广播电台、惠州电视台、《今日惠州网》和市政府门户网站做好宣传和预告工作。

五、技术与经费保障

（一）由市信息产业局牵头，协调市政府门户网站、《今日惠州网》做好在线交流的技术保障，做好现场协调、文字、录音和审核发布以及后勤保障等工作，确保视频直播顺利进行。

（二）为确保工作顺利进行，根据相关单位增加的工作总量、技术要求，由市财政局对《今日惠州网》、市政府门户网站、惠州广播电台等媒体平台给予一定的经费保障，并由市委宣传部负责经费的统筹安排。

六、工作要求

（一）各级党委、政府及各部门要高度重视网络信息，深刻认识网络在化解社会矛盾、解决群众关注的热点问题、密切党群干群关系方面的重要性。

（二）要牢牢把握网络舆论的主动权、引导权，正确把握网络舆论导向，积极、主动利用网络，促进惠州市“惠民之州”建设。

（三）各级党政领导、各部门负责人要带头上线与网友交流，倾听民声、解决民困；各职能部门要指定一名领导专门负责网上信息工作，及时关注、处理涉及本部门的网上信息，并建立信息收集、处理和反馈的长效工作机制。

附：2008年9—12月市领导出席“惠民在线”论坛安排表（略）

关于开展“惠民在线”网上办公工作的通知

各县（区）党委、人民政府，市直和驻惠各副局以上单位：

去年8月以来，惠州市以科学发展观为指导，坚持执政为民、以人为本的理念，在各地、各部门的共同推动下，创造性地开展“惠民在线”网络问政工作，得到了社会的高度认可，有效推动科学发展惠民之州建设。为贯彻落实“惠民在线”网络问政实施一周年座谈会的会议精神，继续深入推进网络问政工作，惠州市将从9月起在惠州市46个职能部门（名单见附1）开展网上办公工作，现将有关事项通知如下：

一、开展网上办公是深化网络问政工作的重要手段

随着互联网等网络信息的高速发展，中国网民数量持续快速增长，网络已成为群众表达意见诉求、集中民间智慧的新的重要渠道。对网络民意的关注与研判、回应与吸纳，必将成为党委、政府的常态工作，成为公共政策形成的程序和路径之一。惠州市开展的网络问政工作，是新形势下坚持党的群众路线的具体体现，是党委、政府工作的一个创新，是进一步畅通政府与网民全面沟通的渠道，是进一步拓宽公众有序参与政府决策的途径，是进一步推动政府部门增强服务意识、转变工作作风、提高办事效率的措施，解决了大量涉及社会民生的问题，真

正实现“收集民意、倾听民声、了解民情、解决民困”的目的，有力促进社会和谐稳定。开展网上办公工作是继续创新网络问政工作的新举措，是推动各部门领导重视网络、善用网络、直面网络，通过网络平台解决实际问题、推动政府工作的新手段。

二、全面推动网上办公工作

全市各部门要在网络问政工作的基础上，全面开展网上办公工作，积极探索形成常态工作机制，不断提高网上回复率、办结率、满意率。具体要做好以下工作：

（一）设置“两箱”。从9月1日起，市信息产业局负责在市政府门户网“惠民在线—网络问政平台”设置各部门“局长信箱”和“部门信箱”两个信箱，方便接受群众的投诉、意见、建议和问题。群众来信通过政府电子公文交换平台转送各部门。

（二）编写“摘报”。各部门负责人指定专门科室、专门人员，进行网上信息的收集，编写“网络信息摘报”。收集内容包括：一是“局长信箱”、“部门邮箱”中的来信，二是本地主要网站、论坛上网民较为关注的涉及本部门工作的问题或信息。发现重要信息、敏感信息要及时编发、报送部门主要负责人，影响重大的要上报市委、市政府及上级部门。

（三）批阅批办。部门主要负责人及时对信息摘报进行批阅。其中，建议、意见和投诉类的问题需主要负责人亲自批阅，咨询类等一般性的问题和信息可由业务科室直接办理。部门主要负责人的批示内容及签名，在市政府门户网的“惠民在线—网络问政”平台的群众来信页面上挂出，批示可以在对来信进行初步回复时录（部门主要负责人因出差、休假无法批阅摘报的，可临时指定其他负责人代为批阅）。

（四）办理落实。各部门要对两个信箱的群众来信，根据领导的批示及运作程序，转相关业务科室办理、落实，并按照“一般问题5个工作日，复杂问题15个工作日”的时限要求，及时办理、落实。对网站、论坛中网民比较关注，可能带来较大社会影响的问题要及时报告和处理。

（五）及时回复。各部门要在规定时限内将办理、落实完毕的结果通过政府电子公文交换平台回复，或在网民关注问题的所在网站、论坛，以本部门名义（网名）发帖回复，做到件件有回声、事事有人办、条条有结果。

（六）汇总建档。要及时收集好信息摘报、领导批示、办理情况等方面的材料，做好统计归档，以备查阅。

三、几点工作要求

（一）高度重视，加强领导。各部门要高度重视网络问政工作，建立健全网络问政工作领导小组，迅速开展网上办公工作。要将网上办公工作纳入部门工作计划，形成内部工作制度。要坚持执政为民、群众利益无小事的理念，积极主动了解群众的意见、建议，及时解决好网民所关注的各类问题，尤其是涉及到社会民生、群众切身利益的问题。各部门的主要负责人是网上办公工作的第一责任人，要亲自抓，亲自批办，更好地实现网上办公的工作效应。

（二）善用网络，推动工作。各级领导干部要养成上网的习惯，必须敢于上网、善于上网、重视网络建设，不断提高政治能力。要善于听取网民群众意见，问政于民、问需于民、问计于民，使网络问政、网上办公工作成为重要的常态工作机制。要重视网上舆情，善于通过网络发现倾向性、苗头性的问题并予以解决，舒缓社会矛盾，维护党委、政府良好形象。

（三）提高水平，重在解决。各部门对群众提出的意见、建议和问题，要做到“三不”：不回避、不忽悠、不作秀。对合理化意见、建议，要及时批阅办理，办理的重点要放在解决民生热点、难点问题和网民普遍关心的问题上。要坚持讲求时效、执政为民、文明办理的原则，遵循立即回复、按程序办理、及时派员处理、办结情况告知等“四部曲”的要求进行，着力于提高网上办公的时效性、服务性、影响力，提高网民问题的回复率、办结率。

（四）加强检查，督促办理。各部门要严格按照网上办公的工作要求，指定专人对各流程工作进行督办，将工作成效列入对科室、工作人员的考核。市纪委（监察局）牵头会同市委宣传部、市委督查办、市政府督查办、市信息产业局，通过电子监察系统等方式对各部门进行经常性检查和督促，并将情况上报市委、市政府主要领导或公布。纪检监察部门对能办不办，能早办但迟办、拖办、推办的相关部门要问责，对“不闻、不问、不办”的单位要重责。

附：1．开展“网上办公”工作的职能部门名单（略）

2．网上办公工作流程图

中共惠州市委办公室

惠州市人民政府办公室

2009年9月21日

网上办公工作流程图

1	收集信息	从市政府门户网站局长信箱、部门信箱，以及本地主要网站、论坛收集网友提出的涉及本部门工作的问题或信息。
2	编写摘报	根据收集到的网友对本部门的问题，编写成信息摘报。
3	摘报呈批	将信息摘报送局长阅批。其中，建议、意见和投诉类问题，由局长亲自进行批示；咨询类问题由业务科室办理。
4	摘报批示	将局长批示内容通过市政府门户网的“网络问政”平台挂出，并以本部门名义进行初步回复。
5	问题交办	按照局长批示及运作程序，转局相关业务科室办理、落实。
6	问题办理	相关业务科室根据局长批示，在规定时限内对网友所提问题进行处理、落实。（一般问题5个工作日，复杂问题15个工作日）
7	结果反馈	将处理结果通过政府电子公文交换平台回复，或在问题、信息的来源（网站、论坛）以本部门名义跟帖进行回复。
8	材料收集汇总建档	将以上批示及办理情况收集、统计、归档备查。

各单位指定专人对各流程工作进行督办（→ 4、5、6、7）

3.2 “红黄绿”灯制度：探索问责机制

微引言

@“红黄绿”灯制度：对网友提出的一般问题，各有关部门必须做到5个工作日内回复；比较复杂、涉及多个部门的问题必须在15个工作日内回复。部门按时回复的，问政平台将自动亮“绿”灯，超过5个工作日尚未回复的亮“黄”灯，超过15个工作日仍未回复的亮“红”灯。

2009年8月17日　来自　南方日报

惠州探索网络问政问责机制

网友可对部门回复进行评分

在惠州市政府门户网网络问政综合信息平台上，网友“朱先生”对市规划建设局回复自己《关于惠州轻轨一号线的最新规划》建议的“满意度”打了3分；在“他人评价”一栏中有387人进行了评价，其中190人给予“满意”的评价。

网友对相关部门的回复进行评分的制度是惠州市为确保网络问政工作有效推进建立的问责机制之一。同时，评分结果直接在平台公布，新的意见和建议陆续反馈，政府部门工作更显民主化、透明化。

一般问题5个工作日内回复

为确保网络问政工作有效推进，惠州市委、市政府及时制订出台了《关于开展网络问政工作的通知》，进一步完善网络问政问责机制。

除对部门的回复进行评分外，另一项制度也行之有效——“红黄绿”灯制度。对网友提出的一般问题，各有关部门必须做到5个工作日内回复。部门按时回复的，问政平台将自动亮“绿”灯，超过5个工作日尚未回复的亮“黄”灯，超过

15个工作日仍未回复的亮“红”灯。

同时，惠州市还建立起监督检查制度，将网络问政工作纳入“行风评议”和“万众评公务”考评范围以及各县（区）党政一把手、市直职能部门目标考核指标体系中。同时，各县（区）党政一把手、市直职能部门网络问政工作由市委组织部会同市委宣传部、市信息产业局进行考核，考核结果将作为干部奖惩的依据。

一年办复群众问题17009个

“惠南大道收费站停止收费、开通公交车”，就是惠州市网络问政过程中一件颇具代表意义的“网事”。

惠南大道由惠淡公路改造变身城市干道，自2008年6月26日通车后，网友纷纷在民间论坛“灌水”、“拍砖”，呼吁撤销惠南大道收费站、开通公共汽车。惠州市领导在“惠民在线”论坛上当即回应：各相关部门要迅速行动，并明确提出了撤销该收费站、开通公共汽车的时间表。

期间，网友通过平台查阅市委书记对网友意见的批示、市委市政府督办的落实情况及各政府部门回复网友意见的情况，让这一问题得到快速解决。2008年10月28日零时起，连接惠州市惠城区和惠阳区的惠南大道收费站停止收费。2009年2月19日，惠州市民盼望已久的“一城两区”通公交车终于实现。

一年来，通过网络问政工作回复办理群众反映的各类问题17009个，惠州市的网络问政工作已经初步形成常态机制。（据南方日报2009年8月17日报道）

微摘录

@网络问政工作通知：为探索建立符合惠州实际的完善、长效的网络问政工作机制，让更多惠民声音落到实处，根据市委、市政府的要求，市教育局等13个职能部门作为试点，率先开展网络问政工作，各部门网络问政工作纳入惠州市“行风评议”和“万众评公务”的考评范围。

2009年1月22日　来自　惠市委办发电〔2009〕7号

链接>>>>>>>>>

关于开展网络问政工作的通知

各县（区）党委、人民政府，市直和驻惠各副局以上单位：

《“惠民在线”工作方案》是惠州市实践科学发展观、率先尝试网络问政的创举，为探索建立一套符合惠州市实际的完善、长效的网络问政工作机制，让更多惠民声音落到实处，推动“惠民之州”建设，根据市委、市政府的要求，市教育局、市公安局、市人事局、市规划建设局、市交通局、市水利局、市环保局、市物价局、市城管办、市公用事业局、市环卫局、市公路局、市工商局等13个职能部门作为试点，率先开展网络问政工作，各县（区）及其他部门也要相应尝试并探索网络问政工作长效机制。现就开展网络问政工作有关事项通知如下：

一、建立领导机制，成立专门机构。成立惠州市网络问政领导小组，具体成员为：

组长：黄业斌

副组长：黄雁行、李松、吴卫华

成员单位：市纪委、市委办、市政府办、市委组织部、市委宣传部、市委督查办、市政府督查办、市信访局、惠州报业传媒集团、市信息产业局

领导小组办公室设在市委办，由市委办具体负责网络问政各项工作的协调。

各县（区）、市直各职能部门也要成立网络问政工作领导小组，由一名分管领导任组长，两名以上熟悉网络知识、部门业务的工作人员为成员，专门负责本部门网络问政工作。要给予一定的人员、设备、经费保障，强化学习培训，并建立网络信息的收集、处理和反馈工作制度

二、建立互动机制，搭建问政平台。在政府与网民之间搭建畅通的互动平台，确保政府部门了解民意、汇集民智、疏导民情，及时化解矛盾。

（一）设立“惠民在线”网络问政平台。在市政府门户网站设立“惠民在线”网络问政平台，内容包括“惠民在线”论坛、领导批示及部门落实情况、网民问政及部门回应等三个栏目，网民通过“网民问政”向各县（区）、各部门提交咨询、投诉、建议和意见等。平台同时设置“市长信箱”、“局长信箱”、“政务论坛”等链接栏目，网民也可通过这些栏目向相关市领导、部门负责人直接提出问题。今日惠州网、西子湖畔网建立对“惠民在线”网络问政平台的链接。

（二）部门回应操作方法。各县（区）、各部门通过政府公文交换平台对网民所提问题进行回复，回复内容将在“部门回应”一栏中公布。相关各项技术支持及信息收集、分类、整合、发布等工作由市信息中心、市政府门户网站负责。

（三）建立领导上线制度。每月安排一名职能部门负责人在“惠民在线”论坛上线，与网民互动交流，在线回答网民提出的问题。惠州市13个试点部门先行安排上线（具体上线时间见附件）。

（四）有条件的部门，可在今日惠州网、市政府门户网站开设博客。

三、建立处理机制，明确工作职责。各县（区）、各部门特别是试点单位，要积极探索建立符合本单位实际的网络问政信息处理日常性机制，形成管理制度，确保网民提出的问题得到及时回复。13个试点单位要建立起本单位网络问政工作机制。各县（区）、各部门主要履行好五项职责：

（一）对市领导在《惠民在线信息摘报》上的批示，统一由市委督查办或市政府督查办交由各县（区）、各部门处理，各县（区）、各部门要根据市委督查办、市政府督查办的要求及时处理落实，将处理情况及时上报，向网民反馈。

（二）各县（区）、各部门每天要安排专人上网，查阅和浏览“惠民在线”网络问政板块，以及今日惠州网、市政府门户网和西子湖畔网站的论坛板块，对网民普遍关注的、涉及本部门的问题及时进行回复。回复步骤：要遵循立即回复、按程序办理、及时派员处理、办结情况告知等“四部曲”进行。回复时限：一般问题必须在5个工作日内回复，比较复杂、涉及多个部门的问题必须在15个工作日内回复。回复方式：对网友提交的信件，统一通过市政府门户网的回复平台进行回复，各县（区）、各部门对网民问题的处理和回复情况，要形成月报存档备查。

（三）市领导或部门负责人在“惠民在线”论坛上线时，相关部门工作人员必须同时在线，并就网民提出的涉及本部门的问题进行回复。

（四）建立协调机制，处理好复杂问题。在“惠民在线”问政平台中，网民提出的比较复杂或者涉及多部门的问题，统一转入“后台信箱”，由市委督查办或市政府督查办定期召集相关部门协调处理，并由牵头部门将办理情况回复网民。涉及反映党员干部工作的问题，转由市纪委监察局按相关规定、程序处理。“市长信箱”中网民的问题，由市信访局进行督办。

（五）各县（区）、各部门工作人员要对国内重要网站（论坛）及本地主要网站（论坛）进行搜索和浏览，及时关注、收集网上涉及本行业、本部门的信息。发现重要信息、敏感信息要及时编发、报送部门领导，进行分析、追踪和应对，影响重大的要上报市委、市政府及上级部门。

四、建立督查机制，纳入考评体系。市委、市政府将对网络问政工作进行定期检查，并纳入相关考评体系。

（一）由市纪委牵头，会同市委督查办、市政府督查办、市委宣传部、市信息产业局组成检查组，每月对县（区）、各部门的网络问政工作进行检查和督促，并将情况上报市委、市政府主要领导或公布。

（二）各部门网络问政工作纳入惠州市“行风评议”和“万众评公务”的考评范围。由市政府纠风办负责监督，并根据网民评议、回复率、回复时限、回复质量等项目对各部门回复群众建议和意见的情况进行考评。

（三）各县（区）、各部门网络问政工作纳入县（区）委书记、县（区）长及市职能部门目标责任考核指标体系中。由市委组织部牵头，会同市委宣传部、市信息产业局对各部门的执行情况进行考核（考核办法另制订），考核结果作为干部奖励惩处的依据。

附：试点单位负责人在“惠民在线”上线时间安排表（略）

中共惠州市委办公室

惠州市人民政府办公室

2009年1月22日

微摘录

@惠州市人大代表胡雪平：在此，我呼吁政府各局、办、委要充分利用这个平台，建立网络问政常态机制，关键在于政府部门，尤其是领导干部。要放下偏见和思想包袱，变被动为主动，以理性的心态，积极地接受它、适应它，才能经受住形势变化的考验，才能有效提升执政能力和执政水平。

2009年2月26日　来自　南方都市报

链接>>>>>>>>>

关于明确开展网络问政工作单位的通知

各县（区）党委、人民政府，市直和驻惠各副局以上单位：

惠州市自2008年开展网络问政工作以来，各县（区）、各有关单位不断探索建立网络问政常态机制，取得了明显成效，网络问政已经成为党委、政府了解民情、倾听民声、体察民忧、汇聚民智的重要渠道。根据《关于开展网络问政工作的通知》（惠市委办发电〔2009〕7号）的要求，各县（区）、各部门网络问政工作将纳入县（区）党政正职及市直部门正职责任考核指标体系中，各部门网络问政工作纳入惠州市“行风评议”和“万众评公务”的考评范围，并由相关部门组成检查组进行检查和督促。为进一步推动惠州市网络问政工作的深入开展，根据惠州市对县（区）党政正职、市直部门正职责任考核范围，现就开展网络问政工作的单位范围明确如下：

一、列入县（区）党政正职责任考核的县（区）（共7个）

单位名称：惠城区、惠阳区、博罗县、惠东县、龙门县、大亚湾区、仲恺区

二、列入领导班子考核的单位（共9个）

单位名称：市委办、市委组织部、市委宣传部、市委统战部、市委政法委、市直机关工委、市公安局、市中级法院、市检察院

三、列入市直部门正职责任考核的正处级单位（共74个）

单位名称：市人大办、市政府办、市政协办、市委政策研究室、市委老干部局、市委台工办（台湾事务局）、市委党校（行政学院、社会主义学院）、市委党史研究室、市编办、市发改局、市经信局、市教育局、市科技局、市民族宗教局、市监察局、市总工会、团市委、市妇联、市侨联、市工商联、市文联、市社科联、惠州报业传媒集团、惠州广电传媒集团、市残联、市民政局、市司法局、市财政局、市人社局、市国土资源局、市住房和建设局、市交通运输局、市水利局、市农业局、市外经贸局、市文广局、市卫生局、市计生局、市审计局、市科协、市贸促会（惠州商会）、市打私办、市金融工作局、市人防办、市代建局、市档案局（馆）、市接待处、惠州仲裁委、市公用事业局、市环保局、市体育局、市统计局、市物价局、市林业局、市海洋与渔业局、市旅游局、市法制局、市外事侨务局（港澳事务办）、市口岸局、市安监局、市食品药品监督局、市城

管执法局、市国资委、市园林局（西湖风景区管理局）、市房产局、市环卫局、市白盆珠水库管理局、市农技推广中心、市供销社、市移民办、市公路局、市港务局、市中心医院、市广播电视大学

四、列入市直部门正职责任考核的副处级单位（共16个）

单位名称：市信访局、市住房公积金管理中心、市老龄办、市爱卫办、市卫生监督所、市疾病预防控制中心、市中医院、市第二人民医院、惠州商业学校、惠州市技工学校、惠州体育运动学校、惠州卫生学校、惠州工业科技学校、惠州外贸学校、惠州农业学校、惠州旅游学校

五、由主管部门负责考核的单位（共6个）

单位名称：市文明城市工作局、市公安局交警支队、市社会保险基金管理局、市港澳流渔办、市三防办、市中小企业局

六、中央、省驻惠有关单位（共17个）

单位名称：市国税局、市地税局、市东江航道局、市海事局、市邮政局、市气象局、市烟草专卖局、市工商局、市质量技术监督局、市出入境检验检疫局、银监局惠州分局、惠州海关、惠州供电局、象头山自然保护区管理局、省东江流域管理局、国家统计局惠州调查队、人民银行惠州市中心支行

列入惠州市网络问政工作的单位，请严格按照《关于印发〈“惠民在线”工作方案〉的通知》（惠市委办[2008]64号）、《关于开展网络问政工作的通知》（惠市委办发电[2009]7号）和《关于开展“惠民在线”网上办公工作的通知》（惠市委办发电[2009]66号）等相关文件的要求，制定工作制度、配置工作人员、建立工作机制，做好网络问政工作。

惠州市网络问政工作领导小组

2010年4月8日

3.3 实施“创新完善年”：建立长效机制

微引言

@“创新完善年”实施方案：惠阳区与惠州市网络问政平台信息2010年10月前完成无缝对接，实现信息自由流通；将加大检查督办力度，把解决网民反映问题作为加强网络问政首要工作来抓；充实工作力量，指定专门部门或科室配备专人，负责日常信息收集、登记、分发、处理、反馈、回复、通报等相关工作。

2010年8月18日　来自　人民网

市区两级网络问政平台接通

按照惠州市委、市政府的统一部署和要求，和其他县区一样，惠阳区出台了《“网络问政创新完善年”活动实施方案》。2010年10月，该区网络问政平台将与市网络问政平台连线，实现市、区两级网络问政平台信息的无缝对接。

《方案》提出，建立一套科学完善的包括收集处理、督办反馈、检查考核等内容的全方位网络问政工作机制，推动网络问政制度化、科学化，从而更好地掌握社情民意，解决热点难点问题，及时化解社会矛盾，密切党群、政群和干群关系，为推进“三个区”建设提供有力保障。

目前，惠阳区网络问政平台与市网络问政平台不统一，两个平台之间信息不能自由流通、自动生成，制约了网民问题转办、回复办理等工作的效率。《方案》提出，惠阳区与市的网络问政平台信息将在10月前完成无缝对接，实现信息自由流通。同时，针对网民问题办结率不高、网民满意度偏低的情况，将加大检查督办力度，把解决网民反映问题作为加强网络问政首要工作来抓。

另外，增加网络问政工作后勤保障经费，适当增加购置配齐必备设施的经费，把网络问政工作开支列入本地、本单位的经费预算。充实工作力量，指定专门部门或科室，配备2名以上熟悉业务知识和网络运行的工作人员，负责日常信息收集、登记、分发、处理、反馈、回复、通报等相关工作。（据人民网2010年8月18日报道）

微摘录

@“创新完善年”实施方案：以提高网络问政效能为目的，整合完善网络问政信息平台，完善检查督办工作机制等，在原有考核基础上，建立完善的网络问政工作考核机制，将考核工作规范化。对开展工作迟延、存在问题不整改，没有及时妥善解决网民反映问题的县（区）、单位，要对主要领导进行问责。

2010年5月21日　来自　惠市委办〔2010〕13号

链接>>>>>>>>

惠州市“网络问政创新完善年”活动实施方案

为深入推动惠州市网络问政工作，探索建立一套符合惠州市实际、科学管用的网络问政长效机制，更好地发挥网络问政工作监督党委政府、改进工作作风、倾听民声、凝聚民智、汇聚民力、服务民生的作用，市委、市政府决定，今年在全市开展“网络问政创新完善年”活动，具体实施方案如下。

一、指导思想

以科学发展观为指导，以“收集民意、倾听民声、了解民情、解决民困”为宗旨，以提高网络问政效能为目的，整合现有网络问政资源，建立一套科学完善的集收集处理、督办反馈、检查考核等内容的全方位网络问政工作机制，推动网络问政制度化、科学化建设，从而更好地掌握社情民意，解决热点难点问题，及时化解社会矛盾，密切党群、政群和干群关系，为在更高标准上建设惠民之州提供有力保障。

二、工作目标

通过深入扎实开展“网络问政创新完善年”活动，努力实现规章制度更健全、规章制度执行更有力、解决问题更高效、监督检查更及时的目标。

（一）规章制度更健全。通过修订完善网络信息收集处理、网民意见建议督办回复、网络问政检查考核等各个环节的工作制度，进一步明确职责，规范程序，落实任务责任主体，使网络问政工作开展更加有序，避免出现推诿扯皮、敷衍了事的现象。

（二）规章制度执行更有力。要以建立健全网络问政各项制度为重点，以解决群众困难为核心，以提高制度执行力为抓手，加强网络问政制度的整体规划，逐步建成内容科学、程序严密、配套完备、有效管用的网络问政制度体系。开展网络问政的有关部门要切实加强制度执行的组织领导，保证网络问政各项制度得到贯彻执行。要切实加强制度执行情况监督检查，严肃查处违反制度的行为。

（三）解决问题更高效。进一步提高解决网民问题的效率，使网友的每一条诉求都得到重视，每一个问题都得到落实。将网络问政的出发点和落脚点放在解决网民问题上，通过强化督办力度，务求问题办结率最大限度地提高，网民满意率进一步提升。

（四）监督检查更及时。采取定期检查与专项抽查相结合的方式，既重视检查回复网民问题的效率，又着重检查问题解决的质量，对迟迟得不到解决、反复出现的问题，要查明原因，加强督办工作，有条件解决的，限时落实；不具备条件的，提出时限创造条件解决，到时未解决落实的，依照问责规定或有关党纪政纪追究有关责任人的责任，力求通过强有力的监督检查及问责追究，保障网络问政工作高效运行，网民投诉反映问题得到及时回复解决。

三、工作措施

（一）整合完善网络问政信息平台

目前，惠州市网络问政信息平台系统不统一，市、县（区）网络信息平台分为独立的系统，网络信息不能自由流通、自动生成，制约着网民问题转办、回复办理等工作的速度。因此，要进一步整合市、县（区）两级网络问政平台，实现资源共享、运行高效。一要加快对接。要实现市、县（区）网络平台信息的无缝转接，将网民提出的涉及县（区）的问题直接交至县（区）各部门。二要资源共享。要实现市、县（区）平台数据信息资源的共享，及时掌握和监督县（区）问政平台的回复、办理情况。三要加强管理。切实加强网络问政平台的管理整合，构建网络问政大平台，实现市与县（区）平台的互联互通，加快信件办理流转速度，提高工作效率，提升群众的满意度。

牵头单位：市经信局；配合单位：各县（区）政府。

（二）完善检查督办工作机制

针对网民问题办结率不够高、网民满意度偏低的情况，要加大检查督办工作力度，把解决网民反映的问题作为加强网络问政首要工作来抓。要把网络问政工作与完善问责机制结合起来，探索建立网络考评、监督的机制，加大问责力度，强化问责的效能。由市纪委、市监察局牵头，联合市委、市政府督查办，共同研究制定《网络问政工作检查督办制度》，重点完善三个方面的内容：一是跟踪督办机制。规定解决群众问题的时限，制定督办问题台帐。要有专人负责跟踪落实有关问题的制度。二是定期通报机制。拟定每月通报一次各部门解决网民问题的情况，将解决问题进度慢的单位和完成任务好的部门进行通报。三是协调处理机制。对一些深层次的问题，或是涉及多个部门、多个领域，解决难度比较大的问题，要确定解决问题的牵头部门，明确主要责任单位与配合单位，做好相关协调沟通工作，形成工作合力，保证网民反映投诉的问题得到及时回复、快速处理。

牵头单位：市纪委（监察局）；配合单位：市委宣传部、市政府纠风办、市委督查办、市政府督查办。

（三）加强网络问政后勤保障工作

各县（区）、各单位根据《关于开展网络问政工作的通知》（惠市委办发电〔2009〕7号）、《关于开展“惠民在线”网上办公工作的通知》（惠市委办发电〔2009〕66号）的有关要求，在建立网络问政机制、完善领导小组的基础上，进一步加大开展网络问政工作后勤保障的投入。一要增加工作经费。适当增加购置配齐必备设施的经费，把网络问政工作开支列入本地、本单位的经费预算，在工作经费、设施配备上给予充分保障和支持。二要充实工作力量。指定专门部门或科室，配备2名以上熟悉业务知识、网络运行规律的工作人员，负责日常信息收集、登记、分发、处理、反馈、回复、通报等相关工作。其中，2009年网民在网络问政综合平台上所提问题达到300条以上的单位，因工作量较大，需要配备3-4名工作人员。有条件的单位，应该设置处理网络信息的专门科室，以提高网络问政、网络舆情工作的水平和效率。

责任单位：各县（区）党委、政府，市编办及各有关单位。

（四）加大政府部门信息公开力度

根据网民在网络问政试点部门所提交的问题情况分析，大部分问题属于对相关行政事项办理的咨询意见，有些部门咨询类问题占到网民问题数量的90%以上。这种现象，不仅耗费了网络问政工作人员大量的时间和精力，而且也反映了有关政府职能部门行政信息公开内容匮乏、广度不够。因此，要深入贯彻落实《政府信息公开条例》，进一步加大政府部门信息公开的工作力度，更宽领域、更广范围地为人民群众提供政务信息服务。一要全面推行信息公开。各县（区）、各单位要认真落实好《政府信息公开条例》，在门户网站上公开有关办事流程、新近出台并执行的政策、法规、制度和工作动态等。二要加强信息公开监督。加强对政府信息公开工作的有效监督，促进行政机关认真履行政府信息公开工作职责，保障公民依法获取政府信息。三要完善信息公开考核机制。各地、各单位要建立健全政务公开工作考核机制，认真执行《惠州市政府信息公开社会评议办法（试行）》、《惠州市政府信息公开工作考核办法（试行）》、《惠州市政府信息公开责任追究办法（试行）》，推进信息公开化建设。

牵头单位：市政府办；配合单位：各县（区）政府，市经信局、监察局及各有关单位。

（五）加强舆情民意的引导

网络问政不仅要回应网民的利益诉求，还要注重通过网络广泛了解民意，将网络问政工作作为了解、引导舆情民意的重要手段。因此，宣传部门要代表党和政府加强与网友接触，建立交流沟通的渠道及平台，增进互信。着手建立网络发言人制度，在出现一些重大社会事件、群体性事件、社会关注热点问题时，及时在网络问政平台上发布党和政府的声音，通过有效途径与网民进行对话，加强正面引导，掌握舆论主动权。

1. 加强与网民的常态性交流

办好、用好《惠民在线信息摘报》、“惠民在线”论坛、网络问政综合信息平台等网络问政工作平台；各县（区）、各单位要根据本地、本单位的实际，不断拓展问政渠道、创新沟通方式、丰富互动形式、扩充交流内容，通过建立在线交流、论坛、博客、网络信箱、留言板等各种网络互动方式，为群众提供参政议政、表达诉求的平台，加强与网民代表之间的交流，激发群众参政议政的积极性、主动性。办好“书记博客”，为书记与网友之间的交流提供直接、有效的新交流平台。

牵头单位：市委宣传部；配合单位：各县（区）党委、政府，市经信局，惠州报业传媒集团，市各有关单位。

2. 及时分析回应网民的意见

要重视网民意见和建议，把网络问政工作作为了解、引导舆情民意的重要手段和重要途径。要加强对涉及本地、本单位的网络信息的收集、分析、跟踪、处理，加强对社会关注的热点难点问题以及重大社会群体性事件、突发性事件的关注、分析和总结，及时通过网络问政平台、网络发言人平台，以及市政府门户网等相关网站及媒体回应有关诉求及意见，及时发布正面信息，及时化解矛盾纠纷。

责任单位：各县（区）党委、政府，市各有关单位。

3. 重视研判网络舆情相关工作

要将网络问政工作与本地、本单位的新闻发言人、网络发言人的工作及网络舆情应对工作等结合起来。及时发现、分析、上报涉及本地、本单位的网络舆情，及时启动应对机制，开展正面宣传、新闻发布、信息发布、舆论引导工作，适时发出党委和政府的声音，牢牢掌握舆论主动权，解决热点问题，化解矛盾纠纷，维护社会和谐稳定。

牵头单位：市委宣传部；配合单位：各县（区）党委、政府，市公安局及各有关单位。

（六）开展达标考核工作

网络问政是各职能部门一项常态性的重要工作内容，要建立网络问政考核机制，加强网络问政达标考核工作，把网络问政纳入县（区）党政一把手及市直部门目标责任考核指标体系，考核结果作为干部奖惩的依据。

1. 建立健全网络问政工作考核机制。由市委组织部牵头，联合市纪委（监察局）、市委宣传部在原有网络问政考核基础上，研究建立一套完善的网络问政工作考核机制，将考核工作规范化。

2. 强化考核结果的运用。每年组织考核组对各地、各单位网络问政工作进行考核，考核结果及时提交市委组织部，作为各县（区）、各部门主要领导年度考核的重要指标和评优评先进的依据。

牵头单位：市委宣传部；配合单位：市委组织部，市监察局、政府纠风办、经信局。

四、有关要求

（一）加强领导，落实工作责任。开展“网络问政创新完善年”活动，是贯彻科学发展观，提高执行力，推动网络问政制度化、科学化的一项重要工作，对惠州市网络问政工作向更高水平发展具有重要意义。各地、各单位领导必须高度重视，亲力亲为，及时部署，做到有专人领导、有专职工作部门、有专项工作经费、有工作制度、有检查考核的机制。

（二）积极创新，提高工作实效。“网络问政创新完善年”活动的重点和目标在创新和完善，因此，要着力在创新完善上下功夫。要开展调查研究，以网民要求为出发点，拿出切实可行的办法举措，不断改进完善网络问政工作。各地、各单位对开展网络问政中存在的突出问题和群众的投诉建议，要做到不回避、不推诿、不作秀，以实事求是的态度、真抓实干的作风，实实在在解决群众反映的问题，以提高实际成效作为网络问政工作的第一目标，以及时解决网民反映的各种难点热点问题作为开展网络问政的第一追求，以网民满意作为开展网络问政的第一标准。

（三）严格问责，追究工作失职渎职行为。各地、各单位要以高度的政治责任感重视网络问政工作，将网络问政作为化解社会矛盾，增强党委、政府公信力，维护社会稳定的政治任务来抓，要认真执行网络问政的各项制度，切实落实“网络问政创新完善年”的各项工作部署。对开展工作迟延、存在问题不整改，没有及时妥善解决网民反映问题的县（区）、单位，要对主要领导进行问责，并严肃追究有关人员的责任。

3.4 网络问政纳入"一把手"年度考核

微引言

@网络问政工作会：网络问政工作已纳入惠州市"行风评议"和"万众评公务"活动考评范围，以及"一把手"目标责任考核指标体系中。//**@黄雁行**：有些部门还存在应付的心理，对一些网民问题随意回复，不回复或"踢皮球"；将定期召开联席会议，集中解决一些涉及多部门的复杂问题，并加强督办。

2009年5月14日　来自　东江时报

网络问政重在提高解决率

2009年5月14日，惠州市网络问政工作会议召开，市委常委、宣传部长黄雁行认为，从前一阶段的工作来看部门回复率很高，但是解决率不高，要求今后要着力提高问题解决率，还要加强督办，根据市委的要求，网络问政已纳入县（区）"一把手"和市直部门目标责任考核指标体系中。

"有些部门应付了事"

"回复率达94.9%，是很高，但是问题解决率却不高，一些部门还存在推诿情况。"会议指出，虽然惠州网络问政工作取得了一定成效，但也要看到工作中的不足，如某些干部和某些部门对网络问政工作重视不够，政府信息公开不够，信息收集不够，部门协调不够，问题解决率不够高等，这些问题都需要在今后的工作中予以改进。

黄雁行说，网民来信的回复率是很高的，但是群众的满意度如何应该引起重视，"有些事情有回复但是问题没有解决，有些部门往往是应付了事。"另外，有些部门还存在应付的心理，对一些网民问题随意回复，不回复或"踢皮球"。

联席会集中解决复杂问题

针对存在的问题，黄雁行提出，各县（区）、各部门要积极探索建立符合本单位实际的网络问政信息处理机制，形成管理制度，确保网民提出的问题得到及时回复。要遵循立即回复、按程序办理、及时派员处理、办结情况告知“四部曲”处理网民反映的问题，切实做到排民忧、解民困。

根据与会人员在讨论时的建议，黄雁行还提出要定期召开联席会议，定期开列一批清单，集中解决一些涉及多部门的复杂问题，并加强督办。

黄雁行说，网络问政工作已纳入惠州市“行风评议”和“万众评公务”活动考评范围，以及各县（区）“一把手”和市直部门目标责任考核指标体系中。（据东江时报2009年5月15日报道）

微摘录

@督查工作制度：网络问政采用督查、群众评价和反馈意见相结合的方法，实行责任考核。被通报批评3次以上的，或年度考核中低于60分的，对该单位主要领导进行诫勉谈话，并追究相关单位和责任人的责任。年度考核结果作为“一把手”责任考核的重要内容之一，纳入当年“万众评公务”活动评议考评范围。

2010年5月7日　来自　惠市纪发〔2010〕11号

链接>>>>>>>>>

惠州市网络问政督查工作制度

第一章　总　则

第一条　为深入推进惠州市网络问政工作，进一步健全网络问政工作长效机制，提高网络问政的办结率、办结质量和群众满意度，切实解决群众关心关注的热点难点问题，更好地发挥网络问政监督党委政府，改进机关作风，服务民生的作用，特制定本制度。

第二条　本制度适用于《惠民在线信息摘报》、“惠民在线”论坛、网络问政平台、114政务服务热线、行风热线、“万众评公务”活动等平台收集转到各县（区）、市直各部门的群众咨询、投诉、意见和建议等办结情况。

第三条　市纪委、市委宣传部、市监察局、市政府纠风办、市经济和信息化局、市委督办、市政府督办等部门是网络问政督查工作主管单位。各职能部门要认真履行督查工作职责，确保各项群众咨询、投诉、意见和建议都落到实处，切实维护群众利益。

第四条　为加强督查工作的组织领导，成立由市纪委副书记、监察局局长任组长，市委宣传部分管副部长和市监察局分管副局长、市纠风办副主任任副组长的市网络问政督查工作领导小组，负责组织对各县（区）、市直各部门的网络问政情况的督查工作。下设市网络问政督查工作领导小组办公室（以下简称“市网督办”），设在市政府纠风办，由市监察局分管副局长、市政府纠风办副主任担任办公室主任，成员由市纪委、市委宣传部、市监察局、市政府纠风办、市经济和信息化局、市委督办和市政府督办等部门相关工作人员组成，负责具体实施各项督查工作。

第二章　网络问政责任单位主要职责

第五条　各县（区）、市直各部门要强化政务信息公开，成立网络问政工作领导小组，健全和完善各项网络问政管理工作制度，落实办公所及经费，指定专业人员负责做好本部门网络信息的收集、处理和反馈工作，及网络问政档案管理。

第六条　各县（区）、市直各部门要及时办结和回复《惠民在线信息摘报》、“惠民在线”论坛、网络问政平台、114政务服务热线、行风热线、“万众评公务”活动等平台收集的群众咨询、投诉、意见和建议。对涉及多部门协调或比较复杂的问题，首问单位要及时提出建议报“市网督办”，各职能部门要积极主动沟通协调，做好办结和回复工作。各县（区）、市直各部门要把网络问政作为一项常态化工作列入议事日程，每天必须安排工作人员上网查阅和浏览各主要网站（论坛）情况，涉及本部门有关的信息，要立即组织调查，作出处理意见，并将办结情况及时回复有关群众。

第七条　办结和回复时限：一般性的咨询、投诉、意见和建议5个工作日以内（含5个工作日）；复杂性或涉及多部门的咨询、投诉、意见和建议15个工作日以内（含15个工作日）。的确无法在规定时限办结或无法解决的咨询、投诉、意见和建议，必须在14个工作日前向市网督办申请延长办理时间（将网民问题及延长理由由后台转入市网督办信箱）。

第三章　督查内容和程序

第八条　督查工作重点内容：

（一）对群众咨询、投诉、意见和建议的办理情况、办结质量和办结时效；

（二）网络问政工作管理制度建设情况；

（三）网络问政工作档案、台帐管理情况；

（四）人员配置、办公设备和经费保障情况；

（五）政府信息公开情况。

第九条　督查工作程序：

（一）市委宣传部、市委督办、市信息中心在每月底分类列出上月15日至本月15日期间通过“惠民在线”论坛、《惠民在线信息摘报》、网络问政平台收集转办的群众咨询、投诉、意见和建议办结情况表；市政府纠风办同样分类列出通过114政务服务热线、“行风热线”收集转办的群众咨询、投诉、意见和建议办理情况表；市评议办列出“万众评公务”活动期间收集的群众咨询、投诉、意见和建议办理情况表。

（二）每两个月召开网络问政督查工作会，重点讨论分析办理情况表，确定督查工作内容，着重把投诉、涉及多部门问题、较难解决问题和重复投诉作为督查的重点。

（三）采用网络问政平台抽查或现场检查等方式，每两个月督查工作领导小组检查各有关部门办理情况、办结质量和办结时效等。

（四）市网督办将督查工作情况、各单位的办结数量、办结时效和群众满意度等编成《督查工作通报》，上报市委、市政府主要领导，并对外公布。

第四章　责任考核和追究

第十条　网络问政采用督查、群众评价和反馈意见相结合的方法，实行责任考核。

（一）如超过办结时限（未申请延时）、办结质量不高或存在弄虚作假等，将在《网络问政督查工作通报》中通报批评，并限期整改。

（二）在《网络问政督查工作通报》中被通报批评，将在年度考核中扣分2分，扣分实行累加办法。

（三）每年年中、年末将就“第八条”内容对各单位进行督查考核。

（四）在《网络问政督查工作通报》中被通报批评3次的或年度考核中低于80分（100分制），在年度考核中黄牌警告。

（五）被黄牌警告的单位主要负责人要向市委、市政府说明情况；在《网络问政督查工作通报》中被通报批评三次以上的，或年度考核中低于60分（100分制）的单位，由市网络问政督查工作领导小组组长对该单位主要领导进行诫勉谈话，并追究相关单位和责任人的责任。

（六）对年度考核成绩优秀的单位予以表彰鼓励，并全市通报表扬。

（七）年度考核结果作为县（区）党政正职及市直部门正职责任考核的重要内容之一，并纳入当年“万众评公务”活动评议考评范围。

第十一条　在督查过程中，发现有违反法律、法规、规章或行政纪律行为的，责令其停止违法违纪行为，并视情节轻重依纪依法给予直接责任人员和直接负责的主管人员行政处分；涉嫌犯罪的，移送司法机关处理。

第五章　附　则

第十二条　本制度由市纪委、市委宣传部、市监察局负责解释。

第十三条　本制度自发布之日起施行。

微摘录

@督查工作制度：对办结率和群众满意度均在60％以下，系统监控统计红灯总数超10盏的或在《网络问政督查工作通报》中被连续2次通报批评的，对单位主要负责人进行诫勉谈话；对网民反映问题办理不力、行动落实不迅速的单位，进行提醒督促；对整改措施落实不到位、整改效果不明显的单位，进行警示约谈。

2012年5月24日　来自　惠市委办发电〔2012〕28号

惠州市网络问政督查工作制度实施细则

第一条　为深入推进惠州市网络问政工作，进一步健全网络问政工作长效机制，提高网络问政信息平台的办结率、办结质量和群众满意度，切实解决群众关心关注的热点难点问题，更好地发挥网络问政监督党委政府、改进机关作风、服务民生的作用，特制定本实施细则。

第二条　本实施细则适用于“惠民在线”论坛、网络问政综合信息平台收集的群众咨询、投诉、意见和建议的回复及办结情况。

第三条　由市纪委牵头，会同市委办、市府办、市委组织部、市委宣传部、市监察局、市政府纠风办、市经济和信息化局等部门对各职能部门履行职责、解决群众反映问题的情况进行督查和问责。各县（区）、市直各部门要加强政务信息公开工作，健全网络问政受理、办结、反馈、督查、考核追究和档案管理机制，实现网络问政工作制度化、规范化、常态化运行。

第四条　各县（区）、市直各部门要及时回复和办结“惠民在线”论坛、网络问政综合信息平台收集并转办的群众咨询、投诉、意见和建议。对涉及需多部门协调解决的或问题比较复杂的信件，首问单位要主动协调相关职能部门，做好回复和办结工作，并及时提出意见建议报市政府纠风办。

第五条　一般性咨询、投诉、意见和建议要求在5个工作日内（含5个工作日）办结；复杂性或涉及多部门的咨询、投诉、意见和建议要求在15个工作日内（含15个工作日）办结。

第六条　各县（区）、市直各部门在5个工作日内回复并于15个工作日内办结网民信件的，系统亮绿灯（绿灯为正常状态）；超过5个工作日未回复或未办结，系统亮黄灯提示；超过15个工作日未回复或未办结且未向市网督办（市纪委纠风室）申请延期办理的，系统亮红灯。

第七条　各县（区）、市直各部门无法在规定时限办结或无法解决的信件，必须在亮红灯前的3个工作日内向市网督办（市纪委纠风室）提出延长办理时间的书面申请，说明申请缘由，并附上需要延长时限的信件内容。

第八条　督查工作内容

（一）群众咨询、投诉、意见和建议的办理状态、办结质量、办结时效和红灯情况；

（二）网络问政工作管理制度建设情况；

（三）网络问政工作档案、台账管理情况；

（四）网络问政工作运行保障情况。

第九条　督查工作程序

（一）市信息中心每月依据网络问政综合信息平台收集转办信件的办理情况和平台运行综合情况，形成《网络问政综合信息平台运行情况月度报告》报市政府纠风办。每月统计时间截止当月最后一天17时30分。

（二）市政府纠风办重点督查投诉涉及多部门问题、较难解决问题、重复投诉等信件的办理情况，并将督查工作落实情况以《网络问政督查工作专报》形式在网络问政综合信息平台公布。

（三）建立抽查和回访督查长效机制，由市政府纠风办组织相关部门，采用抽查信件或现场检查等方式每月督查一次，组织相关媒体针对重复投诉较多的问题不定期进行回访检查。

第十条　每季度市网督办（市纪委纠风室）将对累计3盏以上红灯（含3盏）的单位发放整改通知书，并于下季度对整改工作落实到位、办结质量较好、群众满意度较高、整改达标的单位消除红灯；对整改不达标、群众反复投诉的单位以《网络问政督查工作通报》形式在全市范围通报批评。

第十一条　市网督办（市纪委纠风室）将梳理分析、综合汇总督查和整改工作情况，每季度编印一期《网络问政督查工作通报》，上报市委、市政府相关领导，并向网络问政成员单位公布。

第十二条　责任追究

（一）根据网络问政综合信息平台运行情况的数据统计，对办结率和群众满意度均在60%以下、系统监控统计红灯总数超过10盏的或在《网络问政督查工作通报》中被连续2次通报批评的，对该单位主要负责人进行诫勉谈话，并由该单位在网络问政综合信息平台作出公开说明。

（二）对网民反映问题办理不力、行动落实不迅速的单位，进行提醒督促；对整改措施落实不到位、整改效果不明显的单位，进行警示约谈。

第十三条　本实施细则由市纪委、市监察局、市政府纠风办负责解释。

第十四条　本实施细则自印发之日起施行。

3.5 “惠州网络问政16条”推进探索与实践

微引言

@惠州网络问政16条：探索从参与积极性高、建言献策质量好、网络影响力大、德才表现好的网民中，推选若干党代表、人大代表、政协委员推荐人选，拓宽网民有序参政问政的渠道；严格网民信件“红黄绿”灯限时办结制，对办结率和群众满意度较低、亮红黄灯总数较多的单位，对单位负责人进行诫勉谈话。

2012年9月23日　来自　网络问政研讨会

网民可打“红黄绿”灯评议政府

网络问政信件最快5天办结

一般性咨询需在5个工作日内回复；网民可以打“红黄绿”灯对相关单位的回复进行评分，亮灯情况直接在网络平台上公布……2012年9月23日，惠州公布了《惠州市关于深化网络问政工作的若干意见》（下称“惠州网络问政16条”），提出设置“智惠·金点子”奖、严格网民信件“红黄绿”灯限时办结制等措施。

两年前，惠州市委书记黄业斌主持召开网友座谈会时提出“三不两真”，即“不回避、不忽悠、不作秀”和“真问互信，真听实干”，被正式写入惠州网络问政16条。惠州还将探索从网络问政参与积极性高、建言献策质量好、网络影响力大、德才表现好的网民中，推选若干党代表、人大代表、政协委员推荐人选，拓宽网民有序参政问政的渠道。

“红黄”灯多要接受诫勉谈话

如何确保网络问政效果？在“惠州网络问政16条”中有了更具体的要求。惠州将严格网民信件“红黄绿”灯限时办结制，网民分别对部门回复以“红黄绿”

三种灯表示对单位进行评议。同时，市网络问政督查工作领导小组对办结率和群众满意度较低、亮红黄灯总数较多的单位，对该单位负责人进行诫勉谈话。（据南方都市报2012年9月24日报道）

微摘录

@惠州网络问政16条：推进网络参政问政制度化、常态化、规范化建设，发挥网络问政听民声、聚民智、汇民力、惠民生的作用，探索从网民中推选“两代表一委员”人选、设立网络问政“智惠·金点子”奖、定期举办网民“大家谈”活动、建立网络问政重大事项交办制度、严格网民信件“红黄绿”灯限时办结制。

2012年9月23日　来自　网络问政研讨会

链接>>>>>>>>

惠州市关于深化网络问政工作的若干意见（试行）

为贯彻落实省第十一次党代会精神，推进惠州市网络参政问政制度化、常态化、规范化建设，更好地发挥网络问政听民声、聚民智、汇民力、惠民生的作用，为幸福惠州建设营造政通人和的良好环境，结合2008年以来全市在网络问政工作方面的实践与探索，现就深化网络问政工作提出如下意见：

一、全力推动网络政民常态互动

1. 始终坚持网络问政“三不两真”原则。坚持“不回避、不忽悠、不作秀”和“真问互信，真听实干”原则，进一步完善涵盖信息收集、批示交办、办理落实、检查督办、回复反馈、汇总建档等全过程的网络问政工作制度和流程，不断提高网民信件的办结率、办结质量和群众满意度，充分发挥网络问政于民、问计于民、问需于民的作用，以网络问政的实效推动政民互动不断深入。

2. 探索从网民中推选“两代表一委员”人选。坚持依法依规，积极探索从网络问政参与积极性高、建言献策质量好、在网民中影响力较大、德才表现好的网民中，推选若干党代表、人大代表、政协委员推荐人选的做法，积极拓宽网民有序参政问政的渠道。

3. 建立重大决策征求网民意见常态制度。事关经济社会发展大局和民生福祉的重大决策、重要文件出台之前，采取在本地网站公布、请网民“围观”或举办“网友见面会”等方式，广泛征求网民意见，邀请网民“拍砖”、“吐槽”，将网民意见建议纳入决策参考，提高决策的科学性。在召开市党代会、市委全会、市人代会、市政协会等重要会议时，邀请网民代表旁听，与网民共商惠民之州发展大计。

4. 设立网络问政“智惠·金点子”奖。组织开展“金点子”奖的评选表彰活动，给予适当奖励，邀请网民全程参与、全程监督。要求参评帖子围绕建设幸福惠州、加快转型升级等主题展开，符合惠州实际，思路清晰，具有建设性和可操作性，能充分体现“金点子”的含金量。通过此类活动，充分激发网民建言谋策的热情，把网民的合理化建议吸纳到党委政府的决策中，把网民的“金点子”变为发展的“金钥匙”。

5. 定期举办网民“大家谈”活动。每期一个主题，召集网友就共同关注的问题、推进工作的良策进行座谈，推动网络问政从较多的关注个体、局部利益的“微观问政”、“网上信访”，向惠及更多群众的“中观问政”、“宏观问政”转变，更好地发挥网络参政议政作用。借助网络媒体、公共信息平台、虚拟社区等载体，普及网络道德及法律知识，培育网络公民意识，引导网民理性运用自己的网络民主权利，推进网络问政健康发展。

6. 着力提高领导干部网络问政能力。把开展网络问政作为领导干部执政基本功，举办领导干部新媒体应用培训班，要求各级领导干部科学认识新媒体，主动触网，学会发帖、建博客和微博，在网上阐发执政理念、征求意见建议、征集网友观点，对网友提出的问题积极回应，当好善用网络、善待网民、善管网情的表率。同时，要求网络问政工作人员熟悉业务流程，提高网络交流能力，善于使用网络化、个性化的语言，热心、耐心、细心地开展网络问政工作。

二、全力完善网络问政平台

7. 着力优化现有网络问政平台。按照“便民、公开、高效、规范”的原则，加大技术创新和管理创新力度，不断优化“惠民在线”论坛、《“惠民在线”信息摘报》、网络问政综合信息平台、“书记微博”、党政领导信箱、网上信访、“惠州发布”微博及惠州微博发布厅、手机问政平台、《互联网信息快报》等网络问政平台的使用和管理，推动网络问政部门联动联调和市县镇三级无缝对接，加快网民信息办理流转速度，进一步提高办理质量和效率。推进网络问政与电子政务融合发展，加快网络问政平台与党务信息公开平台、政务信息公开平台、政风行风评议网络平台、网上办事大厅等平台的交互链接和信息共享，进一步增强网络平台对群众的聚合力和吸引力，促进政府职能转变和管理方式创新。

8. 建立全媒体信息发布协同机制。通过跨媒体合作，建立互联网、视频（电视）、广播、手机、平面媒体等多种媒体信息发布协同机制，实现资源共享和优势互补，进一步拓宽网络问政的深度和广度。加强与惠州日报、东江时报、惠州电视台等民生专栏和惠州电台“行风热线”的合作，与惠州电信、惠州移动、惠州联通等“智慧城市”、“无线城市”、无线问政平台的合作，为网民参政问政提供全方位、高效快捷的通道。

9. 完善网络发言人制度。各级各部门都应设立网络发言人及助理，组成网络发言人工作团队。网络发言人以单位实名注册，亮出身份，及时发布本单位政务信息，听取网民意见、建议；遇突发事件时，通过网络通报相关情况和处理结果；广泛开展与网民互动交流，在线受理、答复和处理网民反映事项，组织网上专题讨论、主题宣传活动等，积极引导网络舆论。

三、全力推动网络问政提质提效

10. 实行网络问政“双百标准”。保持网络民意畅通无阻，网络问政相关部门和工作人员要为网民信息直达主要领导提供便利和帮助。各级各部门主要领导是本单位网络问政工作第一责任人，对网民意见、建议要坚持亲自批阅、亲自交办，做到“两个百分之百”，即100%交办落实、100%回复办理，切实做到件件有着落、事事有回音。

11. 建立网络问政重大事项交办制度。市网络问政工作领导小组办公室一个季度召开一次“网民集中反映问题交办会”，对网民提出的事关民生、带有共性、问题重大、影响面广或涉及多个县（区）、多个部门的热点、难点问题，进行集中交办，并由牵头单位将办理情况回复网民。对于一些整治不力、久拖未决，特别网民提了多次还没有解决好的问题，通过召开现场办公会，直接议决，直接交办，直接反馈。

12. 严格网民信件“红黄绿”灯限时办结制。通过网络问政平台收集的网民意见和建议，一般性的咨询、投诉、意见和建议5个工作日以内回复或办结；复杂性或涉及多部门的，15个工作日以内回复或办结；的确无法在规定时限办结的，必须在14个工作日前申请延长办理时间。同时，实行“红黄绿”灯和网民评议制度，对5个工作日内回复并于15个工作日内办结网民问题的，亮绿灯；已回复办理中，但超过5个工作日内未办结的，亮黄灯；15个工作日内未办结且未申请延期办理的，亮红灯，在考核时作为超时回复进行计分；提交信件和浏览信件的网民，都可以对部门回复进行评分，各单位回复率、办结率以及亮灯情况直接在网络平台上公布。

13. 完善网络问政督查督办机制。市网络问政督查工作领导小组每二个月召开一次网络问政督查工作会，把重复投诉、涉及多部门、较难解决的问题作为督查落实的重点，全力推动解决；每二个月开展一次督查活动，采取平台抽查或现场检查等方式，检查各部门网络问政办理成效，并编发《网络问政督查工作通报》。市委督查办、市政府督查办严格做好市领导批示件的督办落实工作，对推诿、应付或网民不满意的办理情况，要求相关部门重新办理。

四、全力保障网络问政的可持续性

14. 实施网络问政“六有”达标工程。各级各部门要成立网络问政领导机构、工作机构，建立健全网络问政制度机制，主要领导要亲力亲为，亲自抓部署，亲自抓落实，做到网络问政工作有分管领导、有专人负责、有经费保障、有工作制度、有年度总结、有检查考核，确保网络问政深入持久开展。加强网络问政工作队伍建设，举办各种主题培训班次，不断提高工作人员综合素质和业务能力。

15. 建立网络问政分类考评机制。综合考虑各部门职能定位、各县（区）发展水平和网民参政问政实际情况，加快制订网络问政分类考评办法和实施细则，把网络问政成效纳入县（区）党政正职和市直部门正职目标责任考核。推动网络问政考核与“科学发展好班子”、“万众评公务”、“行风评议”等考核有效对接，促进网络问政融入各级各部门日常工作。

16. 严格网络问政问责制。市网络问政督查工作领导小组对群众反映问题办理不力、落实整改行动不迅速的单位，进行提醒督促；对办结率和群众满意度较低、亮红黄灯总数较多的单位，对该单位负责人进行诫勉谈话，并在网络问政平台作公开说明；对推诿扯皮、办结率低、办结质量不高或存在弄虚作假等情况的单位，进行提醒督促，并发出限期整改通知书。

3.6职能部门网络问政的实践与体会

惠州市信访局
网络问政工作的三点“甜头”

一是有利于拓宽信访渠道，降低信访成本。“网络问政”即“网上信访”，网络问政是非常便捷的信访方式，不受时间、空间、人数的限制，它具有成本低、速度快等优势，是传统信访方式的重要补充。群众无论何时，只需要登录互联网，就可以足不出户的反映诉求。通过开展网络问政工作，把矛盾化解在网上、化解在萌芽状态，可以有效的缓解传统信访的工作压力，减少来信来访总量，从而进一步减少集体访和越级上访的情况发生，促进社会和谐稳定。

二是有利于规范信访流程，提高工作效率。通过开展网络问政工作，使得《信访条例》等一系列的信访规章制度在流程上得到规范、在时间上得到量化，避免了信访工作的随意性，各级各部门需在系统规定的办结期限内回复，从而促使信访问题及时解决。同时，做好网络问政工作，减少了传统信访件传递和公文流转时间，实现了网上受理、批办、转办、交办、督办、回复等一体化流程的办公自动化，大大提高了工作效率。

三是有利于促进政务公开，提高政府公信力。网络问政工作开展好了，一系列的民生问题都得到较好解决了，广大人民群众满意了，自然就提高了政府的公信力。

惠州市公安局
利用“警民在线”推动“三访三评”

为加强警民沟通，树立公安机关良好形象，促进和谐警民关系建设，2009年6月初，惠州市公安局率先在全省公安机关开通了“警民在线”网络视频访谈直

惠州市公安局“警民在线”网络视频访谈现场。（惠州市公安局供图）

播平台，每周一期，形成制度。2012年上半年，惠州市公安局决定利用“警民在线”网络视频访谈平台，努力做好“三访三评”工作。

一、活动时间

“警民在线”网络视频访谈活动每月一到两次，一般定于周四15：00至16：00举行，如有特殊情况另行通知。具体时间安排详见附表（略）。

二、活动地点

惠州市公安局10楼《惠州警务报道》演播厅。

三、参加人员

（一）每期访谈节目邀请1位嘉宾（市公安局领导、各县（区）公安（分）局局长、政委）

（二）访谈活动进行过程中，交警、治安、户政、出入境、刑警、信访、宣传等部门领导和业务骨干必须上网参与活动，并通过文字的形式以惠州公安的名义在线回答网友问题。

惠州市教育局
所有来访咨询全部当面解答

近两年以来，惠州市教育局收到群众咨询投诉信件5300多封，接受群众咨询共12000多人次，其中接访群众4300多人次（直面咨询4100多人次、来访投诉230多人次），来电咨询7300多人次，来信（来函）50多件。所有来访咨询，全部给予当面解答，所有来信（来函）、来电咨询给予直接答复或书面答复，实现回复率高、回复质量高、网民满意度高、办结率高的工作目标和快办快结的服务承诺。

因原兵工企业卫国机械厂改制，原子弟学校——卫国学校移交当地后，近年来，20多名退休教师通过网络问政平台等途径反映工资福利待遇问题。惠州市教育局领导对此高度重视，迅速成立由纪检组、人事科等相关部门组成协调处理小组，多次到原卫国学校实地了解情况，并多次召开座谈会，认真听取意见。

据了解，由于历史原因，原卫国学校退休教师待遇与市中心（区）学校教师有一定差距。在调查研究分析基础上，惠州市教育局及时与市人社部门进行有效沟通，多次开会研究补发退休教师工资的解决方案，认真征求退休教师意见，提出以政府文件为依据，坚持互信、互谅的原则，妥善处理原卫国学校退休教师工资遗留问题。

按照会议讨论情况，惠州市教育局再次到原卫国学校召开全校教职工会议，将情况落实结果征求全体教师的意见，原卫国学校全体退休教师一致同意补发工资计算办法。2010年10月，原卫国学校退休教师将“为民办实事，威望扬天下”锦旗赠予惠州市教育局，以表达其感激之情。

惠州市交通运输局
召开网友见面会暨网络问政座谈会

惠州市交通运输局网友见面会暨网络问政座谈会现场。（惠州市交通运输局供图）

2010年11月8日，惠州市交通运输局召开网友见面会暨网络问政座谈会。曾于10月22日参加“业斌书记网友见面会”，并提出交通运输行业有关意见和建议的网友“罗永玲”、“心江山”、“大刀王五”、“南北83”等4位网友代表，向市交通运输局提出网络问政问题的网友“惠州小兵”、“风自东来”等2位网友代表应邀参加座谈会。

会上，网友“罗永玲”提出如何提升五星级酒店的周边交通配套设施、加快第三产业发展；网友“南北83”提出惠州机场复航、公交票价问题和惠大疏港高速公路进展及建好后是否会封闭等问题；网友“心江山”就建设惠东山区快速通道发表了意见；网友“风自东来”反映惠州大道部分路段建设进展较慢问题；网友“惠州小兵”提出公交车IC卡推广不足的问题，并就陈江至惠阳之间的公交线路提出建议；网友“大刀王五”提出“三惠三角洲”的发展思路。

座谈会最后，惠州市交通局局长吴献民对如何做好网络问政工作提出了三点要求。一是要“诚”，诚实诚恳，不说官话、套话；二是要“实”，实事求是，通过数据、事例让网民了解事实真相；三是要“快”，及时发现问题，及时解决问题、及时通报进展，通过网络问政真正做到“倾听民声、凝聚民智、汇聚民力、服务民生”。

惠州市环保局
应网友要求公布PM2.5空气质量数值

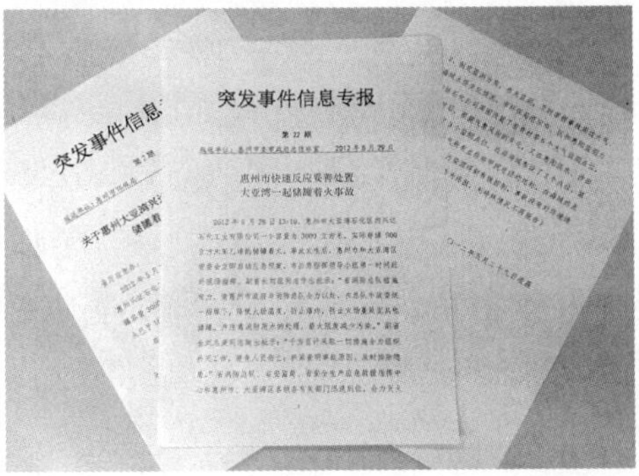

惠州市环保局《突发事件信息专报》页面。

开展网络问政工作以来，群众通过上访、电话投诉、省厅来信转入投诉量逐年减少，更多的是通过网络问政方式，在网络上及时反馈来信诉求，为惠州市环保局定期性、区域性、分类定向集中执法整治扰民情况，破坏环境行为，起到快速、高效执法作用，赢得群众广泛赞许。

一是进一步建立健全网络问政工作机制。一是完善与网络问政工作相关的各项工作制度，进一步理顺收集、分发、处理、反馈、回复等一系列工作流程，实现各环节无缝对接；二是进一步落实网络问政工作责任，将网络问政工作列入各科（所、站）年终绩效考核的重要内容；三是创新网络问政工作激励机制，推动信访工作人员的积极性和主动性。

二是加强网络问政反映问题的调处力度。一是提前介入，针对以往网民所反映的问题，针对性地定期开展各类专项执法行动，解决一批环保难点热点问题；二是将环境执法与网络问政工作紧密结合。继续深化综合执法，加强与各相关职能部门的沟通协调，对网民提出问题下大力气去解决，确保广大市民的环保诉求得到满足。

三是强化网络问政工作的能力保障。一是继续加强环保信息化建设，升级网络问政录入登记平台，与环保信访系统、OA办公系统、移动执法等系统形成对接，将网络问政来信、处理回复、统计等各项应用流程通过无纸化办公对接，纳入环保信息系统体系，实现环保信息化、数字化的管理，提高网络问政工作效率；二是加强环保执法能力和应急能力建设，确保在网民提出的问题后能迅速开展调处并及时解决问题。

四是引导公众积极正确参与环保网络问政。结合环保政务公开工作，进一步加大环保宣传教育力度，创新工作思路，广泛向媒体、网站、论坛及网络问政答复形式向市民进行宣传解读，提高公众的环境保护意识和参与环保的能力，引导公众正确、积极参与环保网络问政和环保重大事项决策过程，进一步减少群众上访数量，减少上访成本。

五是以网络问政为平台不断推动环保工作进步。针对网民提出的问题，认真思考，深入分析，积极结合有关政策法规，解决民众诉求，如2012年3月，惠州网友通过网络问政提出要求公布惠州PM2.5空气质量数值，惠州市环保局根据相关指导文件要求，及时在网上公布PM2.5空气质量数值。PM2.5空气质量数值的及时公布、公开，成为网络问政推广、宣传的成功案例。

惠州市城管局
网络时代到来，以“网络状态”应对

惠州市城市管理行政执法局于2009年8月正式挂牌成立，2010年5月正式开始履行执法职能。城市管理行政执法职能涉及民生方方面面，传统诉求渠道窄、执法反应相对较慢，容易引起市民误解不满。

日益发达的网络时代让网络问政成为解决群众诉求、表达民意和参政议政的重要渠道，新形势下的城市管理行政执法工作，群众诉求点多、涉及面广、解决难度大，作为执法部门，主动出击以“网络状态”快速反应，方能把握主动，赢得民心。

一是“一把手”工程抓实抓好。自网络问政工作开展以来，坚持“民生问题无小事”，由局长亲任局网络问政工作领导小组组长，坚持第一时间处理网络问政事务，并将网络问政纳入重点工作议事日程。局领导班子成员对挂点单位网络问政跟踪督办、包案解决，对网民热议及热点难点问题，及时召集相关部门及人员给予研判解决。

二是工作机制有创新有完善。网络问政工作开展初期，制定了网络问政处理程序及机制，构建起“市局—执法大队—执法队—网格组”四级网络工作体系，真正做到信息传递横到边、纵到底、全覆盖。与此同时，在落实网络问政办理过程中，实行“上传下达”两条腿走路，向上走，由局领导签批及时了解网民诉求；同步向下走，由承办大队迅速将信息传递至具体执法人员落实，保证了处理的及时性。2011年9月，开发了执法业务受理系统，参照市里“红黄绿”亮灯提醒的做法，对网络问政事项实行亮灯提醒，实现有效地掌握、跟踪及监督，提高网络问政首问办结率。

三是工作督办有问责有力度。依据四级网络工作体系，相对应地构建四级问责机制。对网民诉求处理不力、行动拖拉或因问题处理不当引起反复投诉并造成一定社会影响的，由局督查科、纪检室联合督办。反复投诉三次以上或市领导的重要批示件，由局长亲自督办处理；市党政主要领导信箱或批示转办件，均由职能分管或辖区挂点局领导包案督办。通过多渠道督办和四级问责机制，加大网络问政督办、问责力度，进一步强化了工作实效。

链接>>>>>>>>>

2012年12月7日，网友“黄汉周”反映：“位于演达二路的达成新居19楼，有位业主私自在消防公共走道加建房子，占用公共地方，小区物业基本不管的，我们业主是投诉无门，请局长帮解决难题。”接到该宗群众投诉件后，惠州市城市

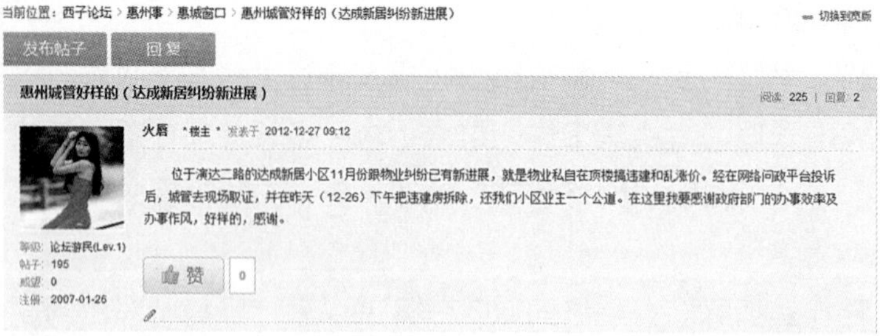

惠州西子湖畔网相关帖文页面截图。

管理行政执法局立即派出辖下第三执法大队河南岸执法队进行调查处理。

经查，演达二路达成新居小区19楼是该小区的物业管理公司（惠州市达成物业管理有限公司）负责人黄某自行兴建的，其在19楼的一处架空层加建一扇规格为2.6米乘高4米的砖墙体，将架空层间隔成一间面积为12平方米的房子，作为小区修理泵机的工具房，其未能提供相关许可手续，属违规建设行为。

此后，责成该小区物业公司立即书面向公众道歉，并由惠州市城管局第三执法大队河南岸执法队按照相关程序依法拆除违规搭建的工具房。事情得到妥善处理后，市民在西子湖畔论坛上发帖进行了肯定。

惠州市公用事业局
打造信息化与高效性网络问政平台

网络问政试点工作开展后，社会公众参与热情高，惠州市公用事业管理局每周平均收到市民的来信20封。为提高办理时效性，及时对市民来信作出回应，该局结合自身的实际情况，开发了一套网络问政OA系统，从来信的数据采集、拟办、审核、业务单位（科室）办理、领导审批都实现了网上流转。为进一步加快来信的办理速度，2011年6月起，实现了手机审批办理功能，大大缩短了信件的处理时间，并将来信的各个办理环节都在网站公开，接受监督。

从网络问政工作开展以来，确实解决了许多与百姓生活密切相关的实际问题，有赖于此平台的信息化与高效性。一方面为百姓提供了快速反映问题的渠道，同时对政府部门工作也起了监督的作用；另一方面，为政府部门下一步更好地开展工作快速提供了信息。因此，网络问政工作具有重大的意义。

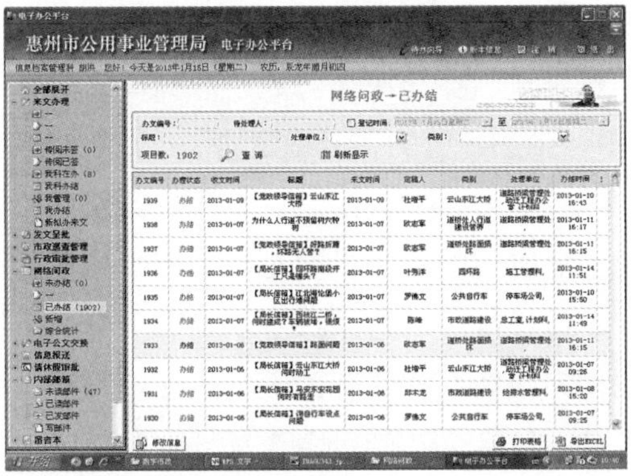

惠州市公用事业局自动化办公系统（网络问政）页面截图。

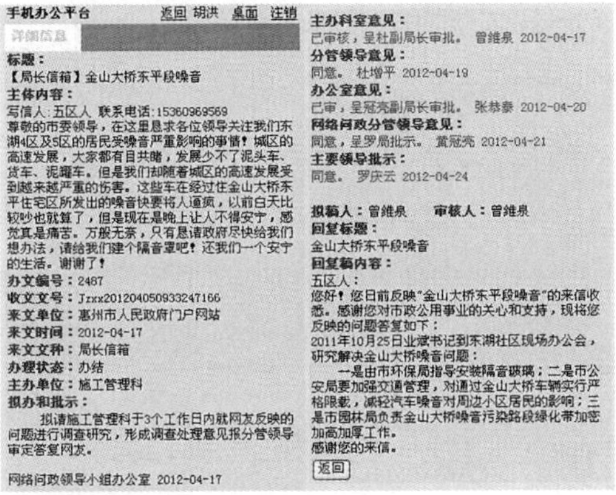

手机办公平台（网络问政）页面截图。（惠州市公用事业局供图）

惠州市信息中心
加大信息公开力度，保障网络问政亲和力

网络问政工作目前国内还没有成熟的经验可以借鉴，需要继续创新、大胆探索。惠州市开展网络问政工作，虽然取得一定的成效，但还存在一些问题，建议从以下三个方面下功夫，不断深化和推动网络问政平台的建设：

一是优化网络问政平台，增强网络问政生命力。按照“便民、公开、高效、规范”原则，加大技术和管理创新力度，不断优化网络问政平台，推进网络问政与电子政务融合发展，加快网络问政平台与党务信息公开平台、政务信息公开平台、政风行风评议网络平台、网上办事大厅等平台的交互链接和信息共享，进一步增强网络问政平台对群众的聚合力、吸引力，促进政府职能转变和管理方式创新。

二是加大信息公开力度，保障网络问政亲和力。提高政府信息公开和问政于民的主动性，把网络问政平台工作与政务公开结合起来，将政府制定的各项涉及民生问题的重大决策方案、措施及规范性文件通过网络问政平台进行公示、调查和征集意见，鼓励群众通过平台更多地了解决策、参与决策。通过政民间的良性互动，将可能发生的社会矛盾化解在基层中，维护社会的和谐稳定。

三是加强检查督办，提高群众满意度。第一，督办机制。加强对各部门回复网民信件的督办和检查，对久拖未决、反复出现的问题，要查明原因，予以落实，提高回复质量和办结率。第二，定期通报机制。每月通报一次各部门解决网民问题的情况，将解决问题进度慢的单位和完成任务好的部门进行通报。第三，协调处理机制。对一些深层次的问题，或是涉及多个部门、多个领域，解决难度比较大的问题，要确定解决问题的牵头部门，明确主要责任单位与配合单位，做好相关协调沟通工作，形成工作合力，保证网民反映投诉的问题得到及时回复、快速处理。第四，严格执行网络问政问责制。做好群众来信的督办落实工作，对推诿、应付或网民不满意的办理情况，要求相关部门重新办理，并进行问责。

四　惠州金牌：“五个民共”理念成就城市荣誉

中国互联网与社会管理创新城市、广东网络问政年度城市、人民网“年度最受关注地方领导”……从“惠州经验”到“惠州样本”，网络问政为惠州带来诸多荣誉，实至名归。

全国文明城市、中国最具幸福感城市、中国十佳宜居城市、全国社会治安综合治理优秀城市……众多城市荣誉源自何处？究其根本，来自“民共建、民共富、民共享、民共乐、民共治”的施政理念，还来自官方民间以及社会各界脚踏实地的探索与实践。

每一块金牌背后，都是一段奋斗历程；每一块金牌前面，都是再出发的期许。“接地气，聚网气，增福气”，网络问政给力社会管理创新，惠州形成“人性化、规范化、常态化”的善治格局。

“只要民意落地生根，幸福就能加倍提升”，众多荣誉的线索惟有二字——“幸福”是也。

4.1 “全国文明城市”金牌越擦越亮

微引言

@黄业斌： 文明程度提高一分，幸福质感厚实一层。从2009年摘获“全国文明城市”金牌，到2011年以全国地级市总分第一蝉联，全市人民为擦亮文明金牌、保持创建活力一起努力和贡献。当前，我市已吹响争创“全国文明城市标兵”的号角，希望我们再接再厉，继续争做文明人、讲文明语、行文明事、爱文明城，共同为幸福惠州建设增添更多的文明力量！

2012年9月5日　来自　南方微博

2009年2月9日，惠州市“全国文明城市”牌匾揭幕。（惠州日报供图）

地级市总分第一　蝉联全国文明城市

2011年12月20日，全国精神文明建设工作表彰大会表彰第三批全国文明城市（区）、文明村镇、文明单位，并公布继续保留全国文明城市（区）荣誉称号的名单。其中，惠州顺利通过全国文明城市复查，以全国地级市总分第一的成绩蝉联全国文明城市；博罗县罗阳镇获“全国文明村镇”称号；惠州市公用事业管理局等获“全国文明单位”称号。

惠州市文明城市工作局相关负责人表示，今后惠州的目标是夺取“全国文明城市标兵"。夺取此金牌的条件是连续3届获得全国文明城市称号，所以下一步目标是力争2014年继续蝉联全国文明城市，成为"全国文明城市标兵"。

2009年1月20日，历经10年不懈努力，惠州荣获"全国文明城市"称号，为"岭南名郡"再添光辉；2011年12月20日，时隔3年，惠州顺利通过全国文明城市复查，以全国地级市总分第一的骄人成绩，成功蝉联全国文明城市。这是一座城市的荣耀，更是每个市民的骄傲。

成功蝉联全国文明城市，惠州收获颇多，最直接的收获，是城市变靓了，环境更美了，秩序愈加规范了。更深层次的收获，是人变了，境界更高了，品味提升了。"惠州是我见过的公交车上让座最自然、最普遍的城市。"——这是一个外地人给惠州的评价。

"以前，我们家门前的马路比较脏，有阿婆在绿化带上种菜，两边的夜宵档口，时常将垃圾随意堆放在马路边。"家住市区江北文华一路的袁女士说，"现在好多了，垃圾看不见了，还划上规范的停车位，每天进出心情都好很多。"

在惠州，公交车上的道谢声时常响起，外地客人的询问总能得到热情的回答；临床用血100％来自自愿无偿献血，外来工社会保障享受市民同等待遇。寒冷的冬夜，在交通繁忙的市中心，可以看到志愿者协助疏导交通……

当我们于大街小巷，漫步于公园广场，置身于商场车站，无不感受到文明创建给这座城市带来的巨大变化。广大市民作为最直接和最大的受益者，由衷地说："这样的文明创建，我们打心眼里支持和拥护。"

创建从未停步　擦亮城市"金名片"

全国文明城市的荣誉来之不易，惠州的创建从未停步。翻开成绩单，可以看到华彩背后的执著与艰辛。惠州市委书记黄业斌也多次强调，这是全体市民的荣誉和骄傲，呼吁大家公共参与文明城市的创建。

2009年以来，惠州先后制订实施了《惠州市巩固提高创建全国文明城市成果的意见》，着力创新组织协调机制、投入保障机制、城乡联动机制、督查考评机制等4个长效机制，努力提高创建工作的科学化、常态化、制度化、规范化水平，不断将创建工作向更高、更深、更广的层次推进。

2011年3月18日，全国首个"流动商户之家"在惠州成立，体现出惠州市文明创建工作的细心、用心和贴心。黄业斌表示，流动商贩不仅不能取缔，政府还应该做到“摆者有其摊”，只要做到“摊者守其序”就行。

惠州设立“流动商户之家”，成为国内鲜有的接纳流动商户沿街摆卖的城市。在市区下角埔前街，37个样式统一的水果档沿街一字排开。有了固定的摆卖摊位，流动商户名正言顺地沿街摆卖。

2012年3月31日，《人民日报》发表文章《惠州这样破解“猫鼠游戏”困局 允许流动商贩沿街摆卖》，宣传报道惠州市成立“流动商户之家”的创举。2012年12月18日，由南方报业传媒集团组织百名专家评选的“广东省2012年社会管理十大创新”榜单揭晓，惠州市“特色之家”等社会创新项目跻身其中。

秉承“老客家，新客家，来到惠州就是一家；本地人，外地人，在惠工作就是惠州人”的城市理念，惠州还创办了“外来工之家”，实行外来人口与户籍人口同宣传、同管理、同服务、同考核、同慰问、同奖励“六同模式”，不断增强外来人口在惠的归属感。

这仅仅是惠州文明创建工作的一个缩影。魅力惠州，因创建而变得愈加生辉。城市的“金名片”也愈发闪亮。（据南方日报、惠州日报报道）

链接>>>>>>>>

全国文明城市

文明城市是指在全面建设小康社会，推进社会主义现代化建设新的发展阶段，坚持科学发展观，经济和社会各项事业全面进步，物质文明、政治文明、精神文明与生态文明建设协调发展，精神文明建设取得显著成就，市民整体素质和文明程度较高的城市。全国文明城市称号是反映我国城市整体文明水平的综合性荣誉称号。

全国文明城市标准有：组织领导坚强有力，创建工作机制健全；思想教育深入细致，道德建设扎实有效；创建活动蓬勃开展，人民群众广泛参与；党政机关廉洁高效，社会风气健康向上；科教文卫体稳步发展，社会事业全面进步；社会治安良好，社会秩序井然；基础设施较为完善，生态环境优良；经济持续快速健康发展，居民生活水平稳步提高。

惠州以地级市总分第一蝉联全国文明城市，今日惠州网专题报道页面截图。

全国文明城市主要依据《全国文明城市测评体系》和《全国未成年人思想道德建设工作测评体系》，进行测评优选，并将未成年人思想道德建设工作评价作为申报全国文明城市的前置条件，测评结果单独排序，按百分计算，得分低于85分的，不能参与全国文明城市申报，同时，该项得分按20%的比例计入全国文明城市总得分。

测评方式主要是采用听取汇报、材料审核、问卷调查、网络调查、实地考察、整体观察六种方法。创建全国文明城市的难点是实地考察。全国文明城市实地考察方法具体有三种：一是实景（情）模拟验证，如：拨打法律服务热线，拨打维权举报电话等；二是实地调查，即进入现场查证被考察对象是否符合测评标准，如：到社区查看相关工作记录等；三是实地观察，即根据实地观察要求，在实地考察点、在一定时间内，对被考察对象进行实地观察。

与2008年相比，2011年的全国文明城市测评体系增加了对两个环境的测评，即有利于未成年人成长的社会文化环境和安全稳定的社会环境。从具体标准上说，由2008年的111项测评指标增加到132项，由原来的272个测评内容增加到373个。此外，2011年的全国文明城市测评设置了一个前置条件，就是必须通过全国未成年人思想道德建设工作的测评，而且分数要达到85分以上，并将所得分数的20%计入测评成绩中。

中央文明委将3年以来每年的公共文明指数测评成绩作为是否继续保留全国文明城市称号的主要依据，即2009年、2010年公共文明指数测评分别占总成绩的10%和20%，2011年的公共文明指数测评占总成绩的70%。

4.2 “中国最具幸福感城市”完成帽子戏法

微引言

@黄业斌：惠州连续3年获评“中国最具幸福感城市”，同时荣登“中国最具特色文化竞争力十佳城市”榜首，入选“中国十佳宜居城市”榜单，三块‘金牌’是全体惠州市民共同努力的成果！这是荣誉也是警示：幸福是城市的一面镜子，要时刻保持明亮和活力。唯有真抓实干，做大经济蛋糕也要保护好青山绿水，让群众感受到实实在在的全方位安全。

2012年8月17日　来自　南方微博

黄业斌代表惠州市领取“2011中国最具幸福感城市”牌匾。（惠州日报供图）

连续3年入选中国最具幸福感城市

由中国城市竞争力研究会、香港浸会大学当代中国研究所主办的“2012中国城市分类优势排行榜”出炉。惠州再度上榜“中国最具幸福感城市”，并排名第三。此外，惠州还凭借“幸福文化”荣登“2012中国最具特色文化竞争力十佳城市"榜首；因优美宜居的城市环境入选"2012中国十佳宜居城市"排行榜，排名第四。

"这三块'金牌'是惠州老百姓共同努力的成果，惠州老百姓有科学发展的理念，我们既要金山银山，也要绿水青山。"2012年8月16日，授牌仪式在惠州市富力万丽酒店举行。黄业斌表示，这三块奖牌再次说明并不是经济堆头越大，人民群众就越幸福。要让百姓幸福，城市执政者一定要关注民生。惠州将把这些成绩转化成进一步建设发展的动力，继续把这些"金牌"巩固好，建设人人幸福的惠民之州。

惠州连续3年度入选中国最具幸福感城市排行榜前10名。且排名逐年靠前，从2010年度的第9名，到2011年度的第8名，上升到2012年度的第3名。对此，中国城市竞争力研究会会长桂强芳表示，"近几年来，惠州不仅在经济发展中取得长足进步，同时也在创建创新幸福文化和民生事业方面取得丰硕成果。"桂强芳说，惠州获得的这三项奖牌，正是当地党委政府发展经济的同时，注重民生事业，关注文化创建的表现。

桂强芳说，在他的调研中有这么一个案例：江西的一个小伙，在广州、深圳、东莞都打过工，最后到了惠州，当研究人员对其进行随机访问时，这名新惠州人说，这几个城市中他最喜欢惠州，因为惠州人文底蕴浓厚，政府部门对外来人口、弱势群体的关注度高。

"惠州党委政府关注民生并得到群众普遍认可的这种文化现象，其实正是惠州'幸福文化'之根基与缩影。惠州连续3年获评中国最具幸福感城市，同时因'幸福文化'获评'中国最具特色文化竞争力十佳城市'第一名，都是实至名归。"

黄业斌第一时间发表微博表示"这是荣誉也是警示"，他在微博里写道，"幸福是城市的一面镜子，要时刻保持明亮和活力。惠州的幸福建设唯有真抓实干，要在教育医疗、卫生保障、城市建设方面大胆探索、提高标准；要做大经济蛋糕也要保护好青山绿水，让群众感受到实实在在的全方位安全。"（据南方日报2012年8月17日报道）

桂强芳：惠州给人安定感、归属感、满足感

如果从幸福感城市排名的角度来说，应该说惠州这几年逐年提升的表现，在全国来说是首屈一指、名列前茅的，也可能是独一无二的，这取决于惠州这几年的经济发展速度和质量，也取决于惠州市委、市政府在百姓保障、社会福利、社会安全以及环境生态方面所作出的努力。

我们大概是从六七年前就开始做幸福感城市研究，直至3年前才正式发布研究成果，形成了一整套的评价指标体系，包括满足感指数，生活质量指数，生态环境指数，社会文明指数，经济福利指数等。从评价、打分和问卷调查结果来看，惠州在这几方面都做得非常好，比如政府在民生工程方面投入很多，每年新增财力的七成以上用于改善民生，还有在城市空间布局和环境改造方面做得很不错，环境绿化比例相当高，城市空气质量比较好。

总的来说，市民和外来工对惠州的满意度是比较高的，我们曾经选取了一个广州、深圳、东莞和杭州等经济较为发达城市都呆过，最后来到惠州的外来工作为典型案例来调研，我们问他，在这几个城市中，哪个城市给他的安定感、归属感、满足感是最强的？他最后选择的是惠州，他说在其他城市压力比较大。

黄业斌四方面阐述惠州对幸福的追求与探索

——幸福的根基在于科学发展。在做大经济“蛋糕”的同时，也要分好“蛋糕”。让人民群众有看得见、摸得着、享受得到的幸福，始终是惠州推动发展的出发点和落脚点。惠州民生投入占财政总投入比例达62％，人民生活日益殷实，城市竞争力与人民幸福感同步提升。

——幸福的源头在于惠民文化。在推进幸福惠州建设的进程中，既要“富口袋”，也要“富脑袋”。过去五年，惠州以创建全国文明城市为载体，推进文化惠民，文化设施建设投入超过100亿元，建成各级文化场馆83个、镇级综合文化站73个，在建和建成“农家书屋”、社区文化室超过1000个，初步形成城市“十分钟文化圈”和农村“十里文化圈”格局。

——幸福的路径在于共建共享。惠州实施“人本立市”战略，坚持把民共建、民共富、民共享、民共乐、民共治作为创造幸福的路径，始终贯穿于幸福惠

州建设的全过程，让生活在惠州这座城市的市民有幸福感、光荣感和归属感。

——幸福的生活在于宜居宜业。惠州既要金山银山，更要绿水青山。在大力发展经济的同时，不断优化人文环境和生态环境，全力建设宜居宜业城市，市区空气质量在珠三角地区名列前茅，东江干流水质和城市饮用水源水质保持国家一至二类标准，森林覆盖率近60％。

链接>>>>>>>>

中国最具幸福感城市

"中国最具幸福感城市排行榜"是中国城市竞争力研究会的年度综合性研究评价课题之一，是该研究会在应用自主创立的评价指标体系、搜集翔实的基础资料及进行大量的调查研究、充分考虑公众口碑支持率的基础上，对中国包括港、澳、台地区在内的34个省（区、市），295个地级市，374个县级市的分类优势进行评价产生的研究成果。

城市幸福感是指城市市民主体对所在城市的认同感、归属感、安定感、满足感，以及外界人群的向往度、赞誉度。其特征是：市民普遍感到城市宜居宜业，地域文化独特、空间舒适美丽、生活品质良好，生态环境优化，社会文明安全，社会福利及保障水准较高。

为确保评选具备客观性、公正性，用于评分的《GN中国幸福感城市评价指标体系》由包括满足感指数、生活品质指数、生态环境指数、社会文明指数、经济福利指数在内的5项一级指标、21项二级指标、47项三级指标组成。

2011年6月29日，在广东省政府新闻办举行的新闻发布会上，国家统计局广东调查总队首度发布了2011年广东群众幸福感测评调查报告。在全省21个地级及以上市中，按珠三角和粤东西北地区分别排序，惠州市群众幸福感总体评价位居珠三角地区首位，梅州市列粤东西北地区群众幸福感总体评价首位。

4.3 “广东网络问政年度城市”荣誉再落惠州

微引言

@黄业斌：制度保障互动热度，落实民意更有力度。这两天，著名专家、学者对网络参政问政制度化开出了良方，我从中受到很多启迪。与郑教授一道与网民交流，感觉意犹未尽。他提出的“安静文化”很有惠州味道。我市出台的网络问政“新16条”，期待网民朋友共同参与实践，使我们的互动更有效，推动惠民利民的举措更加到位！

2012年9月24日　来自　南方微博

再度荣获网络问政年度城市

围绕“网络参政问政制度化”这一主题，2012年9月23日，第三届中国网络问政研讨会在惠州举行。研讨会上，“2011—2012年度广东网络问政排行榜”榜单揭晓。在网络问政史上有着诸多探索的惠州除了荣获“2011-2012网络问政年度城市”这一重量级大奖，“幸福惠州”案例还入选“广东网络问政十大经典案例”，市委书记黄业斌的个人实名微博“@黄业斌”入选“十大政务微博”。

黄业斌在致辞中说，惠州网络问政启动4年来，做到了“两个百分之百”，即100％交办落实、100％回复办理。通过4年多的网络问政探索，网络民意已成惠州幸福坐标。在惠州两会期间，网民可报名参加旁听。接下来，惠州还将从网民中推选“两代表一委员”。他表示，惠州将继续以“不回避”的作风，多与网友交流，多听网民意见，与网民携手共建互信互动、和谐有序、民主理性的网络参政问政环境。

评选中，网络问政“惠州样本”得到了严格的评审团一致的认定。评审团在颁奖词中写到：从网上信息摘报到首个书记实名微博，从在线交流常态化到全方位的网络问政体系，惠州不断探索和实践着网络问政的新模式，被中央媒体誉为"网络问政样本"。这座城市在推动社会治理体制改革的魄力和智慧，被广为借鉴。"民共建、民共富、民共享、民共乐、民共治"的施政理念雕刻了惠州样本，站在荣誉台上奋力起步的精神见证了政治勇气。

在代表惠州上台领奖时，被问及惠州得到这个奖最重要的感想是什么时，惠州市委副书记、市长陈奕威几乎脱口而出："这个奖应该属于全体市民，特别是广大网友。"他表示，广大网友对惠州的围观和力挺是惠州党委政府工作的动力，"我们将不断创新网络问政模式，让网络问政不断制度化、规范化。使网络问政真正成为联系群众的联系体，表达民意的直通车，解决民困的主渠道。"

网络参政问政进一步制度化

探索从网民中推选"两代表一委员"人选、设立网络问政"智惠·金点子"奖、定期举办网民"大家谈"活动、建立网络问政重大事项交办制度、严格网民信件"红黄绿"灯限时办结制……惠州结合2008年以来在网络问政工作方面的实践与探索，提出《惠州市关于深化网络问政工作的若干意见》，即"惠州网络问政16条"，着力推动惠州网络参政问政的制度化、常态化、规范化建设。

"从网络问政参与积极性高、建言献策质量好、德才表现好的网民中，推选党代表、人大代表、政协委员推荐人选，设立网络问政'金点子'奖，同时进一步规范网络问政交办制度，这无疑将提高网民参与网络问政的积极性。"当天，参会的专家学者感叹，"惠州网络问政16条"的发布，是惠州网络参政问政进一步走向制度化、常态化、规范化的重要标准。

中央编译局世界发展战略研究部副主任杨雪冬认为，要真正实现网络问政制度化，关键要看每个网络主体是否能够有意识地利用网络平台实现良性互动，使虚拟世界和现实世界完美对接，使网络成为执政的组成要素。"惠州网络问政常态化探索的案例让我们看到创新从一个点到一个面的可能性。"

"惠州的经验实际就是党委政府负责人实实在在做事，各部门实实在在抓，而且形成制度。像重大决策事项征求网友的意见，网络问责制、网络发言人制度等都是一种创新。"网友"御史在途"认为，广东站在改革开放的前沿，惠州网络问政经验可供全国推广。

北京师范大学教授施雪华认为，惠州模式其实没有特别神秘的地方，如果其他地方真的要下决心做也可以，希望将惠州的好经验进行总结和概括。对于惠州经验，施雪华认为，惠州应该说已经形成了基本网络问政的一套东西。问政、咨政、参政等程序较细，可以花一定的时间和精力，进行标准化、系统化总结，供其他地方参考借鉴。

@惠州市委副书记陈训廷：惠州的网络问政能够形成制度化，首先其参与度一定要广泛。惠州的网络问政是讲究“落地”的，所有网民提的问题最后要得到解决和回应。这也已经形成了习惯，这些习惯已经渗透到了经济社会当中，为网络问政的长期化提供了支撑。

2012年9月23日　来自　网络问政研讨会

2012年9月23日，奥一网等8家网站在惠州联合发布全国首个网络问政“6+2惠州共识”。

网络问政“6+2惠州共识”发布

第三届中国网络问政研讨会上，历年来先后获得网络问政类“中国新闻奖”的6家全国优秀网站（大河网、红网、人民网、胶东在线、奥一网、中国宁波网）和网络问政工作表现突出的2个地市网站（金山网、今日惠州网），联合发布了全国首个网络问政“6+2惠州共识”（全文详见附录）。这8家网站共同承诺将致力于营造文明和谐的网络环境，确保信息自由流动、有序流动、安全流动，促进我国网络问政工作。

对此，凤凰卫视时事评论员邱震海在“时事开讲”栏目中点评说，既然以网民为载体的新的公民阶层已经出现，中国各地地方的政府已经无法回避这个情况。惠州几年来的网络问政的经验，尤其是公布的"6+2惠州共识"，从领导干部的开明，到机制的建立和落地的惠州做法、惠州经验或者惠州模式，相当程度已经可以给各地借鉴和参考。（据南方日报、南方都市报2012年9月25日报道）

链接>>>>>>>>>

广东网络问政年度排行榜

1. 广东2011-2012年度网络问政排行榜

网络问政十大经典案例之"幸福惠州"

当一些城市领导干部还在犹豫是否"触网"的时候，惠州已经打造了多个网络问政的品牌，当其他城市终于抛开对网络的畏惧之心，试探着问计于网时，惠州已经在推动网络问政进入常态化和制度化。将网络问政打造为"惠民工程"，靠的不仅仅是远大的政治眼光，靠的更是一种行政为民、与时俱进的理念。而这，正是惠州三次蝉联"中国最具幸福感城市"的奥妙所在。

广东十大政务微博之@黄业斌

黄业斌书记是广东省第一个开通实名微博的地市级领导。两年多来，黄业斌一直没有离开过他的"网上办公室"，听民声、纳民意、解民忧，网友们有时甚至还会受到一份特殊的惊喜——来自@黄业斌的亲笔批示。民共建、民共富、民共享、民共乐、民共治的执政理念从现实扩容至网络，来自虚拟世界的鼓舞打破身份隔阂，上下一心聚拢成合力共建"惠民之州"的幸福体。

广东网络问政年度城市：惠州

从网上信息摘报到首个书记实名微博，从在线交流常态化到全方位的网络问政体系，惠州不断探索和实践着网络问政的新模式，被中央媒体誉为"网络问政样本"。这座城市在推动社会治理体制改革的魄力和智慧，被广为借鉴。"民共建、民共富、民共享、民共乐、民共治"的施政理念雕刻了惠州样本，站在荣誉台上奋力起步的精神见证了政治勇气。今日的成效，属于惠州人民，属于永不止步的改革者。

2. 广东2010年度网络问政排行榜

网络问政十大经典案例之“惠州样本”

从“惠州经验”到“惠州样本”，3年来，惠州网络问政可谓风生水起。在网民的积极参与下，市委、市政府通过互联网了解民情、汇聚民智，并进行科学决策。惠州网络问政不仅成为排解民忧的“直通车”，还成了全省乃至全国信息化问政的样本。

3. 广东2009年度网络问政排行榜

网络问政十大经典案例之“惠州经验”

市委书记批示网帖，进而构建三大平台，疏浚诸多社会积怨，解决大量民生热点，最终建立常态机制。作为全省率先全面开展网络问政、并在不到两年时间里在全国较早建立“网络问政”常态机制的榜样城市，“惠州经验”展示的官方主动性与良好的社会效应，论证了网络不是洪水猛兽，重塑了一个城市的新形象，更探索了一条城市和谐的新通道。

广东网络问政年度城市：惠州

在广东，许多城市都在探索网络问政，许多城市也都各有收获。但将网络问政工作纳入“行风评议”和“万众评公务”考评范围，将网络问政制度化建设纳入政绩考核体系，并将考核结果将作为全市各区县局办“一把手”奖惩依据，同时配套建立了传送、办理、监督、回馈一系列机制的城市，只有一个，它就是——惠州。

4.4 “互联网与社会管理创新城市”评选居榜首

微引言

@黄业斌：上午聆听各路专家、学者对互联网社会管理创新提出的新观点、新理念，犹如参加了一场思想盛宴，很受启发！现时期探讨互联网与社会管理创新课题是一件很有意义的事情，今天是惠州社会管理创新工作的新起点，我们要凝聚更多网民朋友的智慧，不断探索、提高社会管理水平的新方法，让惠州人民享受到更多的实惠和幸福！

2011年4月29日　来自　南方微博

4个“创新城市”出炉　惠州居榜首

2011年4月29日，首届华人网络论坛在广东惠州市举行，与会的300余名海内外专家学者和网络精英，研讨互联网时代背景下的社会管理创新与公共外交，共同分享理论成果和实践经验，并投票选出4个“中国互联网与社会管理创新城市”。广东惠州市获得最高票数，其余3个城市分别是浙江杭州市、山东烟台市、陕西合阳县。

惠州荣获2010年度“中国互联网与社会管理创新城市”，是继获得2009年度“广东网络问政年度城市”后的又一殊荣。市委书记黄业斌代表惠州上台领奖，发表获奖感言时说，“我一定要把获奖消息告诉全体惠州人民，告诉我们惠州的网友，是他们的努力得到了这个荣誉，这个荣誉属于集体”。

在2010年度“中国互联网与社会管理创新城市”评选中，全国共有39座城市成为候选城市。评选由海内外专家学者、全国知名专家和网络精英、南方民间智库成员等组成百人评审团，按照“当地是否以文件等官方或正式形式推动网络问政的工作开展”，“当地是否建立、健全官员网络问政工作的考核、问责机制”

兩岸要聞

沙塵襲10省區 京錄全年最差空氣品質

中國支持印尼基建 簽百億美元經貿協議

4個「創新城市」出爐 惠州榮居榜首

本報訊

首屆華人網絡論壇30日在廣東惠州閉幕，並評選出4個「中國網際網路與社會管理創新城市」。

與會的300餘名海內外專家學者和網絡精英，研討互聯網時代背景下的社會管理創新與公共外交，共同分享理論成果和實踐經驗，並在全國39座候選縣級及縣級以上城市中，投票選出4個「中國網際網路與社會管理創新城市」。

海內外知名專家組成百名專家評審團，按照「當地是否以文件等官方或正式形式推動網絡問政工作的開展」、「當地是否建立、健全官員網絡問政工作的考核、問責機制」等10項評選標準，對39座候選城市進行綜合評選。廣東惠州市獲得最高票數，其餘3市是：浙江杭州市、山東煙台市和陝西合陽縣。

該論壇由察哈爾學會、南方民間智庫發起，由南方報業傳媒集團與星島新聞集團主辦，由奧一網、星島環球網、凱迪網社區和南方民間智庫承辦，由惠州市委市政府協辦。

拚選戰 馬英九校園講兩岸

惠州“中国互联网与社会管理创新城市”居榜首，受到多家海外华文媒体关注。

等10项评选标准，对39座候选城市进行综合评选，按得票高低确定获奖城市。

“创新社会管理，让社会更加和谐，让人民群众过上更加幸福的生活，这是人民群众的新期待，也是各级党委、政府的重要职责！”黄业斌表示，要以此为新起点、新动力，总结过去的做法和经验，继续探索运用互联网创新社会管理的新路子，不断提高社会管理效率，促进惠州网络问政和社会管理创新工作再上新台阶。（据南方都市报2011年4月30日报道）

惠民理念助推社会管理创新

“警情天天报”，市民安全感不降反升

2008年是惠州创建全国文明城市的关键时期，群众满意度是“创文”的重要考核部分，安全感是群众满意度测评的重要因素。增强市民安全感，解决“两抢一盗”等焦点问题变得迫在眉睫。

减少“两抢一盗”，惠州该从何着手？市委书记黄业斌有了向群众公布“两抢一盗”警情的想法。

他认为，推行“警情天天报”，能让市民知道哪里盗抢多，哪里安全，这样群众就能有效地参与到群防群治中来。对公安队伍来说，有压力才有动力。公开警情，群众监督，可以促使公安队伍提高执法积极性。

“社会治安好坏，不但是警察的事，还是我们全体市民的事。比如社区有小偷，我们能不能通知大家共同防范，共同抓贼？”李汝求也认为，推行“警情天天报”对提高群众防范意识很有好处。

但在过去相当长的时间内，警情被视为秘密，因为从某种程度上讲它意味着不安定的因素，一般只为少数人所掌握。

警情能不能公开？这个盘旋在惠州市主要领导心头的想法，在经过多次磋商后，最终得以确定下来。

惠州推行“警情天天报”第一年，“两抢一盗”警情同比上年下降率就达到31.6％，2009年“两抢一盗”警情同比上年再降13.2％。主动揭短“亮丑”，惠州“两抢一盗”发案量不升反降，百姓安全感不降反升。

惠州特色之家。（惠州日报供图）

创建“特色之家”，各类群体齐受关爱

日前，惠州市“流动商户之家”在惠州市城市管理行政执法局内挂牌成立。同时，惠州市在一些不妨碍交通、不影响市民生活的区域，设置了一批临时的蔬菜、水果等摆卖点，接纳流动商户沿街摆卖。

这些举措，改善了流动商户曾有的尴尬，定期开展的座谈会，让惠州的流动摊贩有了发言权。“我们的意见竟然真的得到了采纳，真不敢相信。”流动商户董存雄说。除了“流动商户之家”，惠州还创建了“外来工之家”、“复员退伍军人之家”。

“以前碰到纠纷，或者利益被侵犯了，大家首先想到的解决方法就是打架。有了‘外来工之家’，碰到事情可以直接找镇里领导解决。”龙门县龙江镇的外来工谭仕荣说。“外来工之家”这个属于外来工自己的“家”，为他们增添了新的纠纷诉求渠道，使得外地人在龙江镇打工创业安心多了。

了解到部分复退军人在住房、医疗、子女上学等方面存在困难之后，惠州市委书记黄业斌提倡在全市各乡镇设立“复退军人之家”。

2007年8月，博罗县罗阳、泰美、长宁三镇率先试点设立了“复退军人之家”。此后，“复退军人之家”在惠州全市各乡镇全面推广，按照“政府领导、自我管理、社会参与”的运作模式，充分发挥“家”的桥梁纽带作用，帮复退军人解决了各种难题。

在汝湖镇，“复退军人之家”通过农信社为28户复退军人提供小额贷款98万元，为复退军人带来了脱贫致富的机会。

2012年12月18日，“广东省2012年社会管理十大创新”榜单揭晓，广东省网上办事大厅和惠州市“特色之家”等社会创新项目跻身其中。评审团的颁奖词对“特色之家”不吝赞美:

“‘特色之家’硕果累累，几乎实现了边缘群体的全覆盖，‘贩夫走卒’生计无忧，‘惠民之州’处处有家，‘五个民共’的施政理念得到了充分的体现。‘特色之家’让各种群体有序地融入了城市的大家庭，共同汇聚成城市发展的支撑力量。”（据南方日报2011年5月10日报道）

链接>>>>>>>>

中国互联网与社会管理创新城市

2011年4月29日，首届华人网络论坛评选、揭晓了2011年度中国“互联网与社会管理创新城市”。“互联网与社会管理创新城市”评选，由海内外知名专家和网络精英组成百名专家评审团，按照“当地是否以文件等官方或正式形式推动网络问政的工作开展”，“当地是否建立、健全官员网络问政工作的考核、问责机制"等10项评选标准，对39座候选城市进行综合评选。广东惠州市获得最高票数，其余3个城市分别是浙江杭州市、山东烟台市和陕西合阳县。

评价指标

1. 当地是否以文件等官方或正式形式推动网络问政工作的开展？
2. 当地是否建立、健全官员网络问政工作的考核、问责机制？
3. 当地政府部门主办或主管网站是否常设网络问政及相关栏目？
4. 党政主要领导与网民的对话、交流是否形成固定的模式？
5. 党政主要领导是否定期与网民面对面交流、座谈，听取建议和意见？
6. 当地信访部门是否常设有主动听取、搜集网络民意的渠道？
7. 被问政部门对网民诉求的反馈率和办结率是否超过90%和50%？
8. 当地是否产生了解决网民诉求的有普遍和借鉴意义的具体案例？
9. 当地有关部门是否推出或扶持利用新技术手段方便公众上网？
10. 当地有关部门对虚拟社会的管理是否提出创新措施并取得成效？

1. 广东惠州市

两年多来，从官员网友的密集互动，到"书记微博"的主动问政，惠州的社会管理进行了多方面的尝试，得到了社会认同，收获了可贵经验。

当网络成为排解民忧、化解矛盾的"直通车"，成为了解民意、汇聚民智的"连心桥"；当网络成为引导舆论、处置舆情的"前沿哨"，成为转变作风、提升服务的"助推器"，网络已经完成了从信息搜集渠道到着眼于社会管理体制创新的华丽转身。

执政党在推动经济发展的同时，如何学会治理一个日益复杂的社会，建构政府和民众之间必然存在的制度关联是关键。惠州以独特的政治远见，走出了践行者的抢先一步，完成了执政者的思维升华。

2. 浙江杭州市

坚持问情于民、问需于民、问计于民、问绩于民，落实民众知情权、参与权、选择权和监督权。

以开放的姿态开通"杭网议事厅"，回应民众关切；以理念的高度归纳"四问四权"，新塑网络社会的法治关联。省会之城杭州，以一种弯道超车的决断，使网络成为一种具有民主性因素的社会管理创新工具。

3. 山东烟台市

2003年，在市委机关建设办公室的大力支持下，“网上民声”在胶东在线网开通，首批28家政府部门参加了网上交流互动。2011年，全市94个部门和窗口单位落户，新闻、监督、信访、议政、办事、咨询，“网上民声”实现了“一个平台，多种功能”。8年来，滨海城市烟台致力于网络问政向社会角落的最大化延伸，把社会的要求传达给政府，把政府的意图传达给民众。

如何用网络架设的政治社会化桥梁，建构一个开放的社会，这是一种持之以恒的探索和实践。

4. 陕西合阳县

对网民反映的问题100%回复，包括没有实际内容的“火星文”留言。及时解决网民合理诉求，成就了一个网民眼中的“最敬业县政府网站”。

这种赞誉不在于网页设计的华美，也不在于技术支持的先进，而在于开放、平等、包容的姿态。转型时期，网络时代，基层政府是超越于既得利益，进行自觉的社会管理创新，还是受制于既得利益，成为浩荡潮流的观望者？位于黄土高原之侧的陕西合阳县作出了令人惊喜的回应。

4.5 连续7年上榜人民网“最受关注地方领导”

微引言

@黄业斌：大家都很关心我开微博，我想说，开微博只是一个新的开始，最终要达到听民声、汇民智、促进发展的目的。//**@黄业斌：**我的第一条微博发出后，受到了网友朋友们的积极响应，在此表示感谢。大家反映的问题，我已经责成有关部门和县区处理，详情请登陆今日惠州网惠民在线论坛，欢迎大家继续关注。

2010年4月17日　来自　南方微博

“对主政者的关注，就是对惠州的关爱”

2013年1月10日，一年一度的人民网“年度最受关注地方领导”名单揭晓。惠州市委书记黄业斌再次上榜，排名第五。这是他连续第7次入选，也是自2008年以来连续5年高居榜单前5名。

参与此次评选的人民网相关负责人徐小姐说，此评选结果依据为5000多位各地领导人姓名在人民网、人民日报及其子报子刊自2012年1月1日至2012年12月15日期间出现的频率及其排名数据，数据绝对真实，是各地领导人受到中央媒体关注程度的真实体现。

中山大学政务学院副院长肖滨长期关注惠州发展。他认为，一个城市的主政官员能够连续受到关注，与这个城市目前的发展态势、发展思路直接相关。这正说明惠州这个城市已越来越受外界关注。

“幸福”成为惠州标签

拥有自身发展特色是广受外界关注的重要原因。肖滨认为，惠州近年来持续出台的民生举措是外界关注的焦点之一。“建设幸福广东现场会为何选择在惠州召开？这至少说明惠州在民生幸福建设方面的成绩已经得到官方和非官方群体的普遍关注。广东官方部门发布数据显示惠州的群众幸福感位居珠三角之首，主政的城市幸福感强，这显然是黄业斌广受媒体关注的因素之一”。

惠州市委党校常务副校长黄文新认同肖滨的观点，他说：“群众整体幸福感强，这是黄业斌和惠州这座城市受到关注共同原因。”

记者在人民网主站检索输入关键词“惠州市委书记黄业斌”，《惠州派发新年惠民“大礼包”全省首家公办平价医院启用》这一新闻首先出现。

2011年12月28日，惠州市举行多个民生工程的奠基落成仪式，同时推出多个民生举措，为市民送上丰盛的“民生大餐”。这其中包括全省首家公办二级以上平价医院——市第四人民医院新院启用，市区景点合江楼、挂榜阁免费开放……

作为平价医院，市第四人民医院以低收入人群为主要服务对象，通过尽可能采用国产材料，严格控制过度用药、过度检查、过度耗材和过度治疗，该院将使患者的医疗费用低于惠城区内同级医院20％。同时，患者个人自负部分累计每年超过500元以上的门诊诊疗费用，政府还将给予补贴。

在市第四人民医院启用当天，惠州市区合江楼、挂榜阁两个知名景点免费开放，至此，惠州市区所有景点均已免费开放。已经全面免费的惠州西湖、红花湖等景区，俨然市区居民的后花园，已成为市民休闲会友的好去处。

此外，惠州在2012年初提出的“十件民生实事”，如今基本顺利完成。万辆惠民自行车上路，免费骑行4个小时，惠州市民自此多了一种绿色低碳的出行方式。

“有民生实事要办，没钱也要找钱办”——黄业斌曾经说过的这句话。在一件件民生实事出台之时，也得到了积极肯定的验证。

对民生幸福的重视让惠州收获尊重。2012年，惠州第三次入选“中国最具幸福感城市”，排名还升至第三，也是全省唯一入选该排行榜前十名的城市。与此同时，惠州还获评“2012中国十佳宜居城市排行榜”第4名，并以“幸福文化”入选“2012中国最具特色文化竞争力十佳城市”第1名。此外，黄业斌也获颁“2012中国城市十大风云首脑”。

经济逆势飘红很抢眼

2012年的惠州，除了民生幸福举措引人注目，经济指标的逆势飘红同样抢眼。

黄文新认为，市委书记能够在2012年继续广受关注，必然与惠州同年的经济发展成果密切相关。他认为，惠州在2012年的强劲发展势头源于及时转型升级，而企业实现转型升级的重要一环是自主创新。"我本身很关注媒体报道，在人民日报，我也看到过惠州企业通过自主创新成功转型升级案例的报道，以及惠州党委政府对产业转型升级的引导和培育。"

此外，黄文新还特别提及惠州在发展经济过程中注重生态环境保护的举措。他认为，媒体对于惠州的绿色发展、生态发展道路分外关注，其中很多报道他都记得。例如，因为环评指标不过关，惠州曾经拒绝了一个投资数额巨大的重大项目落户。

翻看此前报道，在2012年12月5日举行的第二届香港论坛·中国城市发展新方向活动中，黄业斌发表题为"生态文明锻造惠州持久竞争力"的演讲。

他表示：党的十八大提出了经济建设、政治建设、文化建设、社会建设、生态文明建设"五位一体"的总布局，这为中国城市的发展指明了前进的方向。建设生态文明是城市发展的新方向，是实现城市可持续发展的必由之路。

对于生态环境的守护，黄业斌这样阐释："后发地区的发展，只要是坚持了科学发展的理念，耐得住暂时的落后，就可以避免发达地区走过的'先污染后治理'的老路，处理好人与自然、人与人、人与社会的关系。"

惠州抢眼的经济指标印证了这一理念的正确性，黄文新认为，惠州已经到了厚积薄发、释放各项能量积累的阶段。

在2012年，惠州的企业登记注册审批制度改革等各项改革动作也屡见报端，被广泛转载。

致力营造有利于企业发展壮大的政务环境和社会环境，构建吸引海内外投资者的投资环境和营商环境，惠州以"自我革命"的精神，大力度推进重点领域综合改革。

相继推出注册资本"零首期"政策，试行企业登记注册主体资格与经营资格"两分离"制度，建设"惠州网上注册易"服务平台……系列改革下来，惠州登记注册审批效率大幅提高。企业登记注册前置许可事项从原来的80项压缩到36项，压缩幅度达55%；前置审批时限从原来的平均26个工作日压缩到3.9个工作日，提速达85%。

网络问政有条理有成效

在人民网主站搜索“惠州市委书记黄业斌”这一关键词时，惠州网络问政相关的新闻报道不胜枚举。

肖滨长期从事政务研究，并对网络问政颇为关注。在他看来，惠州的网络问政是惠州政务环境发展的加分项目，惠州市委书记入选“年度最受关注地方领导”，“肯定和惠州的网络问政分不开”。

2012年9月23日，全国各大媒体将焦点聚集惠州。当天，第三届中国网络问政研讨会在惠州举办。在网络问政史上有着诸多探索的惠州荣膺“2011-2012网络问政年度城市”，现场掌声雷动。肖滨认为，惠州获得这一荣誉实至名归。

在这届网络问政研讨会上，全国首个网络问政“6+2惠州共识”正式发布。此外，惠州还结合2008年以来在网络问政工作方面的实践与探索，发布了《惠州市关于深化网络问政工作的若干意见》，即“惠州网络问政16条”。这意味着，惠州网络参政问政的制度化、常态化、规范化建设又迈进新的一步。

细看“惠州网络问政16条”，其包括探索从网民中推选“两代表一委员”人选、设立网络问政“智惠·金点子”奖、定期举办网民“大家谈”活动、建立网络问政重大事项交办制度、严格网民信件“红黄绿”灯限时办结制……条文具体全面，可操作性强。

“惠州的经验实际就是党委政府负责人实实在在做事，各部门实实在在抓，而且形成制度。”北京师范大学教授施雪华认为，惠州网络问政走在全省乃至全国前列，其经验可供全国推广借鉴。（**据南方日报2013年1月11日报道**）

2012农历壬辰新年，黄业斌、陈奕威通过网络向广大网民拜年。

链接>>>>>>>>

“最受关注地方领导”的多重解读

一年一度的人民网“年度最受关注地方领导”名单揭晓。最受关注的地级城市领导，惠州市委书记黄业斌再次上榜，排名第五。这是他连续第7次入选，也是自2008年以来连续5年高居榜单前5名。

对于连续上榜的黄业斌而言，这一新闻或许已成旧闻，无须过度欢喜，过多解读。但对惠州的网民来说，地方领导人“最受关注”却常见常新，依然引起了广泛的讨论。中山大学政务学院副院长肖滨认为，一个城市的主政官员能够连续受到关注，与这个城市目前的发展态势、发展思路直接相关，“这正说明惠州这座城市越来越受外界关注”。坊间均普遍认同这一说法，相信对惠州主政者的关注，其实是对惠州的关注。

这是一重解读方式，将地方主政者符号化。地方主政者与其主政的地方之所以被等同化，足见其执政理念对地方影响之深刻。纵观黄业斌主政惠州的近十年间（从2003年8月任惠州市代市长算起），无疑是惠州经济、社会发展的重要时期。这期间，地方主政者的稳定，避免了惠州的行进方向受到领导人更替的影响，政策制定与执行亦保持了连贯性，较少出现今是昨非的现象。而黄业斌以其在社会创新管理、网络问政等方面的创见和开明态度，使得惠州迄今仍作为典范得到广泛宣传。在一定程度上，是黄业斌成就了惠州的知名度，也是惠州成就了黄业斌的受关注度。

在奉行实用主义的网友眼里，黄业斌入选“最受关注地方领导”则成为他们继续鞭策惠州前行的契机。黄业斌本人在多个场合，尤其是在网友见面会上，多次感谢网友对一点一滴推进惠州进步所做出的努力，甚至连现今爆得大名的惠州网络问政模式，也是网友在本地论坛上逼问政府部门的声音，被黄业斌打捞起来后，才逐步构建成为今日的网络问政体系。网友们有理由认为，惠州永远称不上尽善尽美，所以他们需要持续问政，而问政的结果取决于主政者的态度，黄业斌是一个善于倾听的领导，也是一个合适的网络问政推动者，彼此配合无间，改变着惠州的问政环境。因此，近年来，每当黄业斌入选“最受关注地方领导”的消息传来，本地网友在论坛上除了表达恭喜，发声最多的依然是对现状的犀利逼问，希望这位顶着光环的领导还能继续听到民间的声音。

另一些人的眼里，黄业斌的上榜则被认为是地方宣传部门的政绩。这一评价可从两方面进行解读，一是开明的地方宣传部门通过媒体展示主政者的治理路径，值得肯定，二是希望宣传部门从传统的新闻过滤系统中解放出来，不要过度放大“好事”，刻意淡化“坏事”。新闻只有客观与非客观之分，没有正负面之别。主政者的回应，直面问题，道歉或改进，都值得公众记取。若都以缄默应对舆论，或许就没有了“最受关注地方领导”的榜单。

作为媒体人，在市委书记黄业斌第七次入选“最受关注地方领导”的时刻，我们呼吁惠州的舆论环境更加开放和进步。（诗茗，本文原刊于2013年1月14日南方都市报《惠州读本》）

4.6 惠民之州：一座金牌之城和荣誉之城

获得时间	荣誉名称	颁发单位
2000年	全国造林绿化十佳城市	全国绿化委员会
2001年	中国优秀旅游城市	国家旅游局
2001年	国家卫生城市	全国爱国卫生运动委员会
2002年	国家环境保护模范城市	国家环境保护总局
2003年	开放竞争力全国第二	中国社会科学院
2003年	全国首届城市绿色照明示范工程	国家建设部
2003年	国家园林城市	国家建设部
2006年	政府效率全国第一	世界银行《中国120个城市投资环境报告》中评出
2006年	全国最具竞争力的50个城市中排名第17位，开放竞争力排名第9位	中国社会科学院
2007年	文体竞争力内地第一	中国社会科学院
2007年	首届中国优秀创新型城市	中国城市发展研究会
2007年	中国十大政府创新典型城市	首届中国生态小康论坛
2008年	“全党深入学习实践科学发展观活动”全国23个试点单位之一	中央党建工作领导小组
2009年	中国金融生态城市	中国金融生态城市评价委员会

（续上表）

获得时间	荣誉名称	颁发单位
2009年	全国社会治安综合治理优秀市	中央社会治安综合治理委员会
2009年 2011年	全国文明城市	中央文明委
2003年 2010年	中国人居环境范例奖	国家建设部
2003年 2007年 2009年 2011年	全国科技工作先进市	国家科技部
2009年 2011-2012年	广东网络问政年度城市	中国网络问政研讨会
2011年	中国互联网与社会管理创新城市	首届华人网络论坛百名专家评审团
2011年	人民满意城市	国家民政部社会工作研究中心、新华社经济参考报社、北京大学中国持续发展研究中心、清华大学区域与城市发展研究中心和中国环境科学学会等单位评出
2010年 2011年 2012年	中国最具幸福感城市	中国城市竞争力研究会、世界城市合作组织中国城市委员会
2012年	中国十佳宜居城市第4名	中国城市竞争力研究会、世界城市合作组织中国城市委员会
2012年	中国最具特色文化竞争力十佳城市第1名	中国城市竞争力研究会、世界城市合作组织中国城市委员会
2000年 2004年 2008年 2012年	全国双拥模范城	全国双拥工作领导小组民政部、总政治部

（据惠州市人民政府门户网站）

思篇

- 问政智慧，在幸福惠州凝聚共识
- 专家论道：实践与理论共塑“样本”内涵
- 媒体认知：用新闻眼打量惠民之州网里网外
- 围观惠州：草根思维提供科学发展金点子

问政智慧，在幸福惠州凝聚共识

2012年9月23日，第三届中国网络问政研讨会，来自全国各地的8家主流网站，在惠州联合发布网络问政“6+2惠州共识”。8家网站都有一张叫做“网络问政”的名片，都为实现网络参政问政的制度化而不懈努力。“6+2”不只是代表网站，还代表网站背后无数的网民；“8+1”不只是网站和城市的交集，还是亿万网民智慧的凝聚。

“共识”的主要内容是：1．确保信息自由流动、有序流动、安全流动；2．党委政府是网络问政的重要推动力；3．人民群众的智慧是网络问政的源泉；4．新技术是网络问政的根基；5．网络问政的孕育，离不开公共媒体的自觉、自律，互联网在中国，不应只有经济属性，还要有公共价值、社会价值；6．网络问政塑造了新型健康的网络文化。

“共识”字数不多，却是全国网络问政经验的结晶，既有深刻的理论意义，又有现实的操作指引。“共识”在惠州发布不是偶然的，可谓恰逢其时恰逢其地。惠州近年来网络问政开风气之先，多有创新，成效斐然，成为独一无二的“惠州样本”。自然，惠州为“共识”提供了丰富素材。

“共识”将产生什么效应？凤凰卫视时事评论员邱震海认为，以网民为载体的新公民阶层已经出现，各级政府必须正视。惠州几年来的网络问政经验，尤其是发布“共识”，意义重大。从领导干部的开明，到机制的建立和落地的惠州做法、惠州经验或者惠州模式，相当程度已经足以为各地借鉴。

寻找网络问政最大公约数

网络问政的概念可以从多个角度解读。从官员的角度，网络问政是新时期密切联系群众、了解民意、凝聚民智的创新手段，是具有国际视野和政治远见的中国官员，基于对转型期中国国情的深刻洞察，主动顺应时代的变革之举。

5年前，当广东高层领导拉开网络问政的序幕，一些地方官员开始试水触网。越来越多的人意识到，网络问政需要的，不一定是亲民的姿态，而是关乎自身利益或公共利益的实际解决。构建制度，方能实现网络问政的常态化，从虚拟走向现实。在思想上和行动上，惠州市委书记黄业斌都走在了前列。

第三届中国网络问政研讨会，将主题设定为“网络参政问政制度化”，无疑切中要害。最重要的是，在众声喧哗与识见分歧中，寻找网络问政的最大公约数，最终经过充分研讨，得以凝聚智慧，达成6点共识。

回到研讨会的会场，“200万粉丝是否有助于升官？”邱震海“逼问”粉丝大户“@医生哥波子”，“@医生哥波子”是广东省卫生厅副厅长廖新波的微博名，他回应说，“如果你是个官员，把网络问政当成政治资本，你就错了。开微博只是得到更多质疑。”官员实名开微博，即便在网络问政大省的广东也不多见，厅级干部中还有一位，即为黄业斌。

网络问政联系两头。一方面，“党委政府是网络问政的重要推动力”，从这个角度来说，官员开微博受到关注并不奇怪。对比“廖新波现象”和“惠州现象”，人民网原总裁何加正认为：“把个人的行为变成集体的、组织的，甚至是政府的行为，对网络问政的正常健康发展非常有好处，在这个方面，惠州的做法更值得推广，对未来网络发挥作用有示范作用。”

另一方面，“人民群众的智慧是网络问政的源泉”。黄业斌在个人微博里多次强调、肯定民间智慧的重要作用，他认为“网友建议越给力，幸福惠州越持久”，并感谢参与网络问政的网民朋友，因为他们给力建言让党政决策越来越透明。

“围观改变中国”实质是网民渴望参与公共社会建设的强大意愿，是网络问政参政的群众基础。一边是官员的迟疑和压力，一边是网民的渴望与意愿，如何弥合，实现网络问政的制度化诉求？

人民日报发表文章认为，党政机构需要更好地公开信息，倾听民意，体察民情，汇集民智。群众则要向有关方面问政策、问政事，甚至问责任，以便更好地建言献策，参政议政。

可喜的是，当一些城市还在犹豫是否“触网”时，惠州已经顶层设计与基础夯实齐头并进，打造了多个网络问政的品牌；当有些城市刚刚抛下对网络的畏惧，尝试问计于网，惠州已经推动网络问政进入常态化和制度化，在丰富实践的基础上，构筑了网络问政的理论体系。将网络问政打造为“惠民工程”、“幸福工程”，靠的不仅仅是远大的政治眼光，更是一种行政为民、与时俱进的理念。

作为网络问政样本的惠州

惠州网络问政的创新实践，被中央媒体誉为“网络问政惠州样本”，从网上信息摘报到书记实名微博，从在线交流到全方位体系建设，惠州不断探索和实践网络问政的新模式。民共建、民共富、民共享、民共乐、民共治的理念雕刻了惠州样本，这座城市在推动社会治理体制改革的魄力和智慧，也被广为借鉴。

近五年来，黄业斌和他治下的惠州，成功地从实施网络问政的诸城中突围而出，成为倍受推崇的“老典型”。黄业斌在介绍惠州的探索与经验时说，网络问政织成一个民意表达的大网，让人民群众能够想说就说，从“两会”到大政方针，到家长里短，都让网友参与和监督。

南方民间智库专家委员会副主席、广州市社科院高级研究员彭澎认为，网络问政搞得好，可以减少上访和信访。上访的人有很大的成本，政府也有维护稳定的经费。如果通过网络问政减少上访和信访，可以降低经费，因此是发展的方向。有关数据显示，2008年以来，惠州群众到各级部门的上访量正逐步减少。

中山大学政务学院副院长肖滨长期从事政务研究，在他看来，惠州的网络问政是惠州政务环境发展的加分项目，很好地体现了黄业斌本人开明务实的施政风格，以及善于接受新生事物的个人魅力。惠州网络问政走在全省乃至全国前列，北京师范大学教授施雪华也有着直观的观察，“党委政府负责人实实在在做事，各部门实实在在抓，而且形成制度。”

黄业斌在惠州的开创性举动实则是以身作则，目的很明确，就是构建制度化的网络问政模式。近年来，惠州全市范围内的党政领导、部门负责人纷纷“触网”。《惠民在线信息摘报》、《南方微博信息摘报》和《互联网信息快报》成为惠州网络问政的亮点，是网友点击率最高的官方文件，从中可以看到市委书记黄业斌、市长陈奕威以及众多市领导、部门、县区负责人的亲笔批示。

黄业斌认为，网络问政光有口号、许诺是远远不够的，关键是落实，要让网络问政转化成为广大党员干部的习惯思维、习惯方式，网络问政必须治庸治懒、问效问责，通过发挥制度的刚性作用，把倒逼压力转为工作动力，以实际成效保障网络问政的深入持久开展。

“惠州模式能不能坚持下去，最重要的是它有没有实实在在的效果。”何加正认为，如果没有效果肯定很难坚持下去，如果有实际的效果，大家一定是很有信心的。“我个人认为，惠州网络问政一定会有更好的发展。”

制度化须紧扣“深”与“常”

2012年5月，广东省第十一次党代会报告中两处提及网络问政，一处是“健全决策咨询制度，积极开展网络问政”，一处是“推进网络参政问政制度化”。“参政”与“问政”，一字之差，意味着在力度、深度、广度上都有拓展。

邱震海评价惠州的做法是对网络问政的深化，“它不会因为某一个领导未来的更替产生所谓的人走政息”。回望惠州网络问政路径及成效，也是始终紧扣着两个字：“深”与“常”。

在第三届网络问政研讨会上，“惠州网络问政16条”公布试行，其中，经过长期实践和探索形成的网络问政“三不两真”原则，即“不回避、不忽悠、不作秀”和“真问互信，真听实干”正式写入。此外，如从网民中探索产生“两代表一委员”、设网友“金点子奖”等新的制度化探索，业已开始进行。

“惠州网络问政16条”并不是单纯的创新，而是对过往网络问政工作的进一步深化，如明确惠州建立重大决策征求网民意见常态制度，将网民意见建议纳入决策参考，提高决策的科学性；规定网络问政信件最快5天办结，网民可亮“红黄绿”灯评议政府，亮红黄灯总数较多的单位，负责人要被诫勉谈话等，在之前的相关文件中均可以找到相关表述。可以看出，惠州的举措已经把省党代会精神“落地”。

“深”，是相对表象而言的。在被视为“网络问政元年”的2008年，新春伊始，省委书记、省长向网友发出网络拜年信，邀请网友“灌水拍砖”，点燃问政热情。此后，广东网络问政创举迭出，逐步深入。省委办公厅连续七次举行网友集中反映问题交办会、设立“南粤智多星”金点子奖……即便如此，省委办公厅副主任黄卓仍然表示，面临信息爆炸的时代，广东网络问政工作任重道远。

但不可回避的是，在涉及政府部门权威、利益或形象等问题上，网络问政仍然难免碰壁。对此，暨南大学舆情研究中心副主任麦尚文认为，政府部门在面对执拗甚至“凶猛”的追问时，应将由之前流于形式化的通过网络发言平台的“问答”，转向“深问”模式。

“常”，则指向网络问政的常态化。“能不能做到把一个廖新波，变成无数个廖新波呢？”廖新波本人表现出了悲观，他说，“与其制度化，不如规范化，以理解、宽容的态度，让更多的官员个性发挥，而不是指责在为谁说话。”北京大学新闻与传播学院副教授胡泳也坦言，当机制无法改变官场规矩时，廖新波就永远是其中的“另类”。

当下，互联网作为个人、民间组织之外的第三种社会力量，正改变着传统的“大政府小社会”格局，尤其是日益发展的微博，成为政府转型的最大社会推手。网络是虚拟的，生活是现实的，官民要通过网络问政实现共同治理。胡泳认为，政府应该更加积极主动地担负起改良网络问政的责任。

“网络问政要从线上走到线下，由于现实中制度是有欠缺的，导致很多问题集中到互联网上，这是很危险的。网络问政不能是姿态性的，不能成为走秀台，要使官员通过网络问政导向为一种责任政治，即问责政治。”胡泳说。

而问责政治将倒逼官员面对网络具备“四态”——心态（开放开明）、姿态（亲民为民）、状态（求实求新）、常态（贯彻贯穿），提升执政能力，消弭官民壁垒。同时，也要求网民更加具有理性建设性。

以此观之，“共识”是总结，是宣言，更是号令。“共识”的惠州元素足够浓重，期待更多元的思考，绘就更大范围网络问政地图的五彩斑斓。

（吴润凯　邹高翔）

五　专家论道：实践与理论共塑“样本”内涵

作为一项新生事物，网络问政用实践来丰富，也需要理论指导，必须置于社会主义民主政治发展、执政能力建设、社会管理创新、网络技术和网络舆情生态等大背景下，才能把握好方向、维度、边际。

惠州网络问政躬逢盛世，国家政治昌明，广东思想解放。“充满活力、和谐有序、建设性的网络问政平台”的蓝图拟就。某种意义上，惠州网络问政，是近年来广东网络问政众星拱出来的一轮明月。

众多顶尖专家学者，都肯定惠州的探索和成效，在紧要处点拨。新加坡国立大学东亚研究所所长郑永年，人民网原总裁何加正，中国马克思主义研究基金会副理事长、中共中央党校原教育长郝时晋等，提供诸多真知灼见。

“网络问政开辟新的政治文明”、“网络问政改变执政的基本理念”、“惠州为幸福广东建设提供一种模板”……振聋发聩之语，为惠州网络问政前行提供充足的理论依据和精神动力。理论并非灰色，问政之树常青。

有高度地贴近网络民意

□ 杨兴锋

互联网时代，网络凭借即时性、交互性和广容性等独特的传播优势，打破了传统媒体一统舆论的局面，日益发展成为民意表达的重要平台。网民社会成为一种新的现实的社会生态，网络声音成为现代社会不容忽视的社情民意和重要舆论成员。2008年汪洋书记甫到广东，就以敏锐的政治眼光提出，要“构建充满活力、和谐有序、建设性的网络民主平台”。南方报业传媒集团旗下的南方都市报和奥一网首创的网络问政平台，正是这一理念的生动实践。

广东作为中国第一网民大省，已有网民5000万，网络声音纷繁芜杂。但网络不是洪水猛兽，网民是可以交流沟通的，网络民意是放大了的民意窗口。如何在网络时代重新梳理为政思路，如何正确面对网民的参与热情，引领网民理性参政议政？网络问政，就是要为政府和公众搭建互动平台，借助网络这种便捷的沟通工具推动政府决策与民意的双向反馈更及时、更直接。“问”是双向的，既可以是网民问政，也可以是向网民问政。网络问政借助高科技手段突破了传统互动平台的时空、时效等方面局限，实现了更广泛的人群与党和政府间的双向互动、即时沟通，使党和政府的决策更好地来自人民、代表人民、为了人民。

自2006年以来，南方都市报·奥一网在全国率先提出并实践“网络公民”理念，搭建了以“有话问……”为雏形的“网络问政平台”。2007年12月25日，汪洋书记提出，广东要“以新一轮思想大解放推动新一轮大发展”。次日，奥一网联合南方都市报推出大型互动专题“我为广东发展建言献策·捎给汪洋书记的话”，引发网民热议，日均发帖数500条以上，其中有代表性的10篇优秀网文在南方都市报刊登，随后结集出版，取名《岭南十拍》，反响巨大，得到汪洋书记高度肯定。从“岭南十拍”、“书记省长与网友见面会”、“民间拍案”、广东网民论坛到“惠州拍砖”、“网评机关作风”、“华哥信箱”、“佛山突围”、“东莞风暴”等，网络问政风潮从广东刮起并辐射全国。

网络问政从发端到潮动，与时俱进地开创了反映网络舆情、引导网络舆论的新方式、新平台。一方面，它极受网民关注，吸引了大批网民参与。截至2009年底，奥一网络问政平台收到网民来帖合计22.8万条。在推出珠三角规划纲要“民间拍案”互动平台时，一个多月里就有320多万人次点击，相关专题、论坛和博客等涌现了3000多篇高质量网文。另一方面，它也极受党政部门重视，在广东省主要领导重视网络民意示范引导下，各级地方政府部门纷纷倾听网声、重视网意、采纳网言，各地领导干部走到网络前台加强与网民的交流。2009年广东诞生全国第一个党政部门网络发言人，省直机关、地级市委等先后在奥一网上以“网络发言人”名义回应网民提问。

我们为什么要推出网络问政平台？为什么是南方报业传媒集团首先推出网络问政平台，并让这个平台在南方这片土地生根、发芽、茁壮成长？追根溯源，这是省委机关报集团的责任与使命使然，也与我们的理念、氛围、土壤直接相关。倾听民声、反映民意、贴近民生，搭建党和政府与人民群众沟通的桥梁，历来是我们作为省委机关报集团坚持的优良传统。网络问政就是我们在当今搭建的新的桥梁和平台。作为省委机关报的《南方日报》，2002年全新改版时提出新的办报理念“高度决定影响力”，并在此后数次改版中实践“有高度地贴近”，使新闻报道既追求高度与深度，又贴近百姓民生。这一办报理念也深深地渗透进了集团众多子报子刊子网，成为国内新闻界独树一帜的“南方精神”，引导它们在新闻品质、市场培育、受众选择、全媒体探索等各条战线融合创新。南方报业所追求的“创新”、“包容”、“担当”、“卓越”的企业文化精神，则为创新种子的开花发芽提供了丰厚土壤。而南方报系长期积累起来的品牌影响力，衍生成为网上的品牌号召力，使我们的网络问政平台吸引了众多网民点击进入。

“高度决定影响力”，就是在新闻信息的选择、处理上，有自己的高度和深度，有自己的独特见解，发出自己的权威声音，缔造媒体公信力和影响力。但“高度决定影响力”并不是板起面孔、居高临下地进行说教式宣传。“高度”必须与广大读者受众的需要与意愿相结合，必须“贴近”读者受众，用他们能够接受的方式贴近他们的所思、所想。我们抓住读者关心的热点难点问题，通过对重大社会现象的理性阐释，对新出台法规政策的权威解读，对社会和经济现象的专业化描述，提高信息加工的档次，用独立的见解、独到的思考、独特的视角观察社会，引导社会潮流；我们不断创新传播方式，注意用新闻手法包装宣传题材，突破以往习惯于单向灌输式的宣传报道，更多地吸引读者参与互动，增强传播的感染力和有效性。

网络问政正是对网络民意的“有高度的贴近”，是互联网时代坚持“高度”与“贴近”相结合的舆论平台，让“高度”贴近民意，让民意走向“高度”。我们因时、因地制宜，策划并大力推动一系列促进网民与政府沟通的互动活动，使网民们畅所欲言，发表意见，让党政部门听到真话，明察实情；党政部门积极吸纳网民意见，推进决策的民主与科学，并为群众解决实际问题；官员问策于民，民众求答于官，官员也利用这个平台阐释施政纲领和政治理念。网络问政引发民间智慧喷涌勃发，其建设性、互动性受到了广大网友与政府部门的高度评价，并培育出了一大批独立思考、敢于发声又不缺乏理性精神的"网络意见领袖"，成为网络社会的舆论引领力量。随着2010年网络问政平台走向成熟，网民的各种声音渐趋理性。这种上下呼应、左右竞合、线上线下浑然一体的网络问政长效机制，对构建"有建设性的网络社会"，形成舆论引导新格局的“广东样本”，意义重大。新华社为此专门发表评论文章《解读网络问政的“广东经验”》。

网络问政所倡导的平等对话和理性建言精神，推动了网络时代民主新风和政治新风的形成、发展，广东网络民主政治新生态渐成气候，并以前所未有的力量及方式深刻地影响着中国社会。网络问政所传达出的诸多信息，比如，什么样的政策更受老百姓的拥戴？政府的公信力和美誉度靠什么？民意怎样对待可以引流入渠？如何用网络数据评判公共政策优劣？等等，在启发、触动人们的神经的同时，调整着人们的思维方式和行为方式。

南方报业传媒集团作为网络问政的率先推动者和参与者，也获益良多。一个媒体要成为优秀的媒体，必须胸怀崇高的历史使命感和强烈的社会责任感。党的新闻媒体必须是群众意见的传播平台，只有群众接受了认可了，才能真正成为精神世界的中流砥柱。我们一直在努力，以“高度决定影响力”规范、督促自身，以贴近民声民意的姿势，努力做一个合格的媒体公民，推动社会的进步和百姓的进步。不走流俗之路，坚持高端取向；不为陈规所困，坚持改革创新；让散落民间的珍珠不至于隐没尘土，让网民智慧成为党政部门制定政策的不尽源泉，让公共政策与民间声音更好地良性互动——这是我对网络问政今后发展的期望。

（作者为南方报业传媒集团管委会主任、南方日报社社长、南方民间智库专家委员会主席）

网络问政书写“惠州传奇”

□ 张东明

网络问政创造书写了“惠州传奇”。在书记、市长带领下，惠州市全方位开展网络问政，建立完善的平台，创造性地推动社会管理走向善治，造就网络问政的“惠州样本”。

在惠州网络问政就是一种新的、有效的施政方式。惠州创造性的提出并大力践行“文明城市全民共建、经济进步促民共富、发展成果由民共享、文化建设使民共乐、和谐社会靠民共治”的新理念将惠州各方面的事业建设推上了一个新台阶。

五年来，南方报业秉承“有高度地贴近网络民意”的理念，以南方日报、南方都市报、奥一网等单位为试点，充分进行了网络问政模式的有益探索，初步搭建了一个“充满活力、和谐有序、建设性的网络问政平台”。

这是在全省范围里为民意畅通搭建平台的创新，对于助力“加快转型升级，建设幸福广东”，对塑造新时期“厚于德、诚于信、敏于行”的广东精神，将发挥着独特的作用。这些成绩的取得，离不开省委、省政府高度重视和大力推动，也离不开各部门各地市领导的开拓创新，这都为我们提供了很多鲜活的事例、生动的教材。

南方报业将继续立足自身实际，发扬创新精神，坚持一手抓传统媒体发展、一手抓新兴媒体建设，以效聚合平面媒体核心竞争力与新媒体传播优势的方式，迈向全媒体转型之路。

（作者为南方报业传媒集团总编辑、南方日报社总编辑，本文根据2012年9月23日第三届中国网络问政研讨会上的发言摘选）

网络与中国政治的关系

□ 郑永年

我就网络时代的政治参与谈一些我的看法，谈谈网络与中国政治的关系。

网络已经成为讨论中国政治和社会的渠道，网络参政、网络问政、网络智慧管理，这些概念在中国发展还很不平衡。广东是改革开放的先行者，网络参政问政和社会管理方面也是。网络参与如何推动政治变革，以什么样的方式讨论政治改革和变革，我认为政治的变革不可避免，而且在实实在在的发生，社会经济发生变化，政治也一定要跟着变化。

我觉得中国经济路径可以用三个相关概念来表述，开放、竞争和参与。开放是竞争和参与的结局，这三个方面从学术上说是三个相关的概念。开放指的是一个国家向其他国家开放，这是改革开放中所做的开放，是政治的过程，是向不同社会群众开放，向不同精英群体开放，向不同社会利益开放，在这个前提下，开放又可以引导出另外两个过程——竞争和参与。

竞争是竞争人才、思想、政策等等，竞争就是有优胜劣汰，参与政治人才的选拔和选举，思想和政治的形成和实践。竞争是参与的前提和条件，没有竞争很难有民意参与。

今天主要讨论的是作为一种技术手段的网络，在所有这三个方面能起到什么作用。一是网络和政治开放间的关系，很显然网络创造了一个开放的政治背景，就是政治互联网平台，我写了一本书叫《技术赋权：中国的互联网、国家与社会》，其中有一个观点，我认为互联网是中国国家和社会、政府官员和人民之间“相互转型”的一个开放的有效平台。这是我通过互联网社会观察到的现象。

当时提出这个观念主要是为了回应西方社会流行的两个观点。在西方，有关互联网的作用有两个截然相反的观点，一个观点认为互联网是政府行使权力的工具，另一种观点认为互联网是民主化的工具，有学者更是简单的把互联网化和民主化等同起来。但我认为这两个观点都不成立，我把互联网称之为“政治自由化”的工具，指互联网使政治变革变成可能。

到今天，我仍坚持这一观点。在世界各国，互联网在政治变革中扮演着越来越重要的作用。互联网可以促进一个国家的民主化，尤其是民主政治体系的建立。互联网之所以能够造就政治的开放性，一方面是因为互联网本身的技术特征，另一方面是因为应用这种技术的群体。互联网的技术特征是其分散化、分权化及其相关的开放性。较之传统上所有媒体工具，互联网是最分散和分权化的。当互联网应用于其他现代通讯技术，例如手机、iPad等，这些特征表现得更为明显。互联网的开放性促成了使用这种技术的群体的开放性，是一种完全扁平化的开放。

在中国政治生活中，互联网作为一种技术，更是被用来打破政府与人民之间的界限。官员为自己修筑了一座座“城堡”，把自己关在这些“城堡”内，社会成员被隔离在“城堡”之外。当然，这里的“城堡”是一个比喻。不可否认，今天我们的政府和社会群体之间、官员和人民之间存在着一堵又一堵的“城墙”，无论是有形的还是无形的。互联网在这里扮演了一个至为重要的角色，它成为了打破城墙的最有效的工具。互联网提供给官员一个工具来和社会群众作互动，在这方面，广东远远走在全国其他地方的前面。互联网促进政治的开放性，这个作用更是表现在竞争和参与两个层面。

我们说政治竞争的时候，往往指政治人物间的竞争，就是通过竞争选拔或者选举出管理国家社会经济事务方方面面的人才。竞争出人才，竞争就是要把不同社会群体的人才选拔出来。这里很明显，开放是竞争的前提条件。如果政治过程不向社会开放，人才很难参与到政治沟通中，更谈不上竞争了。

无论选举还是选拔，互联网可以扮演一个非常积极的作用。就选拔来说，互联网可以增加精英和社会的互动过程，互联网的开放性至少可以避免小圈子暗箱操作的弊端。所有的问题都是政治缺少阳光造成的，而阳光政治是互联网政治可以做到的。选举不是选举那些候选人，是选举候选人所代表的一种思想，事是要人来做的，而且这些事情是我们要求他们做的。我们如何让每一个候选人知道我们的想法？在现代的民主选举当中，很多选举是单方面的，互联网可以改变这种局面，将单向的沟通转变为双向的沟通，也就是我们可以把我们的想法告诉候选人，这种双向的沟通有利于比较民主，从而提高选举民主的品质。

在开放和竞争的条件下，参与也是很自然的过程，既可以对人才的选拔和选举，也可以对政策的落实和参与。今天我们在这里举行论坛也是一种网络传媒方式，互联网改变了社会政治的参与形式和性质，面临社会产生的新要求，同时面临升级的挑战，不过互联网的挑战更为严峻，现在的阶段已经处在一种非常紧张的阶段。

在这种情况下，互联网以后的重要会越来越大。在政治上，互联网正在发挥着巨大的影响力。但就网络政治参与和社会管理来说，我们仍然面临着巨大挑战。我们既要看到互联网的优势，也不能回避互联网所带来的弊端。前面所讨论到的互联网的开放性和扁平性在释放出人性光辉的一面的同时，也给人类暴露出其不那么光辉的甚至阴暗的一面提供了条件。就政治参与和社会管理来说，有两个现象尤其值得重视。

互联网泛滥的名人崇拜、权力崇拜、经济崇拜，互联网同时体现着最劣根性的特征，对于中国一部分知识分子来说，这些人往往通过互联网把自己的劣根性表现得淋漓尽致。从数量上来看，互联网的不理性表达要远远超过理性表达，尽管我们不喜欢非理性行为，但是不得不接受，人性有光辉的一面，拒绝阴暗的一面。不过，如何平衡非理性和理性是个关键。在减少和控制非理性方面，研究者们在研究两条途径，一是形成网络群体自律，二是建立政府对网络进行监管。在中国，直到现在为止，我们既没有看到网络的自律行为，政府方面也没有发展出对网络的有效监管。

对政府来说，互联网从积极面说可以提高政府的运作效率，但是从负面来说，互联网也有可能导致权力的瘫痪，如果互联网成为组织权力的工具，那么会发生什么呢？互联网的本质是开放、分散、分权和扁平化。互联网会使得权力更有效，还是使得权力虚无化，从发展机制来说可能是后者，通过互联网社会可以主导权力的形成，各个社会群众都可以对政治权力施加影响。就是说，在大多数情况下社会是分化的，分化的社会通过互联网导致分化的权力体系，和分化的政治，在这种情况下，从长远来看，或许会发展出一种全新的社会形态，一个互联网住在人类的社会。

互联网将会对政治产生怎样的影响，需要我们长期观察和深入研究，无论从政治参与和社会管理，如何充分释放互联网有助于互联网秩序的建设功能，减少互联网弱化社会秩序的功能，这是目前所有的政府都面临的巨大挑战。

（作者为新加坡国立大学东亚研究所所长，本文根据2012年9月23日第三届中国网络问政研讨会上的发言整理）

网络参政问政时代的媒体担当

□黄常开

2012年5月，广东第十一次党代会报告中两处提及网络问政，一处是“健全决策咨询制度，积极开展网络问政”，一处是“推进网络参政问政制度化”。

这两处表述含义极其丰富，首先，明确将“网络问政”正式纳入到党和政府决策咨询制度之内，并成为其重要组成部分；其次，全国首个提出“网络参政”的核心理念，并致力从体制上赋予更大的空间。

从“问政”走向“参政”，这一字之变毋庸置疑是一个推动社会发展的重要进步，标志着广大人民通过网络参与重大政治活动和公共事务时期的来临。这不仅是力度、深度、广度、维度上各个方面的发展，更是量变到质变的重要创新。这一举措，完全正确践行了在新时期传承发展“立党为公，执政为民”思想，反复证明了只要善于紧密联系群众，善为人民服务，改革开放进入深水区决不可怕的硬道理。

近年来，南方都市报奥一网全力推动网络参政问政制度化，履行一以贯之的社会责任。期间，承办或主办了第二届网络问政研讨会、首届华人网络论坛、九场“幸福广东工人农民论坛”及多场南方民间智库围观会。2011年11月，奥一网新版网络问政平台升级上线，定位为“民意畅通大平台”。2012年1月，南方民间智库正式成立，这是广东乃至全国首个以“民间智库”名义注册的社会团体。

南都对网络问政已经由早期的报网互动，进入全方位参与、全介质报道、全媒体传播的新阶段，以打造一个全集团网络问政参政平台为新起点，来贯彻落实省党代会精神，迎接十八大的胜利召开。

（作者为南方报业传媒集团副总编辑、南方都市报总编辑、南方民间智库专家委员会副主席，根据《网络问政》修订再版序言摘选）

惠州为幸福广东建设提供一种模板

□ 郝时晋

惠州在网络问政创新和社会管理方面提前迈出了自己坚实的脚步，脚踏实地地走出了一条为民、爱民、惠民的道路。提高人民生活水平的同时，提高政府执政水平，通过网络问政让人民参政，真正让人民享受“政通人和”之智慧。

民意已经成为一种不可忽视的强大力量，事实上已经在影响政府的决策。令人欣喜的是在这样一场新兴的攻坚战中，政府没有缺席，反而迎难而上，以主动的姿态积极地参与其中，这是其一。

第二，目前网络新闻发言人召开网民见面会，开通微博，搭建形式多样的网络问政平台，倾听民意，汇聚民智。在市领导的推动下，惠州网络问政起步早、见效快、反响好，这也是“敢为天下先”的一种胆识和敢担当的体现。让民意落地生根，是执政为民的体现，也是惠州为幸福广东建设提供的一种模板。

网络问政不能完全等同于政府行政的网上延伸，现实问题可以在网上反映，但问题的最终解决还得回到现实的行政程序当中。

第三，网络问政有了长足的进步，但是发展还不是很平稳，有些地方还担心网络民意。希望今后的工作中，在信息化和网络化过程中及早加以研究和解决。

抓住网络问政的契机，讨论传统媒体下的应变方式，为树立良好的政治形象，增进社会对政府的认同感和信任感，提高政府合法化程度，公众对政府的满意度，促进沟通型政府的建设和民主社会的实现等都具有十分重要的意义。

（作者为中国马克思主义研究基金会副理事长、中共中央党校原教育长，本文根据2012年9月23日第三届中国网络问政研讨会上的发言摘选）

网络问政改变执政的基本理念

□ 何加正

第一，媒体的责任和担当问题。网络问政是互联网时代规律发展的必然结果，是做媒体人的责任和担当。为什么有网络问政“6+2惠州共识”？差别在于我们责任担当精神和创新精神，关于政府的真诚、努力的问题，惠州让我感到印象很深刻。我们对惠州网络问政有一些肤浅的了解，在这方面政府是努力的，是真诚的。“不回避、不忽悠、不作秀”，问责机制、考评机制等等，都向我们证明了网络问政在惠州是实实在在的，是有效果的。

第二，惠州模式能不能坚持下去，最重要的是它有没有实实在在的效果，如果没有效果肯定很难坚持下去，如果有实际的效果大家一定是很有信心的。我个人认为，惠州网络问政一定会有更好的发展。

第三，网络问政的目的是什么？我曾经提出过一个口号叫“变上访为上网”，当时提得比较早，今天看来还是一个初始的阶段。网络问政其实是推动我国政治民主化，政治体制创新的起始和初级阶段，我们认为这个阶段非常重要。如果把这件事情做好了，国家实体经济体制改革后，对国家的政治体制和国家的长治久安有重要作用。我们不能仅仅的把网络问政当作沟通的桥梁，未来会有更深的发展，要改变我们执政的基本理念。

第四，网络问政的重要性和必要性。有人认为网络问政是一种形式的东西，很多地方政府的网络问政是流于形式的，并没有真正开展起来，网络问政到底有没有它的必要性？它是政务公开成本最少的一种方式，风险最低的政治体制改革的尝试，为什么不做？从老百姓的角度，也是我们参与政治互动的演习，可以培养公民意识。网络问政是一件很有意义的事，重要性和必要性是存在的。

第五，网络问政的重要意义。我们国家的干部体制是一种城堡，干部在城堡里，老百姓在城堡之外，网络问政的重要意义是把控城墙的工具，网络问政是政治体制改革的尝试。从中国政治体制转型的变革来看，它的意义非常重大。

第六，网络问政的发展和努力方向的问题。一是从民意政治向民主政治过渡，这是值得我们重视和参考的问题；二是开放、竞争、参与相互作用，这也是非常重要的观点，也是下一步在做网络问政时值得我们认真思考的；三是关于制度化和法制化、长期化的问题这也是需要我们进一步研究的。

关于推动惠州的经验，我认为下一步惠州能不能长期这样下去，可能和媒体是紧密相关的。对媒体人来说，我们有没有大力支持他们，认真总结他们的经验，积极地推广他们，对他们未来的发展也是至关重要的。

第七，网络问政的健康发展和所存在的问题。正面的意义绝对大于负面的意义，但是我们也要看到网上一些负面的东西，比如可操纵性的一些问题需要我们认真对待。同时对于网上过分地域化的情绪表达，我还比较担忧，如果一个社会的地域化情绪过强，不利于政治的健康发展。

（作者为人民网原总裁，本文根据2012年9月23日第三届中国网络问政研讨会上的发言摘选）

对话：网络问政惠州模式值得推广

邱震海：现在，官员如何进行网络问政？如何跟民意进行互动化，其实有两种模式，一种是像廖新波这样的，主要是一个博主而主要不是一个官员，另外一个就像是惠州市委书记黄业斌这样的，他以实名的方式直接和网民进行对话，这两种模式哪一个比较好，哪一个更值得未来向全国推广？

何加正：应该说两位都值得提倡和鼓励，对于我们官员和老百姓进行沟通，它能起到一个很好的带动作用，但是它还是有它的局限性，把个人的行为变成集体的，组织的，甚至是政府的行为，这样对网络问政的正常健康发展非常有好处，在这个方面，我认为惠州的做法更值得推广，他们的这种做法，对未来网络发挥作用有示范作用。（根据2012年11月7日凤凰卫视《震海听风录》节目摘选）

“网里来网里去”是新的群众路线

□ 许耀桐

中国已形成名副其实网民社会

中国现在的手机用户是8.89亿，到年底估计要突破9亿。大家要知道，有手机就能上网。现在中国网民大概是4.6亿，可以判断，中国已经形成一个名副其实的网民社会、网络社会。社会最大主体的就是网民，很多网民通过网络干什么？就是参与政治生活，所以，网民社会确切地说就是网民政治社会。

过去我们管理结构比较单一化，政府是主导，是一种单一的形式，从上到下，政府主导就是行政力量，管制的色彩比较浓。而现在互联网的介入，就不一样了，不再是单纯的管理，而是治理，治理就是在管理的中心上不是单一化，而是多元化，政府当然还是管理的中心，但不是唯一的中心，今后管理的还可以是第三部门、中介组织、社会组织，管理的主体应该是多样化。

网络问政有助政府避免决策盲点

网络问政的作用是非常广泛的，有时政府忽略的、不在意的地方往往就隐藏着很多问题，那么就可能通过我们的网络把意见提出来，这就避免了政府在很多决策上的盲点，也可以给城市治理和发展提出各种建议和意见。

网络对城市治理起到了多正面作用，比如有网民提出在深莞惠三市交界处进行合作开发的建议，就被采纳了。如果在过去，我们可能不会获得这个很好的金点子。群众的智慧是无限的，通过网络，执政者可以很好地运用群众的智慧。

网民就是社会主义民主政治建设的一股新力量，而且越来越强大。所以，从这一点来看，惠州抓出了一个很大的亮点，几年前就开始搞网络问政，在地级市来说开了一个好头，领了一个风气。我非常欣赏、赞成惠州发展网络问政的举措。网络问政是一个潮流，而且惠州的网络问政已经实现制度化、常态化，初步显示出了它的效率、效能。现在通过网络可以收集到很多群众声音，可以供领导决策，这对政府工作是一种很大的推动。

网络世界是真实世界的延伸

现在很多领导到办公室第一件事就是上网，浏览一下当天发生了什么事，不仅是地方官员，中央官员也是这样做。

网络社会对领导者素质要求非常高，要求他们要有新的群众路线。过去群众路线是说田里来田里去，厂里来厂里去，这体现了你从群众中来到群众中去，现在也需要。但现在还有一种新的群众路线，就是从网里来到网里去。网络世界是真实世界的延伸，它虽然是虚拟的，但并不是虚无缥缈的，我认为这个虚拟世界确实能在一个界面上反映我们的真实世界。

权力运行公开才能得到监督

我们党也好、政府也好，权力公开透明是社会主义民主政治的必然要求，所以我们提权力公开非常重要。现在中央也下定决心，“三公”要公开，就是公车、公务接待、公费出国经费要公开。党委、政府是怎么工作的，除了是属于保密、机密范围的，其他党务、政务都要通过网络向党员和群众公开。

我们过去说，权力运行好就要监督，你不公开怎么监督啊？人家无从下手。你公开了，人家就知道哪些权力运行得好，哪些权力运行得不好，然后督促执政者、掌权者。

（作者为国家行政学院科研部主任、顺德大部制改革方案课题负责人，本文根据2011年4月30日《惠州日报》专访稿件摘选）

网上参政议政发挥民间智库重要作用

□黄 卓

随着网络技术的发展，互联网成为公民行使知情权、参与权、表达权和监督权的重要渠道。越来越多的网民在网上参政议政、建言献策，体现出了强烈的社会责任感、使命感，为加快转型升级、建设幸福广东，率先全面建成小康社会发挥了重要的民间智库的作用。

据统计，至2011年底，全国的网民数量已经达到5.13亿人次，广东有1亿人口，其中有6300多万网民，居国内首位，网络普及率高达60.4％。据奥一网网络问政平台统计，截至2012年8月底，该平台主帖总数达58万余条，其中“建言谋策类”占近36万条，比例高达61％。

广大网民踊跃建言的热情和行动，形成了推动网络参政问政的巨大动力；广大网民求真务实的睿智和理性，体现了网络参政问政所具备的良好基础。只有推动网络参政问政走上制度化轨道，建立起一套比较完整的网民留言办理反馈落实机制，才能使广大网民的“金点子”迸发出“网络智慧”的时代火花，成为推动经济社会发展的巨大热能和动能，转化为建设幸福广东的实招。

广东省第十一次党代会作出了“积极开展网络问政”、“推进网络参政问政制度化”的部署，明确了广东网络问政工作的方向。汪洋书记强调，网络问政工作重在坚持，贵在为民。要不断完善，提高水平，努力开拓网络问政制度化的新局面。

2012年5月起，每两个月有一名省委常委和副省长参与网上视频接访。5月24日，汪洋书记带头视频接访市、县、镇、村的信访群众，就群众关心的问题一一作出回复，解决了一批信访诉求。

省委、省政府大力推进网络参政问政制度化，采取了建立常态化的网络问政平台，每年召开两次网友集中反映问题交办会暨网上在线接访会制度、网友反映问题日常交办机制、网络发言人制度、制度性回复留言帖等举措，不断完善与网友的良性互动，推进决策科学化、民主化，取得了明显的成效。

经省长朱小丹同志批准，从2011年起，省政府门户网站“直播访谈”栏目推出系列化、制度化的网上访谈，定期安排省有关部门负责人到网站就关系人民群众切身利益的热点难点问题与网友进行互动交流。

2012年5月4日，首个全省政务微博平台——省人民政府新闻办官方微博“@广东发布”在腾讯网正式上线。目前“@广东发布”官方微博已拓展到国内其他主流微博网站。省政府应急办开通了官方微博，对应急管理工作实施网络问政。省委办公厅，省政府办公厅设立了“南粤智多星”金点子奖。2012年2月27日召开了首届颁奖会，为获奖26位网友颁发了“金点子奖”。省委办公厅已将获奖帖文转请各地和省有关部门研究、办理。

省委办公厅从2009年6月起，每年举办两次网友集中反映问题交办会，至今已举办了七次，共交办84个事项，为群众办实事450多件。

随着广东各地区各部门与网友良性互动机制的逐步建立和完善，各地及有关单位建立了常态化的网络参政问政相关工作机制。一是出台了相关文件。二是建立了信息处理和网民留言办理机制。三是建立了严格考核问责制度。这些措施充分利用网络为社会服务，为群众服务，解决了一大批社会热点难点问题。

惠州、深圳、韶关、云浮、汕尾、河源等市主要负责同志和省直有关部门纷纷站到了网络的前沿，定期与网友在线交流，现场解答网友提出的问题。如省公安厅于2010年5月，与全省各地级市公安局的微博以“广东公安微博群”正式亮相，及时发布信息，回应质疑，开创了公安微博问政“广东模式”，受到网友和媒体高度关注。省政府推动“南方网”引入公众评价机制，对珠三角各市实施《珠三角规划纲要》情况进行了评估考核。

以上仅仅是广东网络问政的一个缩影，它所展示的页面，呈现出这个平台与空间的光辉；它所体现的力量，必定有力地推动社会的发展与进步。

（作者为广东省委办公厅副主任，本文根据2012年9月23日第三届中国网络问政研讨会上的发言整理）

广东网络问政风生水起

□卢传智

对待网络问政，领导干部既不能恐惧，也不能作秀，而是要把其作为新时期密切党群干群血肉联系的新途径。

近几年来，广东给力网络问政，各种问政手段方兴未艾，局面喜人关键有四：

一是高层推动，营造氛围。以汪洋书记挂帅的省领导班子高度重视网络问政工作，把依托网络、善用网络加强和改进群众工作以及推动民主政治建设作为施政的重要手段，运筹帷幄，率先示范，亲自部署和推动我省网络问政工作。

二是载体先行，筑牢基础。各级党政部门以本单位门户网站或主流媒体网站为阵地，纷纷搭建起互动网络问政平台，倾听网声，重视网意，采纳网言，办理网事，构建了规范有序、便捷高效的通道。

三是制度保障，服务百姓。目前，广东多数地区和部门都逐步建立起网上信息处理机制、网友留言办理机制、网络发言人制度等行之有效的网络问政机制，推动了全省网络问政工作制度化、常态化、实效化。

四是网民参与，良性互动。无论是参与讨论社会热点问题，还是建言党政重大决策无不体现出广大网民的积极理性参与以及对广东发展、社会进步的关注，为全省网络问政工作良性有序开展提供了必不可少的条件。

网络问政工作要落到实处，最重要的是建立完善切实可行的机制。还应加强网络法制建设。只有在理性精神和制度健全的基础上，网络问政才能真正有利于政务公开和依法行政、科学行政，对党委政府及其工作人员的公务行为发挥监督作用；才能真正有利于汇聚民智，激发广大网民建设美丽家园的热情和激情，对建设幸福广东发挥更给力的推动作用。

（作者为广东省委办公厅网络信息资源处处长，本文根据2011年1月10日《南方都市报》2010年网络问政特刊摘选）

广东网络问政脉络缕析

□任天阳

近年来，岭南网络问政风起云涌，蔚为大观，引领中国，瞩目国际，形成网络问政广东范式。汪洋书记三年三见网友，四次交办网民提出问题，与网民直接在线互动，各地官员以信箱、微博、网络发言人等网络形式对接网民，以平等自由共享的网络精神问计于民，吸纳民间草根智慧，疏导社会情绪，迅速公开公共突发事件，让公民有序参与社会公共事务，保障公民的知情权、参与权、表达权、监督权。政府公众良性互动，改变了政治和社会生态，推动了广东民主政治，开启了一代清明政治之风。

广东网络问政是具有国际视野和政治远见的中国官员，基于对转型期中国国情的深刻洞察，主动顺应时代的变革之举；是广东解放思想改革开放精神的重要延续；是凝聚共识，汇集民智，集沙成塔，倒逼改革破局的重要驱动力。广东的网络问政实践于中国同样意义深远，其新鲜经验于30年前的率先改革开放一样具有深刻启示价值。

（一）网络问政的“广东范式”

奥一网和南方都市报是网络问政这个概念最早的提出者，并且以公共媒体的自觉对广东网络问政形成持续的推动。2008年2月，我们首次提出了网络问政，标志就是《岭南十拍》特刊，随后，中国第一本网络问政的专著《破局》问世。2010年6月25日，奥一网和南方都市报推出关于文化强省的网文专辑《文以载粤》。

从《岭南十拍》到《文以载粤》，作为网络问政的观察者、记录者、亲历者、参与者，对广东网络问政的特征至少可以梳理以下若干：

突破传统政治单向性和金字塔式政治结构，即自上而下，又自下而上，由点到面，从线上到线下，呈现网络民主的扁平化发展。传统行政命令政策决策和政令传输基本是自上而下，是单向性的传播，金字塔式的。网络问政颠覆了传统模式，让民主政治的发展呈现扁平化发展，效率更高，更加直接。

广东网络问政从开始就是有理论准备的，这奠定了网络问政起点高，路径选择和程序设计呈现渐进性。2008年第一次与网友见面，汪洋就有关于网络问政的论述——“构建充满活力、和谐有序、建设性的网络民主平台”，3年后再重读这篇讲话，的确是一篇网络问政的重要文献。同时，依据时局发展，有总体实施的程序构建，步骤清晰，2008年是思想，2009年是经济，2010年是文化。每一步都是按照设定好的程序来进行的，有具体的议题的切合，不是泛泛而谈，更非兴致所至。

网络问政是信息双向流动的过程。官员既问策于民，民众也求答于官。官员也利用这个平台阐释施政纲领和政治理念，汪洋三次会见网友对话，清晰展现一位杰出政治家的政治理念，以及磁于唯物辩证法的哲学素养，和独特语言风格、渊博学识。网络问政，是官民信息的平等双向交流交换。

广东网络问政初步形成制度。每周网民提出问题汇总制度；交办会制度；网络发言人制度等都已经付诸实施。

具有独立精神的媒体和网络承担搭建问政平台，组织意见领袖参与与政府互动。这是广东网络问政突出的特征，南方都市报和奥一网，以及其他的兄弟网站，在汪洋三次会见网友重大的活动当中都承担了组织者的作用。

网络问政是广东解放思想的映射，网络和网民又成为倒逼广东解放思想的重要推动力。汪洋主政广东，一开始就提出了要解放思想，广东要继续解放思想，要继续改革开放，这样才能确定广东在下一个三十年有巨大的提升空间。最近三年来诸多重大公共事件表明，解放思想，推动广东乃至中国改革的重要力量是网民和互联网，所以网络时代在倒逼广东和中国解放思想改革开放。

（二）网络问政的表现类型

三年以来，广东网络问政手段和方式与互联网技术同步，不断丰富，技术的进步与政治的进步互为补充，互为推动。技术文明与政治文明相得益彰。概括大致分为14个类型。

1．就重大政治经济、文化等问题，与知名网友以座谈会的形式互动的交流。汪洋书记三次都是以这种形式进行交流，每次交流确定一个大的主题。如2008年关于解放思想；2009年关于珠三角规划纲要；2010年关于文化强省。每一次会见网友，都是宾主平等，淋漓尽致，妙语叠出，机锋甚健。

2．与网民在线交流。汪洋2011年首次与网民在线交流，回答了四个问题。一名网友在线问他是否作秀，他也当场直接回答，其诚恳态度，赢得网友喝彩。

3．指定人民网和奥一网等搭建网络问政的平台。这个平台最核心功能是BBS，给政府和官员留言。人民网最近还推出了直通中南海留言板块，给党和国家领导人留言，引起了国内外舆论关注。广东省把网友提问每周进行汇总，反馈到省委办公厅网络资源信息处，再给省委领导。

4．定期举行网民反映问题的交办会。2010年8月举办了第四次交办会，交办会规格很高，省委办公厅主要领导主持，省政府相关厅局和各地市负责人现场接领网民问题。在交办会之前先把问题梳理出来，各厅局、地市要在3个月内完成处理答复。

5．设置网络发言人。广东这一举措在全国首开先河，现在省直22厅局设有网络发言人，即时在人民网和奥一网回答网民的问题。网络发言人实行实名制，如省工商局，必须要用它的ID，其标志就是省工商局网络发言人。

6．设置网络和手机信访的平台。这是广东解决社会矛盾重大创举。

7．地级市设置网络问政平台。这个平台核心功能是融合了BBS、电子政务功能。如惠州、河源均有一个专门团队处理网民的问题，主要领导人就会每天选择部分问题进行实名的回复，都是用自己的名字在这个平台上回复网民。

8．开设博客和微博。惠州市委书记黄业斌在奥一网开了微博，省公安厅、广州市公安局均在新浪开设微博，对重大突发事件用微博的形式进行澄清和发布。例如白云区2010年6月发生了一次警匪枪战，广州市公安局第一次用微博进行了直播和发布。9月关于在东莞网络小说作者被拘留事件，广东省公安厅以新浪微博进行了及时回应和解释。

9．对重大决策公开的征求意见。通过网络进行投票，这是网络比较常见的功能。

10．对官员述职进行网络直播。像2008年湛江市县级以上官员述职，奥一网进行了现场直播。

11．组织网友线下考察社会关注的工程或者是场所。番禺垃圾焚烧厂的选址在广州引起广泛关注，广州市组织了网络意见领袖进行现场考察。

12．向网友公开发拜年信。以网络语言向网民问好，拉近距离。汪洋黄华华已连续三年这样做了。

13．官员网络访谈。对涉及民生的重大问题和政策对官员进行访谈和解释。

14．举办网民论坛。线上线下，场内场外，官员网民，直接面对面进行互动交流。2009年11月，奥一网成功举办了首届网民论坛，还有2010年的8场“实施《珠三角发展规划纲要》”群众论坛。

（三）网络问政的网络产品

网络问政离不开互联网产品的支撑，必须要随着技术的进步而进步，准确讲，问政是一种网络技术产品，最核心的东西是技术，互联网的逻辑，之所以能够做到平等共享自由，在于即时通讯功能，在于互联网的技术手段颠覆了传统人际交往，和信息流通储存模式。目前网络问政产品包括：

网络问政的综合平台。目前国内问政平台均属web2.0型态。奥一网的网络问政平台，还有人民网的留言板，在国内均属领先产品。

社区BBS论坛。通过社区网站回复网民问题。

博客。其中微博，正以爆发之势，席卷社会，渗透公众，挟风裹雨，摧古拉朽，其影响力正成为无以匹敌的超级媒体，是新一代的网络问政利器。网络直播、网络访谈、网络投票等常规产品也在发挥重要作用。

另外即时通讯在网络问政中将大行其道，发挥巨大作用。例如QQ、MSN。移动互联网，目前主要是手机平台，通过手机短信，手机的OA系统上网进行问政。电子邮箱是第一代网络问政产品，实效慢，互动性比较差，在征求意见的时候仍然使用。

（四）网络问政产生的背景

广东网络问政为什么引领中国，成为改革开放30周年之后广东引人注目的一抹亮色，有深刻的时代背景和社会原因。

转型期中国包括广东，积累的社会问题集中爆发，网络成为舆论热点的第一推动力，成为引爆公共事件的导火索。改革开放30年，广东公民社会发育领先，中产阶层急剧壮大。他们素质相对较高，积极参与公共事务，表达诉求强烈。

广东有5000万网民，是中国第一网民大省。网络基础雄厚，网络民意汹涌澎湃，网络意见领袖、新社会意见阶层、新社会底层成规模崛起。

解放思想改革开放精神传承。新技术和新思想有天然的融合基因，二者一旦对接会释放惊人的能量，其结果是生产力的大幅提升和社会变革可能性的增加。

主要领导人的国际视野和政治远见。在历史变革的关键时刻，需要杰出领导人的政治远见、开阔视野、宏观思维力。

具有独立价值观的报纸与网络媒体的自觉追求与推动。广东媒体的新闻理想与影响力，成为催生和传播网络问政的重要舆论基础。没有网络大省，没有媒体大省，没有报网互动，就难以形成网络问政影响力。

（五）网络问政的效应

广东网络问政已经取得广泛效应，问政范式已经从省到县、区效法，问政方式推陈出现，琳琅满目，问政效应已经触及社会问题核心。

满足了新社会意见阶层、新社会底层参与公共事务愿望和诉求表达，部分解决了政府与公众信息不对称。

舒缓了社会怨恨情绪，把公共危机化解在萌芽状态。减少了上访和社会极端事件。上网多了，上街少了；网民多了，访民少了。

改变了官员的执政思维，提升了执政水平。过去官员对政务信息是垄断的，有了互联网以后，他们就要转向容忍，网络天下，无所隐藏。勇敢面对网络正成为官员心态的重要选择。

问政硕果丰盈。政府吸纳了民间智慧，让公众意见介入政策制定，改变了决策的武断性。如2009年在征求社会人士关于珠三角规划纲要意见时，深圳学者提出纲要讲发展多，讲改革少，下午省委常委会即迅速吸纳。公众呼声直通高层，解决可能性大幅提升。如“龙剑血帖”获汪洋亲自批示，解决了全省2万多带课教师长期没有解决的待遇问题。

反哺公民社会的发育，训练公民参与公共事务的能力。参政议政需要一定的能力和知识，网络问政就是在训练公民的参与公共事务能力。

倒逼解放思想改革开放。互联网让你解放思想，你不解放，网络和网民就要解放你。这是时代的潮流，顺逆昌亡之律。

为推进中国网络式民主提供了重要新鲜经验。这与广东30年前率先于全国的那场波澜壮阔的改革一样伟大。

（六）网络问政的走向

网络问政不是做秀，也并非所有官员都是在做秀。肯定有人在做秀，就像辛亥革命后，有人投机剪掉辫子号称自己也革命了，也有人号称自己网络问政了，实际骨子里视网络为洪水猛兽，视网民为刁民，实施跨省追捕或动辄拘留者，大有人在。这并不重要，重要的是网络问政正成为推动中国政治文明进步的重要力量。网络民主在中国成本最低，风险最小，“点对点，一对一”，这种低门槛，没有社会动荡，符合中国的国情，是推进中国民主政治的最佳抓手。

不要认为技术是冰冷的。中国已经进入了以科技倒逼政治的时代。两大超级帝国冷战的结束，不是因为政治和意识形态而结束，而是因为科技和经济的进步而结束。互联网也是一样，技术发展对社会生活政治具有倒逼效应。

期待互联网技术的进步。要实现多对多，多对一、一对一即时的网络问政，需要互联网产品本身的发展，不断推出新的互联网问政产品。网络问政产品的进步还有巨大发展空间，如何让公众即时、简捷的行使民主权利是网络问政产品创新的方向。

技术不是冰冷的，但技术也不是万能的。网络不能自动实现民主，现实制度改革配套推进，线上线下互动，是推进网络问政真正改变社会的唯一途径。机器永远是机器，电脑永远代替不了人脑，虚拟永远取代不了现实。

把网络问政纳入政府官员考核体系。网络问政不过关，就不能提拔，一年见多少网民，听取多少网民意见，作为官员政绩考察的标准。当然一旦作为政绩标准，什么造假手段都会随之而来，难免出现问政崇拜，这不是网络的错，是人的错。

期待意见领袖组织社团产生。很重要的就是民间组织的发育，社会的发展，需要有组织有程序的表达诉求。网络上的网民自组织形态天然与民间组织基因相似。

公民精神和素质的提升。网民素质要不断的提升，才能把网络问政的水准提高。网络是个平台和舞台，各类角色都有，这才是网络的可贵之处，但并非所有网民都具备参与网络民主的素质，网民整体素质的提高才是网络问政的重要基础。

期待从立法上把上网权作为公民的基本权利。政府必须要保证每个公民有上网权，即使失业了也要能够上网，保证上网的速度能够达到多少，中国要把网络问政推向新的平台，就必须把上网权作为公民的基本权利，从法制上保证网络民主的推进。

（作者为南方都市报执行总编辑、南方民间智库秘书长、奥一网创始人，本文根据2010年7月21日在暨南大学传媒领袖讲习班的演讲整理）

政府网络发言人的时代特征

□ 曹劲松

网络时代的到来迫切需要政府建立相应的工作机制，适应网络社会发展的客观要求，近年来广东、江苏、云南等地方政府相继建立的网络发言人制度就是一种积极有益的探索。加强政府网络发言人制度建设，必须清醒地认识到其所处的时代背景，这就是：网络已经成为公众监督政府的有效平台，成为维护社会秩序的重要通道，成为公共舆论传播的强劲载体。

一些地方政府对公民网络监督不能正确加以对待，甚至动用公权力对监督人进行责任追究。在网络传播提供的宽松环境下，公民有批评政府的话语权，只要不是故意捏造并散布虚构的事实，损害他人人格和名誉，就不应当被追责。

政府要正视网络作为公众监督政府有效平台的作用，一方面主动通过新闻发言人和网络发言人等渠道，向公众表达和阐释其执政理念、决策过程、工作举措及方法，树立社会公信；另一方面要积极与公民形成网络意见互动，对网络传播管理采取公开和疏导的办法，而不是“捂”与“删”的做法，消除误解，消除隔阂，引导公民在网络上的意见表达，形成和谐的网络舆论生态。

政府网络发言人作为政府网络传播活动中的主体，具有三个方面的特征，即政府的网络代言者、网络问政的承接者和政府网络形象的塑造者。政府要主动将工作情况通过网络发言人及时进入到网络信息空间，增加施政的透明度，从这个意义上讲，网络发言人就是政府在网络空间的代言人，代表了政府组织的立场、态度和观点。同时，政府网络形象的塑造也就离不开网络发言人的功能和作用的发挥。加快政府网络发言人制度建设，深化政府网络发言人工作机制，应当成为推进网络问政建设的一个重点。

（作者为南京市委宣传部副部长，本文根据2010年4月16日首届网络问政研讨会上的书面发言摘选）

网络问政开辟新的政治文明

□ 任剑涛

今天会聚在一起进行网络问政，对这个话题和地点作为一个契机进行讨论，首先要进行定位。今天讨论网络问政是恰当之时，恰逢其时。胡锦涛触网，温家宝跟网友聊天，广东有汪洋和黄华华跟网民对话拍砖，惠州黄业斌书记亲自开展网络办公，可以说从中央到地方，网络正在成为新的政治文明和社会文明强有力的手段，强有力的桥梁。从理论上总结实践经验，确实是恰逢其时。

黄业斌书记的亲自率领下，惠州跟其他地区一样，正在蓬勃地推动网络问政事业的发展。对我来说，不仅仅是公民责问政府，政府到网上搜罗信息，简单被动和机械的过程，而是一个虚拟空间向现实空间推进的状态，也许我们在痛苦的思考，中国的民主应该从哪里开始的时候，网络问政为我们打开了中国政治文明的新窗口。

今天，在打开这扇窗口的惠州进行探讨，如何利用现代网络技术和网络手段，使现实政治民主和现实政治的发展，跟虚拟网络空间提供的技术手段如何有效的契合。在这个地点探讨不仅仅是环境优美、心情愉快，关键的是在中国网络问政迅速推进的时候探讨理论和实践具有双重重要的话题，这个地点是非常好的。

对今天中国来讲，网络空间的理性和现实空间的理性，推进中国不平衡的改革和发展，已经变成了紧要的问题。现实空间寻找某种手段是比较紧张的，群众事件的时有发生，使我们对现实空间的实际性的解决，带有某种未来的因素，网络对我们搜集信息解决问题的重要手段。惠州凭什么群体事件和上访事件减少，一个地方领导放下身段跟真正的领导接触，因为事实上，在网络上如何可以放下身段，将网民不当作一般的草民和子民，网民也不是暴力心态对社会发泄不满，因此双方达成理性思维现在看来是非常关键的。

网络问政正在向网络的行政过程推进。首先网络在1986年开始引进，1996年中国建立政府网络平台，因而使电子商务、电子政务、电子政府有新的发展。我们的心态经历了三个阶段，首先是畏惧，对于网络来说，首先产生的是8分钱可以告状，现在网络上写一个帖子可以天下皆知，领导都对网络恐惧，深怕自己成为网络的主角，网络暴民让我们胆寒，面对今天的空间，分为虚拟空间和现实空间。

这样一个历史性的严谨，正在开辟公元前500年开辟的时代，到今天新的轴心时代，崭新文明的情况下，我们应当适应和主动的掌握。此时电子商务和电子政务开始出现，电子政务首先是将政府各个办事的窗口上网，让民众看到政府各个网络是办公的，有怎样的功能，应该如何反映意见，这样还是不够的。

最近几年，广东由省到地市、城镇，建立的公众信箱和网络机制，开辟了主动迎接虚拟时代到来的过程，在此过程中，不单是单纯的被动的公布电子信箱，而是主动的跟网民接触我们有怎样的布局，有怎样的举措，有怎样的设想和战略。在此过程中，从被动反应发展到今天，主动利用网络，领导以亲切的声音现身网络的时候，网络的公民也就从网络暴民演变为网络的小市民的诉求，演变为网络公民的高度演变。

今天网络上的相聚，网络上的简单的问政不仅仅是问而已，而是通过问政体现了中国政治文明的真精神。这是互动的问，这是生存的问，这样的问是双向的问。某种意义和现实空间开辟网络问政给我们新空间解决了现实空间的冲突、紧张、权利、情绪、贪欲、权欲，我们在虚拟空间中将一切放下。相互的关心和问候使中国的文明增加了互信感，对于中国新兴政治空间而言是决定性的，网络问政开辟了中国新的政治文明，广东网络问政由省到乡镇的推进，可以说是再次印证了广东在全国迎接现代文明的领先权和优势能力，因而一句话结束我的发言：中国的希望依然在南方以南。

（作者为中国人民大学教授、博导，本文根据2010年4月16日首届网络问政研讨会上的发言整理）

网络问政有法律义务也有实现条件

□肖　滨

网络问政是新生事物，肯定会遇到一些挫折与争议，我们要将网络问政进行到底。网络问政从学者的角度分析，实际上是四个元素：问政的主体是公民；问政的对象是政府和官员；问政是信息平台；问政的过程意味着公民对政府及官员的监督、批评和约束。网络问政是将公民和政府连接起来的桥梁，从这个角度来讲，我们的公民如何将网络问政进行到底?

首先，网民作为公民应该非常清楚的意识到，公民问政是有权利的。批评权、监督权、知情权是公民的基本政治权利，我们作为公民进行网络问政是有充分的法律依据。其次，公民进行网络问政是有责任和意识的，将网络问政进行到底，公民是有责任和有义务的，公民的网络问政要有信心和条件。再次，网络技术的发展，逐步的普及为网民和公民提供网络问政很好的技术信息平台。最后，从经验来看网络问政有非常好的效果，例如邓玉娇事件，广州垃圾焚烧场如果没有网络的话，也是难以改变的。

因此，网络问政有法律的义务也有现实的条件，网络问政不仅仅联系公民，也联系到政府，从政府的角度来看，如何将网络问政进行到底，需要政府进行相应的回应和调整。

广东的经验，值得中国借鉴。地方政府如何回应网民的问政，我的判断是，“网络问政可以将公民和政府连接起来”，从而形成我国政治文明新的发展空间，在目前选举民主未充分展开的情况下，网络问政会督促政府向良性秩序迈进的前提，因此我相信将网络问政进行到底，会让政治文明得到新的发展空间。

（作者为中山大学政治与公共事务管理学院副院长，本文根据2010年4月16日首届网络问政研讨会上的发言摘选）

网络问政也是政府转型的表现

□郭巍青　胡　泳

2012年11月5日，南方日报记者邀请中山大学政治与公共事务管理学院教授郭巍青和北京大学新闻与传播学院副教授胡泳。一南一北两位专家，分别从公共决策领域和新闻传播领域对未来网络问政的发展提出了建议。

非理性声音也需我们倾听

南方日报：我们应该如何看待网络上一些非理性的声音？

郭巍青：在公众当中，有一条从非理性到理性的光谱。确实有人比较非理性，认为越非理性，声音可能就越能够放大。非理性的声音有没有积极作用呢？也不好说。比如，某人最先出来揭发一个官员有多少套房多少块手表的时候，最初一看你会觉得很荒谬，但是到后来发现是真的，非理性的声音作用还是有的。

胡泳：如果政府以倾听者的姿态来对待网民的话，是不会把“网民”看作“刁民”的。如果有所谓的“刁民”，反映出来的是制度设计上存在缺陷、监管上存在漏洞。要解决这个问题，通过培育中间社会组织，培养政府与民众之间的彼此信任，非常重要。

建议广东先行做问政评价指标

南方日报：您如何评价这5年来广东在网络问政方面的表现？

胡泳：广东是网络问政的发源地。@平安肇庆是最早的政务微博之一，起了先导作用，也形成了公安微博群。党政一把手与网民的互动也比较多，跟政府提意见的网民在全国来讲也比较活跃，产生的好案例非常多。尤其在网络问政制度化方面，提得比较早，广东在这方面领先于全国。执政是一门科学，网络问政事实上也是全能型政府向服务性政府转型的一个表现。

郭巍青：总的来说，广东这5年是真心想推动网络问政的。网友对网络问政的关注度也是越来越高，政府在言论和态度上也有所转变——变得更关心公众对自己的行为如何评价。政府自上而下组织，设置一个平台让人们把问题反映进去，然后要求各部门要看、要回应，要做些什么工作，是有些作为的。

从政策分析的角度来说，执行一项政策就会做出一套东西来。那么评价这套政策是否有效是需要一些指标的，就是政府想通过网络问政来达到的目的达到了没有。比如，经过五年，是不是这个社会变得更好了？意见表达的渠道是不是更加顺畅？社会、公众的满意度是否变高了？或者社会更加稳定了？我建议广东要去做一些这样的调查，得出相关的数据，会更有说服力。

网络问政需要人大代表政协委员

南方日报：能否对网络问政的发展提一些建议？

郭巍青：我比较希望政府能够引导一些议题，让大家来讨论，使得大家讨论的意见变成决策时的重要依据。但这需要制度性的建设和保障。比如，政府可以大大方方做一个议题出来，建立一个良性的充分讨论的制度。政府需要发起一些类似这样的讨论，真的看得到有一些意见是比较集中的，可以占上风，形成一个正反馈，这样，公众才会觉得自己的意见是有用的。我很愿意推动政府朝着这方向去走。这也需要顶层设计，就是政府真的愿意这样来改造整个决策的流程。

胡泳：如今的网络问政仍处于第一个阶段。倾听民众呼声还需要人大代表政协委员参与，要通过制度性的办法把代表委员利用网络听取民意确立下来。每年“两会”前，由网民向代表委员提建议，代表委员再将民意转化为对政府的评价。第二个阶段才是政府方面，首先要转变一把手观念，把网络当成改善治理的重要渠道，由一把手带头，上行下效，并将网络问政纳入政府考核体系之中。

（郭巍青，中山大学政治与公共事务管理学院教授；胡泳，北京大学新闻与传播学院副教授，本文根据2012年12月6日《南方日报》专访稿件摘选）

网络问政是无法回避的趋势

□ 邱震海

首届网络问政研讨会今天上午在广东省惠州市举行，为什么在广东召开？我认为这可能长期以来跟广东是中国改革开放的先驱地，而且也是中国近代以来现代化的先驱地有关。网络从最初的技术手段到彻底的改变了我们的生活，改变了我们的理念，乃至未来会影响我们的生活方式。

2008年开始，从总书记到总理接连与网民进行对话，这是中共最高领导人不但直接认可互联网，同时认可互联网是政府跟人民群众进行接触的、收集民意的一个非常重要的契机和工具。全国各地，尤其一些主要大省，领导和一把手开始非常重视网络。在这样一个背景之下，无论是客观的还是主观的，无论是自下而上，还是自上而下的，网络问政其实已经成为我们无可回避的趋势。

当然在这个过程当中也会产生一定的问题，首先人民群众的诉求需要得到纾发，作为上层的领导和各级主管部门，也需要除了官方的媒体、传统的渠道之外，一个直接收集民意的渠道。网络的民意与政府的收集民意渠道的意愿，在这个合适的时机，合适的平台，得到了天衣无缝的组合，所以说网络介入问政。

现在，相当部分的，乃至大部分的政府官员认为，网络已经成为一个收集民意的非常好的渠道。研讨会上大家提出来，这可能是未来中国政治文明的方向，首先是公民社会，未来是政治文明走向的一个非常重要的拐点。至少网络问政作为一种现象产生，到现在已经基本形成一种趋势，尤其今天上午在惠州召开的全国首届网络问政研讨会，我认为可圈可点，值得引起大家的注意。

（作者为凤凰卫视时事评论员，本文根据2010年4月16日凤凰卫视《时事开讲》节目点评摘选）

互联网完成民情的重塑

□ 熊培云

我住在北方，我觉得特别郁闷的时候，就选择做两件事情，一个是出国，第二个就是到南方，就是邓小平说的南巡的地方，我的南巡不是巡视而是寻找，到南方寻找一些东西。

20世纪二三十年代，中国特别有名的杂志叫做《独立评论》，当时胡适说过变态的社会如果没有真正能够代表民意的机关，主持社会正义的责任就落到了知识分子的肩上。

现在这个时代，没有《独立评论》这样的杂志，完成社会正义的力量在哪里？我看到网络问政是最大的变化，原来由知识分子包办社会启蒙事业的时代，网络完成了转型。网络的门槛非常的低，所有的公民都可以在互联网上表达意见和心声，这是非常大的变化。

中国虽然没有伏尔泰、洛克，但是中国有唐福珍、李桥名和《双周刊》中的周老虎，还有最牛钉子户。中国社会的启蒙，代表着中国民主的进步，通过一系列公众事件完成。网络推波助澜，原来的知识分子就象以前的游击队员一样进城，有了网络后，知识分子变成了网络公民，回到更基本人的观念上。

现在是最好的时代，也是最坏的时代。有了互联网后，社会有所改变。现在的社会有悲观的状态，网络问政无法解决现实中的问题，网络问政也不是现实中的民主，但是互联网完成了很大的转变，就是观念上的转变，完成了中国民情的转变。美国的民主有三个因素决定的，一个是环境，一个是法制，一个是民情，互联网对中国最大的贡献就是完成民情的重新塑造。因此，谢天谢地，谢谢互联网。

（作者为知名新闻记者、时评家，本文根据2010年4月16日首届网络问政研讨会上的发言整理）

网络“加湿”为社会活血化淤

□祝华新

政府机构与民众，官员与百姓个人，都可以借助互联网展开顺畅沟通和良性互动。民有所呼，我有所应，有助于社会转型呈现一盘活棋。

古代的中国统治者，很早就意识到民意的极端重要性。朝廷乃至于专门设立一个官位，负责到全国各地采集民谣俗谚，汇集整理后呈给天子阅览，作为了解民情的辅助。

经过三十几年的经济高速增长，中国社会已经从计划经济时期的大一统，分化出不同的利益群体，各自有不同的利益诉求。这是社会发展的正常现象。但由于历史问题的积淀和市场化改革的不彻底，官商勾兑和分配不公现象在某些领域日益突出；由于社会保障制度还不够健全，弱势群体的生计有时难以得到基本保障；由于法治政府的建立还在艰难地推进，利益博弈的规则还不够透明和公正，使得民意易于淤积，下情上达不畅。

出于传统的维稳思维，基层政府习惯于把有利益诉求的社会各阶层都视为潜在的不稳定对象而加以防范，堵多于疏；曾几何时，由于在突发事件中屡屡失语，以及部分地区、部门官场贪腐等原因，政府的公信力受到影响，导致互联网上尽多有“吐槽”抱怨。有学者认为，互联网可以成为中国社会的“加湿器”。面临转型期社会，人们的内心和网上的气氛不免干燥，甚至干燥欲裂。在弱势群体和强势群体之间，在政府机构和平民百姓之间，容易相互形成某种“刻板印象”和对峙心结，急需互联网“加湿”，为民意的淤积和社会土壤的板结“活血化淤”。

中国改革一路急行三十几年，已面临某个拐点。如果说改革初起，主要解决吃饱肚子的问题；那么今天，更要解决群众作为社会人的尊严问题，修复和提振社会公正。党的十八大首次提出“协商民主”的政治理念，要求“扩大有序参与、推进信息公开、加强议事协商、强化权力监督”。互联网为践行“协商民主”提供了强有力的技术支撑。当年，许多老一辈领导干部会亲自批阅人民来信；而今天领导干部，可以通过微博“潜水”，或者直接批复BBS留言，触摸民意。政府机构与民众，官员与百姓个人，都可以借助互联网展开顺畅沟通和良性互动。民有所呼，我有所应，有助于社会转型呈现一盘活棋。

广东是民众“网络问政”的一片热土，从另一个角度看，也是政府“网络理政”的试验田。广东经济发展快，开放程度高，社会转型早，也伴有矛盾多发易发燃点低的情况，因此更有责任和条件，借助互联网激活和创新社会管理，推进“社会建设”，闯出一条长治久安的维稳新路。广东省第十一次党代会提出“推进网络参政问政制度化”，近日还评选了广东省2012年社会管理十大创新、2012年度广东十大政务微博、2012年广东网络公民、2012年广东网络问政榜样机构等系列榜单，而开创全国第一家公安微博的肇庆市公安局又开通了首个微信公众平台……这些都是广东各级党委和政府在公共治理领域神经末梢的活力再造，令人感奋。

“网络理政”不仅是网络时代的执政技巧，更体现出一种历史责任感。十八大发出了深化改革的宣言书、动员令。为政者需要冲破思想观念的阻滞和利益固化的藩篱，通过改革释放制度红利，凝聚政治共识，巩固国家长治久安的坚实民意基础。“常怀忧党之心，恪尽兴党之责”，有觉悟、有担当的领导干部都在努力，网络理政则不容回避。

（作者为人民网舆情监测室秘书长，本文原刊于2013年1月14日南方都市报2012年网络问政特刊）

六　媒体认知：用新闻眼打量惠民之州网里网外

广东和惠州的网络问政风生水起，媒体在其中扮演的角色，既是记录者和传播者，更是参与者和推动者。

南方报业传媒集团贯彻“高度决定影响力”的发展理念，以“有高度地贴近网络民意”为具体思路，率先推动并积极参与网络问政，策划推出了一大批报道或线下活动。

借鉴云计算理念，有效聚合南网、奥一网、南方民间智库资源，打造具备公信力、影响力和生命力的“南方网络问政全媒体大平台”，将对广东和惠州的网络问政起到更大的推动作用。

中央和地方主流媒体对惠州网络问政的报道，有挖掘，有思考，有追问，各具特色，展现了同一事物的不同侧面。惟其如此，惠州网络问政才真实鲜活；惟其如此，惠州网络问政才有自省的动力。

“五个民共”的实践与思考

人民日报 MINSHENG WEEKLY 民生周刊

微引言

@黄业斌：民共建、民共富、民共享、民共乐和民共治“五个民共”是一个有机联系的整体。民共建是先导，是实现后面“四个民共”的前提；民共富是重点，是民共享、民共乐的基础；民共享、民共乐是目的，是共建、共富和共治的根本出发点和落脚点；民共治是保障，是共建、共富的动力之源。

2012年11月5日　来自　人民日报《民生周刊》杂志

近年来，作为全党深入学习实践科学发展观活动首批试点单位之一的惠州市，围绕“建设科学发展惠民之州”这一总目标、总任务，大力实施“人本立市”战略，在长期实践中梳理形成了“五个民共”的发展理念，推动惠民之州建设取得了扎实成效，实现了民生幸福与经济社会的协调发展。

“五个民共”的基本内涵

“五个民共”是指，在推进科学发展中，要始终坚持民共建、民共富、民共享、民共乐和民共治。“五个民共”内涵丰富，涵盖了经济、政治、文化、社会和党建等各个领域。民共建强调尊重人民主体地位，发动群众共同参与，回应建设惠民之州的动力源泉问题；民共富强调在做大做好经济“蛋糕”的同时，推进居民增收创富，实现强市与富民相互促进，回应建设惠民之州的物质基础问题；民共享强调不断提高民生质量，实现发展成果全民共享，回应建设惠民之州的根本目的问题；民共乐强调建设宜居宜业宜游的城乡环境，培育开放包容的社会心态，回应建设惠民之州的重要内容问题；民共治强调推进基层民主建设，扩大群众有序参与，回应建设惠民之州的政治保障问题。

“五个民共”是一个有机联系的整体。民共建是先导，是实现后面“四个民共”的前提；民共富是重点，是民共享、民共乐的基础；民共享、民共乐是目的，是共建、共富和共治的根本出发点和落脚点；民共治是保障，是共建、共富的动力之源。

“五个民共”的惠州实践

在培育惠民文化中践行“民共建”。通过开展解放思想大讨论、学习实践科学发展观、机关作风建设等活动，开办“惠州学习论坛”、“干部网络大学堂”，把惠民利民情况纳入领导干部考评体系，引导各级领导干部自觉把为民谋幸福作为执政理念和价值追求。大力弘扬新时期广东精神和惠州精神，引导广大群众参与争创“全国文明城市标兵”活动，群众对建设幸福惠州的信心和决心与日俱增。

在转变经济发展方式中践行“民共富”。一方面，通过转型升级富市强市。实施大项目带动、产业集群拉动和科技创新驱动，形成了以石油化工、电子信息为支柱的“2+8”产业体系，经济总量实现“四年翻一番”。另一方面，积极探索“共富”路径。实施全民创业五年行动纲要，大力推进“双转移”、扶贫“双到”，促进城乡居民就业增收，43.2万人就近就业，74个省级贫困村全部脱贫，城乡居民收入连续四年保持两位数增长。

在推进基本公共服务均等化中践行“民共享”。惠州是全省基本公共服务均等化综合改革试点市。在推进均等化过程中，做到“三个坚持”：坚持民生财政全民共用，民生投入占公共财政预算支出连续三年达60％以上，每年办“十件民生实事”；坚持公共服务全民共享，在全省率先实施城乡教师待遇“两持平一鼓励”，全面实施“一村一站一医一护补贴一万元”，市区景点、公园全部免费开放；坚持基本保障全民共有，率先推进城镇职工医保、居民医保、新农合“三网合一”，探索在房地产项目中按一定比例配建保障性住房，让保障户住得上、住得好。

在推进“三宜”建设中践行“民共乐”。牢固树立“环境资源是最大资源，环境优势是最大优势”的理念，着力推进宜居宜业宜游的环境建设。着力维护优美生态环境。创建国家生态城市和森林城市，每年否决环评不达标项目达10％以上，空气质量和饮用水源优良率始终保持100％，连续3年全国城市环境综合整治定量考核全省第一，入选“中国十佳宜居城市”。全力营造良好人文环境。开展文明创建“五个全民行动”和公民道德素质教育，定期举办“感动惠州人物”、“十大孝子”、“金牌工人”等评选表彰活动，形成理性平和、开放包容、知足常乐的良好社会心态。

在发展基层民主中践行“民共治”。引导全民参与科学决策。连续多年开展“万众评公务”、“行风热线面对面”等活动，率先打造“惠民在线”论坛、“惠州发布”微博、书记微博、党政领导信箱等网络问政平台，做到让群众“有话可以说、有话有处说、说了不白说”。推动全民参与社会治理。打造“四民主工作法”、村（居）民小组议事规则、社区约请部门现场办公等基层工作品牌，创办“复退军人之家”等“特色之家”。

“五个民共”的探索体会

惠州的实践表明，牢固树立和践行“五个民共”，有助于破解当前经济社会发展中出现的一些突出问题。

针对转变经济发展方式难以推进的问题，惠州的实践表明，只要始终坚持科学发展理念，耐得住暂时落后，舍得牺牲短期利益，欠发达地区完全可以率先实现转型。当前，由于各方面的原因，不少地方转变经济发展方式举步维艰。惠州围绕“强市”与“富民”相统一，以发展的质量和效益为第一考量，为了引进规模大、科技含量高、经济效益好的项目，惠州宁愿将大亚湾的大片土地“抛荒”10多年，也不愿引进小项目分块开发，“十年磨一剑”，最终成功引进中海壳牌、中海油等大项目，引领惠州产业结构全面调整优化。

针对发展经济与保护环境相冲突的问题，惠州的实践表明，只要始终坚持以人为本，立足于为人民谋长远福祉，就能处理好“舍”和“得”的关系，实现“金山银山”与“绿水青山”兼得。在加快发展经济的同时，如何规避污染、保护环境，这是地方发展面临的重要而紧迫的课题。多年来，惠州市把创造优良的生活环境作为“民共乐”的前提，坚持实施“绿色生态工程”，绝不以经济增长指标牺牲宜居生态。既在环保审批上舍得否决，避免了走“先污染、后治理”的老路；又在生态建设上舍得投入，实现了经济发展与环境保护双赢。

针对改善民生与财力有限的矛盾，惠州的实践表明，只要始终坚持民生优先，统筹兼顾，财力薄弱地区可以通过推进基本公共服务均等化，缩差共富，提高人民群众的幸福指数。改善民生，最难的问题就是财力不足。为突破这一难点，惠州围绕民共享，坚持打造“民生财政”，“主动找钱办民生实事”，大力推进基本公共服务均等化，推动社会事业全面进步，群众幸福感不断提升，连续3年获评“中国十佳最具幸福感城市”。

针对当前普遍存在的社会心态浮躁问题，惠州的实践表明，推进文化惠民，培育幸福认知，是加强社会建设、培育良好社会心态的有效途径。当前，经济社会发展处于转型期，信任危机、诚信缺失、仇官仇富等社会问题层出不穷。惠州正视这些社会现实，深入开展文明创建活动，不断提高城乡居民的文明素养，全市人民积极参与扶贫济困、义工服务等活动，培育形成了“我为人人、人人为我”的幸福认知和良好心态。在惠州，本地人不欺生，外地人没有被排斥感；社会包容和谐、安定有序，百姓安居乐业、积极向上，广大市民既是文化惠州的建设者，也是和谐文化的享受者。

针对当前社会矛盾纠纷频发的问题，惠州的实践表明，坚持“民”字为先，创新社会管理，畅通民意渠道，努力满足群众多元化利益诉求，是化解社会矛盾、促进社会和谐的必然选择。随着改革开放的不断深入和经济社会的快速发展，群众诉求呈多元化趋势，社会矛盾纠纷呈多发态势。惠州坚持民共建、民共治，不断创新社会治理模式，既疏通群众表达意见和诉求的渠道，又搭建群众参与社会管理的平台，促进了不同社会群体的自我管理与政府管理的良性互动，及时发现和化解矛盾，有效保持社会大局和谐稳定。

针对当前政府存在职能“越位、错位与失位”的问题，惠州的实践表明，“五个民共”形成的倒逼机制，有助于推动政府深化改革、转变职能，正确处理好政府、市场和社会的关系，完善社会主义市场经济制度。转变政府职能是一项复杂的系统工程，政府职能转变不到位，成为目前经济社会领域诸多矛盾和问题的体制性根源。惠州践行“五个民共”，充分发挥公民和社会组织在社会治理中的作用，进而倒逼各级政府深化行政体制改革，切实做到依法行政，解决政府管理和服务越位、错位、不到位的问题，有效推进了服务政府、民生政府、效率政府和廉洁政府建设。

针对当前党的基层组织较为薄弱的问题，惠州的实践表明，尊重人民主体地位，尊重基层首创精神，有利于扎实推进基层民主政治建设，进一步筑牢党的执政根基。“基础不牢，地动山摇。”当前，个别基层组织还存在凝聚力、创造力、执行力较弱，基层干部队伍的整体素质不高等问题。惠州以每年开展一个党建主题年活动为抓手，扎实推进党建工作创新，以民生为目的抓党建，以基层为重点抓党建，不断提高党建科学化水平，为全市经济社会平稳健康发展提供了坚强的组织保障。

（作者黄业斌为中共惠州市委书记、市人大常委会主任，本文原刊发于人民日报《民生周刊》杂志2012年第43期）

网络问政的“广东样本”

人民日报

微引言

@厦门浪：网络问政，问出的是执政党的勇气与信心、决心。//**@肖滨：**网络问政进入微博时代，表明有主动意愿的领导干部和职能部门，正在不断创新简洁、便利、实用的新形式，加速推进取得更大时效。//**@黄业斌：**社会进入了信息化，不重视或不会利用互联网资源的领导，我认为不是优秀的领导。

2010年4月22日 来自 人民日报

广州市财政局网晒预算，河源市委书记陈建华的“华哥信箱”发展成“公仆信箱”，时任深圳代理市长的王荣邀请网民“一起当市长”，广东省委办公厅连续三次召开网友集中反映问题交办会……

2010年4月16日，在惠州举行的广东首届网络问政研讨会，将这些令人记忆深刻的生动“网事”，评选为“最受网民关注的——广东网络问政十大经典案例”；并用颁奖的形式，为这个经济大省过去两年多来在网络问政上的主动探索，做了一个注脚。

书记省长开先河

镜头一：2010年2月4日，中共中央政治局委员、广东省委书记汪洋和省长黄华华第三次向网民拜年：真诚希望广大网民朋友“手握鼠标，胸怀天下”，尽情挥洒才华，充分展示睿智，继续对广东发展话题“打好铁”，对广东民生热点问题“织围脖”，对广东工作中的不足“拍大砖”。

虽然这已是第三次接到书记省长“网拜”，但他们对“网络热词”的娴熟运用，让广大网民惊喜不减。回想起来，正是在2008年初抗击那场罕见雨雪冰冻灾害之后，两位省领导通过省内主要新闻网站发布了《致广东网民朋友的一封信》，邀请大伙“灌水”、“拍砖”。

公开信发出后，反响热烈。仅两个多月就收到省内外网民留言5万多条，点击超过千万次。此后，给网民拜年成为汪洋、黄华华每年春节前后的例事。

网络问政如何超越党政领导的个人活动，形成有专人、行专责的制度安排？广东通过设立网络发言人，初步形成了与网民经常性、制度化的网上沟通机制。

据广东省委常委、秘书长徐少华介绍，网络发言人具有三项职责：一是对涉及本部门的重大突发公共事件，第一时间在网上发布权威信息；二是受理网民诉求，并及时在网上公布处理结果；三是对本部门重大决策部署，主动征求网民意见，推动科学决策。

网络民意从“听”到“办”

镜头二：“这次交办的7个网友集中反映问题和13个网上信访事项，涉及广州、珠海、韶关……以及省民政厅、省环保厅等，一共14个单位……请上述承办单位在三个月内办结，并将办理情况书面报省委办公厅。”虎年元宵节刚过，广东省委办公厅就马不停蹄地组织召开了第三次网友集中反映问题交办会，承办单位的负责人一个个过会领任务，并承诺一定依法依职将这些问题处理好。

网络问政是不是“问了白问”，网上拍砖是不是“拍了白拍”？2009年，网络问政向纵深化推进，网友们已不满足于自己提出的建议有人倾听，他们也希望有人办，甚至有人督办。

在这种需求下，产生了汪洋直接批示网友龙剑留言，解决代课教师问题的事件；也推动了广东省“网友集中反映问题交办会”的问世。

“过去网络问政主要集中在‘听证’阶段，如网络邮箱、网上信访、网络举报等，还没有可靠的机制约束和规范，交办会旨在探索与网友互动的长效机制，推动‘网络施政’。”被称为“督办人”的徐少华说。

研讨会上，人民网舆情监测室副秘书长汪冬莲用一组数据说明老百姓对网络问政的认可。在人民网的抽样调查中，69％的网友认为网络问政是官员了解民意的有效方式，对推动民主政治有很大的作用。另外，87.9％的网友认为应该重视网络监督；99.3％的网友表示，遇到不平的事情就会想到上网曝光。

据广东省信访局网上信访办理处处长王鹤介绍，2009年共受理网上信访事项12938件，占全局信访总量的20%；共交办网上信访事项3139件，其中2305件办结，办结率达到73%，739件的办理情况和结果在网上公开。

地方的探索也在不断推进。2008年12月1日和2009年12月1日，河源市分两步将市委书记陈建华的“华哥信箱”升级为包括1020个子信箱，延伸到镇一级党政领导的“公仆信箱”系统，形成受理、办理、查询、回复、督办、统计“六位一体”的网上信访平台。河源市委副秘书长孙宇红告诉记者，截至2010年4月15日，“公仆信箱”共收到有效信件17013件，办结15438件，办结率91%；并被首届网络问政研讨会选为“2009广东网络问政十大经典案例”。

微博问政成新风

镜头三：“非常感谢大家远道而来，到惠州参加民间拍案群众论坛活动和网络问政研讨会。大家都很关心我开微博，我想说，开微博只是一个新的开始，最终要达到听民声、汇民智、促进发展的目的。”2010年4月17日，广东首届网络问政研讨会落幕第二天，作为东道主的惠州市委书记黄业斌写下了他的第四条微博。

3月22日，黄业斌在奥一网开微博，成为广东首个开微博的地市级领导人。他首开微博消息传开后，其微博浏览量猛增。4月8日，一份共有8页的黄业斌亲笔批示传到网上，对其微博“粉丝”跟帖的23条回复，语言平实，并以口语化方式与网友交流，同时指示相关职能部门负责人及县区领导调查解决。“开微博不是开来秀的，而是开来用的，目的是听民意、聚民智、解民困、促发展。”黄业斌说，他希望将微博做成自己的“网上办公室”，发展中遇到的困难，转型中遇到的问题，借助微博让老百姓出出主意，开开处方。

广州博士科技创新研究会会长、南方民间智库成员彭澎表示，如果各地都如惠州这样，不断创新手段，认真地开展网络问政，从而真正地减少上访甚至是群体事件，这不仅节省了政府和民众的大量精力，也增加了社会的和谐程度。

网络问政在广东兴起，短短两年，形式已层出不穷。像黄业斌一样，微博成为越来越多党政领导和职能部门问政的新业态。继佛山警方于2月开通微博后，3月29日，东莞市公安局开设的微博“平安东莞”也悄然问世，并发布了第一条消息：

“3月16、19日，东莞警方雷霆出击，分别捣毁一‘老虎机’制造窝点和一‘百家乐’赌博场所，共抓获涉案人员40多人，缴获赃物和赌博工具一批”。试运行短短一周，此微博共发布了8条信息，已有“粉丝”410多人。

“网络问政进入微博时代，表明有网络问政主动意愿的领导干部和职能部门，正在不断创新简洁、便利、实用的新形式，加速推进网络问政取得更大时效。但要说目前的网络问政已经取得了成功，还为时尚早。”中山大学行政管理研究中心教授、政务学院副院长肖滨认为，问政要形成长效机制，还有很多工作要做。

（作者贺林平为人民日报记者，本文原刊于2010年4月22日《人民日报》）

网友回应

网络问政，问出了执政党的勇气、信心与决心

@厦门浪：网络问政，问出的是执政党的勇气、信心与决心。希望执政党从执政为民，科学发展的高度来长期认真对待，用必要的措施和制度来保障和杜绝“问了白问”，这不仅是网民的要求，更是党加强执政能力的必然。//**@厦门浪：**当“草根”们问到了一些人、一些部门的要害时，网络问政也会发生“问而不动”的状况。

2010年4月22日　来自　人民网

喜看广东网络问政扬新风

@陈谊军：此次，广东省对政府及其部门、党政官员的网络问政进行一次有力的总结，其中，让我们看到了许多“经典”且值得回味的镜头。笔者认为，这是一次鼓舞人心、提振士气的“网事”总结，将会更加有效地调动起网络问政的积极性，会让网络问政的新风更加深入人心。

2010年4月22日　来自　荆楚网

创新社会管理如何“用网”？

人民日报

微引言

@范军朝：各级政府部门在“用网”之时最好从实际出发，多一些令公众欣慰的温情“网管”，少一些封杀、删帖等强制性“补救”措施。//**@任剑涛：**如果说开放考验的是政府利用网络创新社会管理的诚心，那么制度建设考验的就是政府的能力和水平。//**@李汝求：**政府在用网时，一定要采取既开放又理性的态度。

2011年6月7日 来自 人民日报

社会管理涉及两种参与力量：政府和公民。互联网在两者之间发挥了越来越大的作用。

2011年是“社会管理创新年”——继年初为期5天的省部级主要领导干部社会管理及其创新专题研讨班后，社会管理创新又写入《政府工作报告》和“十二五”规划。

在互联网大发展、大繁荣的今天，在加强和创新社会管理的过程中，网络扮演了一种怎样的角色？如何善用网络加强和创新社会管理？“用网”时有哪些要注意和警惕的问题？

2011年4月29日，100多位海内外专家学者、官员嘉宾齐聚广东惠州首届华人网络论坛，纵论“互联网时代背景下的社会管理创新”。

开放心态：形成“官民互信、互助、平等、合作”

论坛上，香港凤凰卫视评论员邱震海抛出一个尖锐的问题：要搞好社会管理，到底是要先收紧互联网，还是开放互联网？

事实上，一些先行城市早就用行动给出了答案。2008年7月7日，一个拟在惠州市红花湖景区建酒店的红花湖阅湖山庄项目，公开发布投资建设招标公告，一时间引发热议，出于对其破坏生态环境和景区公共性的担心，95％的人投了“不赞成”票，让有关部门有了一种“被架在火上烤”的感觉。

网络民意滚滚而来，政府如何对待？“给大家一个承诺：没有经过大多数网友的同意，无限期缓建。”市委书记黄业斌的批示，给市民吃了一颗定心丸。

忆起三年前这件“网事”，黄业斌至今印象深刻，“网络不是‘洪水猛兽’，它是民意的‘集散地’、‘风向标’。”随后，惠州市开通了“惠民在线”等一系列网上倾听群众呼声的新渠道，并据此解决了一大批社会焦点问题。

搞好社会管理，政府首先要对网络抱有开放包容的胸襟，这一点，是所有与会者的一致共识。中国人民大学教授任剑涛认为有三个理由：首先，互联网的信息是没有经过任何修剪的保真信息，因而非常宝贵；第二，开放互联网有利于集中民智，使社会管理的思路更新颖多元；第三，网络空间是社会自我管理的真实空间。

国家行政学院科研部主任许耀桐分析认为，社会管理涉及两种参与力量：政府和公民。互联网在两者之间起到一个互动作用，形成官民互信、互助、平等、合作的关系。越来越多的网民通过网络表达意见和诉求，以达到参与社会管理的目的。这些变化促使政府社会管理模式的变化，比如党务、政务、社务公开；同时，政府利用网络平台在吸纳民意、知晓民情、体现民智方面都有了新的技术手段；很多地方的官员已经接收并逐渐熟悉使用网络语言和网民进行互动，通过网络平台了解民意。

制度保障：确保“问了不白问，说了不白说”

2010年3月25日，广东河源一网友致信河源“公仆信箱”，反映位于市区沿江东路迈豪国际酒店和河源市农业发展银行门前的路段，过往行人只能在马路的机动车道上行走，存在交通隐患。此后不到一周，河源城管部门就出面调查解决，敦促相关单位拆除了绿化带，恢复了人行通道。

“我们涵盖所有地区、部门的1020个‘公仆信箱’，不仅能收信看信，还有一套转批、办理、反馈、监督的健全机制。超过7个工作日不处理，亮黄灯；超过60个工作日才办结，亮红灯。亮灯数和网友年终打分列入官员考核体系。”河源市委书记陈建华解释道，“有制度摆在这，谁也不敢把网民反映的问题晾在一边。”

“如果说开放考验的是政府利用网络创新社会管理的诚心，那么制度建设考验的就是政府的能力和水平”，任剑涛说，“这两年，政府与网民开始‘制度化交流’、‘制度化互动’”。

怎样确保政府与网民之间，长期稳定的有效沟通和互动；怎样确保网络在社会管理中的作用发挥，不会因领导干部个人好恶而有所折扣，解决这些问题，政府需要有搭建长效机制的“一对巧手”。

在网民数量国内居首的广东，一套“网友反映问题定期集中交办”的制度模式正在成熟和完善。这始于2009年5月份，中共中央政治局委员、省委书记汪洋在广东省委办公厅报送的网友留言上批示：建立与网友良性互动机制，通过组织交办会与有关部门处理网友集中反映的问题。“到目前，我们已经办了5次交办会，每年两次，半年各办一次，办结了近百件信访件。”广东省委副秘书长王衍诗介绍说。

“中央在部署加强社会管理的时候，特别强调了创新，利用网络进行社会管理和协调正是适应时代的一种创新”，人民网前总裁何加正表示。

理性甄别：防止“头脑发热，听风就是雨”

2010年8月初，一则名为《女婴因食用配方奶粉致性早熟》的网帖在各大论坛疯狂转载，回帖建起“高楼”，点击率超过万余次，网民纷纷惊呼“太可怕”、“太恐怖”，圣元“早熟门”事件爆发。直到2010年8月15日，卫生部公布对圣元奶粉的调查结果显示，湖北3例婴幼儿单纯性乳房早发育与食用圣元优博婴幼儿乳粉没有关联。但这起事件不仅让圣元损失惨重，而且让整个国内乳业在三聚氰胺事件后再次遭受重创。

网络上众声喧哗，海量的信息中，混杂了大量的无效信息、错误信息以及谣言。近年来甚嚣尘上的“网络水军”、“网络推手”，更降低了网络信息的可靠性。正因为如此，政府在利用网络创新社会管理时，对网络信息的甄别就显得格外重要。

“网民60％多是39岁以下的年轻人，而其他年龄段的人较少，70％在城镇，乡村较少；因此目前还不能简单把‘网意’等同为‘民意’。”王衍诗表示，作为政府来讲，一方面要全面准确把握网络信息，既要认真对待，但也不能“听风就是雨”。政府如果不上网就会闭目塞听，如果完全相信网络意见就会“偏听则暗”。而网站和网络社会自身，要公平对待每一位网民。

惠州市市长李汝求提醒，政府在用网时，一定要采取既开放又理性的态度。“开放也就是通过互联网，所有的网民意见我们都能听得到；理性就是对广大人民群众或者大多数人能够接受的意见，我们才去处理，特别是对我们工作中的意见、建议和民生的热点、难点问题，我们要马上整改，这样才会得到人民群众的拥护。”

李汝求的观点，得到了众多专家的认同。“不能够片面管制，但也不能听之任之”，台湾中国文化大学教授蔡玮认为，政府对互联网上的信息，不仅要有“一双慧眼”，以理性为标准来细致甄别；某些时候，还要有对网络社会的适度管理，引导网民加强责任，实现有序参与。

（作者贺林平为人民日报记者，本文原刊于2011年5月24日《人民日报》）

读者反馈

多一些温情“管网”　少一些强制“补救”

@范军朝：在网上看新闻时，时常遇到一些帖子打不开，这些帖子大都是涉及地方政府或职能部门的负面新闻。打不开的原因一般都与相关部门采取“补救”措施有关，从表面上看，删除负面帖子的单位是为了维护自身的形象，殊不知，现在信息的传播速度之快超乎想象，刻意删除负面帖子实在是不当“用网”，无异于掩耳盗铃。创新社会管理少不了要“用网”，各级政府部门在“用网”之时最好从实际出发，多一些令公众欣慰的温情“管网”，少一些封杀、删帖等强制性“补救”措施。这样或许对创新社会管理更有利。

2011年6月7日　来自　人民日报

网络织就“人民满意政府”

人民网 people
www.people.com.cn

微引言

@贺林平： 小小的网线，一头连着“江湖之远”，一头通向“庙堂之高”，吸纳网络民意的千万缕“丝线”，织就“人民满意政府”的“壮锦”。//**@杨馥铭：** 执政者要善待民意，惊喜藏在民间。//**@张鹓：** 网络问政联系两头，一头是党和政府，一头是人民群众。

2012年10月23日　来自　人民网

经过一个月的试运行，广东省网上办事大厅2012年10月19日正式上线，63%的事项可实现网上办理。透过网上办事大厅，群众办事依据公开、办事流程公开，还能和办事单位实现双向互动，监督评议办事绩效，不满意的更可投诉。一网铺开，“人民满意政府”渐行渐近。

此时，距离广东省委书记、省长首次触网给网民拜年已历5年。从书记、省长邀网民会面“拍砖”到13常委齐齐与网友见面，从每年定期举办“网友集中反映问题交办会”到网上信访大厅开通运行，从15厅局正式设立“网络发言人”到开通2000个新浪“政务微博”，从惠州、河源等党政一把手主动“网罗”民意到全省21个地市主要负责人“赶考”网络……在不久前广东举办的以“网络参政问政制度化”为主题的第三届中国网络问政研讨会上，记者获悉，顺应信息化大潮，网络问政5年一大步，在广东越扎越深、越走越稳，逐渐成为政府施政为民的制度化、规范化工具。

放眼北望，网络问政又岂是“风景这边独好”？湖北咸宁回应网友“美女县长8年7次提拔6次破格”传闻，及时公开理据十足的“升迁明细账”，提升了党政部门公信力；江苏苏州对微博爆料的疑似“裸女”外观座椅及时澄清，并立刻移走到合适地点摆放，显示了对网络民意的充分尊重；河南法院官方微博网上集中接访当事人，群众坐在家里电脑前就能表达诉求、反映案件、解决纠纷，免受奔波劳顿之苦……网络参政问政在全国遍地开花。

因为，建设“人民满意的政府”，再不光是政府一家的事，更需要民众发力，官民共建。而小小的网线，一头连着“江湖之远”，一头通向“庙堂之高”，逐渐成为了解民情、凝聚民心、广纳民智并化为政府施政内容的制度化、规范化通途；小小的网线，吸纳网络民意的千万缕“丝线”，织就“人民满意政府”的“壮锦”，日益不可或缺。

（作者贺林平为人民日报记者，本文根据2012年10月23日人民网报道摘选）

【文章观点摘录】

“人民满意政府”：呼唤网络问政制度化

@新加坡国立大学东亚研究所所长郑永年：提供公共服务是政府合法性的基础，也是人民满意度、幸福感的源泉。社会发展的持续动力，就来自政府跟社会之间的互动。社会上没有这样的参与的积极性，也没有一个让社会参与的压力机制，我想任何政府都会懒惰下去，松懈下去。而网络，就是当今政民互动的绝佳渠道和平台。

2012年10月23日　来自　人民网

@惠州市委书记黄业斌：网络问政必须从过去锦上贴花的状态，转变为制度的刚性作用，把倒逼压力转为工作动力，以实际成效保障深入持久开展。我们建立了‘红黄绿’灯限时办结制和网民评议制度；严格网络问政问责制，对办结率和群众满意度较低的单位进行通报批评，对该单位负责人进行诫勉谈话；制订网络问政考核体系，促进网络问政融入各级各部门日常工作。

2012年10月23日　来自　人民网

网络问政制度化：需要开明的政府、理性的网民

@广东省委办公厅副主任黄卓：如今的广东，网络问政的环境、水平与两年前大不一样了。随着每年两次网友反映问题日常交办机制、每年两次网上在线接

访会制度、网络发言人制度、制度性回复留言帖等举措，广东已逐渐建立起常态化的网络问政平台，政府与网友的良性互动不断完善，决策更加科学化、民主化。

2012年10月23日　来自　人民网

@网络舆情专家张鸫：网络问政联系两头，一头是党和政府，一头是人民群众，党政机构需要更好地公开信息，倾听民意，体察民情，汇集民智。群众则要向有关方面问政策、问政事，甚至问责任，以便更好地建言献策，参政议政。

2012年10月23日　来自　人民网

走向“深问”模式：呼唤“问计于民”的问责制

@暨南大学舆情研究中心副主任麦尚文：公开本质上只是一种手段，目的就是为了让民众去监督。网友的要求应当受到尊重、回应，政府在面对执拗，甚至“凶猛”的追问时，将由之前流于形式化的通过网络发言平台的“问答”，转向“深问”模式，这将在制度层面更加考验政府智慧。

2012年10月23日　来自　人民网

@人民网原总裁何加正：很多地方政府的网络问政流于形式，并没有真正开展起来。其实，网络问政是政务公开成本最少的一种方式，是风险最低的改革的尝试。网络问政是民众参与政治互动的演习，是培养公民意识的手段。

2012年10月23日　来自　人民网

@人民日报原副总编辑周瑞金：微博问政还处于初级阶段，与老百姓的期望还有一定差距。很多地方政府在面对网络时笨手笨脚，经常成为社会批评的焦点。当前，需要通过科学化、制度化和法制化的建设，提高网络问政参政水平。

2012年10月23日　来自　人民网

@北京大学新闻与传播学院副教授胡泳：网络问政是问计于民。在这里我想大胆地提出，官员使用网络必须上升到国家的政治高度来加以认识，必须超越地方政治的问计、求策，最终的结果应该导向责任制或问责制。

2012年10月23日　来自　人民网

坚持民共富、民共享、民共乐
——惠州的科学发展之路

求是

微引言

@黄业斌：近年来，惠州以“民共富”为目标，坚持“以人为本”原则，凝聚民智民力，积极探索发展经济，走惠民利民、共同富裕的路子；以“民共享”为导向，较早提出“民生财政”理念，着力解决民生利益问题；以“民共乐”为依归，不断创新社会管理，促进了民作主、民共乐，推动了经济社会和谐发展。

2011年7月16日　来自　《求是》杂志

广东省惠州市是深入学习实践科学发展观活动首批试点市。近三年来，惠州以“惠民利民率先探索，建设科学发展惠民之州”为目标，着力推进经济社会又好又快发展。近年来，地区生产总值增幅居珠三角首位，城乡居民收入连续四年保持两位数增长，获“全国文明城市”称号。

2009年2月9日，惠州市“全国文明城市”牌匾揭幕，市委书记黄业斌在仪式上讲话。（惠州日报供图）

一、以“民共富”为目标

人民共同富裕，是社会主义的本质特征。惠州市坚持“以人为本”原则，凝聚民智民力，积极探索发展经济，走惠民利民、共同富裕的路子。

重大项目与自主创新“双轮”驱动，夯实基础。惠州围绕加快转变发展方式，着力建设世界级石化基地、国家级电子信息产业基地、广东省清洁能源基地、粤港澳旅游休闲度假基地，构建现代产业体系，做大共富“蛋糕”。2010年全市石化产业实现增加值303亿元，增长41.2%；电子信息产业实现增加值281.5亿元，产值规模居全国第9位。创新驱动带来战略性新兴产业集群发展，形成五大产业链和基地：以液晶模组、整机一体化为代表的平板显示产业链；从外延片、芯片到封装、应用的LED产业链；年产10亿粒高能环保电池、年发电683万千瓦的新能源基地；年产新一代通讯产品1.5亿部、全球最大的移动互联网制造基地；年产电子导航产品600万台、全国最大的汽车电子产品生产基地。

送“阳光”洒“雨露”，鼓励支持全民创业。制定《加快推进全民创业五年行动纲要》，对自主创业放宽注册限制，简化登记程序；市财政每年安排500万元以上的全民创业发展资金和1000万元的中小企业发展专项资金，对获国家专利者给予50万元奖励；市财政出资3000万元、融资2亿元，组建信用担保公司，畅通创业融资渠道；通过创品牌、建营销网络、“惠货全国行”等活动，扶持民营企业扩内销促转型。目前，全市创业企业达21.42万户，从业人员104.3万人，平均每4.6户居民有1家企业，每5人中有1人创业。去年全市民营经济实现增加值614.23亿元，上缴税收135.1亿元。

推进村企合作和农村改革，运用市场促城乡统筹。以项目合作为依托，以村容村貌整治为切入点，以发展工业与现代农业和转移富余劳动力为路径，促进农民增收致富。根据因地制宜、互利共赢原则，按照一个村有一个结对共建企业、一位挂钩领导、一名驻村干部、一名企业联络员的要求，共建经济项目194个，实际投入15.2亿元；民生项目743个，实际投入108亿元。全市转移农村劳动力54万人，占富余劳动力的98%。在全国率先向农民核发住宅土地使用证、房屋所有权证，农民可用以抵押贷款进行自主创业。大力推进农民土地承包经营权、山林所有权流转改革，农民以土地承包经营权入股，组建国家级、省级农业龙头企业199个、农民合作组织284家，带动农户31万户，户均增收3360元。城乡居民收入差距比由3.17：1缩小到2.66：1。

二、以“民共享”为导向

惠州较早提出“民生财政”理念，着力解决民生利益问题。市财政投入民生保障与民生工程建设资金连续三年达60%以上，其中新增财力70%用于新农村建设，实现发展成果由城乡人民共享。

着力建设公共文化服务体系。近三年来，市财政每年投入上百亿元建起了科技馆、博物馆、中心体育场、文化艺术中心等一批大型便民文体设施，完善惠州西湖、红花湖等风景名胜设施，保护东江、罗浮山等自然环境，公共设施、景区对公众免费开放。

着力完善城乡社会保障体系。实现城镇职工医保、居民医保和新农合“三网合一”，城镇居民参保率、农民参合率、村卫生站建站率均达100%。设立乡镇社保所，养老保险实现市级统筹，城乡低保、五保供养实现应保尽保。创新“规划到户、责任到人”扶贫模式，落实帮扶资金9500多万元，全市74个省级贫困村已全部脱贫，做到“村村有物业、户户有就业、年年有收入”。

着力解决民生热点问题。教育方面，实现县（区）内城乡教师收入、教师与公务员收入“两持平”，提前一年成功创建省教育强市。就业方面，每年新增城镇就业岗位近7万个，城镇登记失业率控制在2.5%以内。住房方面，改造农村危房1.1万户，每年建成经济适用房、廉租房2500多套。物价方面，三年来，投入物价调控资金9000多万元，建成平价门店33家、田头冷库8个、蔬菜大棚2500亩。

三、以“民共乐”为依归

加强和创新社会管理，事关人民安居乐业。惠州市近几年不断创新社会管理，促进了民作主、民共乐，推动了经济社会和谐发展。

加强基层政权建设，促进基层民主自治。基层党组织在基层社会管理中担负着领导核心责任。为此，惠州大力实施固本强基工程，城市社区实施社区党组织、社区居委会、社区工作站“三位一体”管理模式，探索出“党员联系村务责任制”、“村（居）民议事规则”、“四民主工作法”（民主提事、民主议事、民主理事、民主监事）等经验，实现了党的领导与村（居）民自治有机统一，增强了基层党组织的凝聚力和战斗力。全市93.4%的城市社区被评为省“六好”平安和谐社区，市区被授予全国和谐社区建设示范城区。

建立“特色之家”，促进矛盾化解。特殊群体多为困难弱势群体，急需社会关爱，关乎社会稳定。惠州市探索建立不同类型的“特色之家”：全市69个镇（街道、乡）和企业共建立85个“复退军人之家”；成立“‘的哥’之家”，反映他们的诉求；成立“流动商户之家”，商业街区设立47个摆卖点，解决了3000多流动商户的定点经营问题；成立“外来工之家”，由外来工选举理事、会长，实现了政府管理与外来工自治良性互动。这些服务为先的“特色之家”，成为科学发展的“推进器”、社会和谐的“稳定器”。

探索网络问政，畅通民意渠道。积极打造网络问政综合信息平台，充分发挥“惠民在线”、“万众评公务”和“党政领导信箱”等平台作用，问政、问计、问需于民。三年来，通过网络问政共解决事关人民群众切身利益的各类问题逾5万件，办结率达95.16％。网络问政的常态化、制度化，创新了服务载体，促进了多方参与社会管理。建立1774个综治信访维稳中心，公布市领导与“两代表”接访、下访日期，开通手机信访。建立市、县（区）、镇（街道、乡）、村（社区、企业）四级调处网络。成立流动人口管理局，创新流动人口服务管理机制。建成广覆盖的治安视频监控系统，持续开展严打整治专项行动。社会治安群众满意度连续四年保持在90％以上。

（作者黄业斌为中共广东省惠州市委书记，本文原刊于《求是》杂志2011年第14期）

网络问政的广东力量

瞭望

微引言

@杨兴锋：广东对网络问政的摸索，已经初步找到规律，进入常态化、制度化的阶段。//**@黄业斌：**开微博只是一个新的开始，最终要达到听民声、汇民智、促进发展的目的。//**@张蓓蕾：**广东借助网络形式采纳民意、问政于民，正在形成官民良性互动的可贵局面。//**@汪洋、黄华华：**当好“潮人”“脖主”，坚持“灌水”“拍砖”，多多“围观”“给力”。

2011年3月7日 来自 《瞭望》新闻周刊

一名普通流动商贩罗宗文，为广州市城管委副主任孙金龙颁奖——在2011年2月27日广东河源市举办的第二届中国网络问政论坛上，这一特殊的颁奖仪式，形象反映了广东网络问政的探索。而“城管问计”正是2010年度广东网络问政十大经典案例之一。

网络规矩颠覆现实惯性，网络拍砖推动现实参与，官方和民间的良性互动成就了当今广东网络问政风生水起的局面。

走向制度化常态化

广东拥有超过5000万的网民，每两人中就有一人是网民。

过去一年，广东继续积极拓展公民表达空间，中共中央政治局委员、广东省委书记汪洋与网民代表3次面对面座谈：第一次谈思想——广东新一轮思想大解放，第二次谈经济——实施《珠三角改革发展规划纲要》，第三次谈文化——广东建设文化强省。

“当好潮人脖主，坚持灌水拍砖，多多围观给力。”汪洋和广东省长黄华华给网友拜年，连续第四年发出网味十足的拜年信，为广东网络问政活动有效开展指明了方向。经高层亲身示范，广东网络问政呈现出蓬勃发展的态势。

由广东省委办公厅举办的网友集中反映问题交办会，至今已举办5次，网络问政从“听”到“问”，从“办”到“督”，批示办理、集中交办、日常交办、分转办理和专题办理，形成了一套完整的网友留言办理机制；由省委宣传部等主办的“民间拍案——实施《珠三角改革规划纲要》群众论坛”总论坛，全年举办了8场，还有20多场分论坛；南方民间智库的成员，扩充到了20名。

南方报业传媒集团管委会主任、南方日报社社长杨兴锋说：“这些数字都超过了‘1’，表明广东对网络问政的摸索，已经初步找到规律，进入常态化、制度化的阶段。”

“广东的网络问政经过不懈努力，一套行之有效的机制制度正在建立，一种理性表达、良性互动的氛围正在形成。”广东省委副秘书长王衍诗认为。

据广东经济和信息委员会的统计，广东全省21个地市和40个省直部门政府网站的政民互动平台建设目前已初具规模，功能齐全，网民参与网络问政的热情很高。据统计，2010年1～8月，21个地市政府网站收到网络问政件数量达87万件，较2009年增加了300％以上，答复率为92.7％；40个省直部门网站收到网络问政数量14万多件，较2009年增长了13.4％，答复率为91.3％。

在2011年1月召开的广东省委十届八次全会上，汪洋明确提出，要求各地领导干部掌握利用各种新技术手段做好群众工作，不做网络“菜鸟”，带头“上线”、“触网”，建立在线处理、回应群众关心的问题和合理合法诉求的制度，推动网络问政工作上新台阶。

广东省委常委、秘书长徐少华提出，下一步，广东网络问政要实现三个转变：由交办具体问题向交办普遍性问题转变；由推行网上信访和手机信访向创设网上信访大厅转变；由注重收集交办向建立健全收集交办、督查落实全程机制的转变。

微博等新兴技术给力

2010年广东网络问政亮点中，惹眼的当属微博。技术打通了手机与互联网的通道后，“微博”因其强大的互动功能成为网络问政最引人注目的一环，并迅速进入社会治理视野。

2010年2月4日，汪洋和黄华华第三次向网民拜年指出：希望广大网民朋友“对广东民生热点问题”织围脖，对广东工作中的不足“拍大砖”。

之后的2月25日，肇庆和佛山两地警方先后注册官方微博；5月11日，广东公安全部完成认证并在新浪网上建立起了微博群，挂上了闪亮的“V”字符号。

“与外省的民警个人相比，我们是官方的微博，一出台就代表公安机关。”广东省公安厅宣传处政务网站管理科科长刘博认为，而代表官方的最重要的一条，就是“不做五毛，不穿马甲”。

佛山警方很快印证了这一“抓手”的重要性：在接下来的佛山传统节日“行通济”中，当晚，当地一座桥梁上交通阻塞，正是倚仗微博，警方实现了及时疏导；而当晚另一走失的孩童，也是通过公安微博来找回。

就在肇庆和佛山的干警们以一个城市警方的名义试水微博之时，2010年3月22日，惠州市委书记黄业斌在奥一网上开通官方微博，成为广东第一个开通微博的地市级领导人。

得知书记开了微博后，不少惠州市民前去灌水拍砖，曝光人行道被车占用、投诉自家房屋办不了房产证，等等，黄业斌的微博很热闹，不断有关乎公共利益或涉及个人利益的声音。

黄业斌很快对微博留言作了批示，并转交相关部门按时处理。从网络上脱身而来，在行政体制内解决一些问题，再反馈到网络上，黄业斌在网络和现实政治生活中“有效”切换。

“开微博只是一个新的开始，最终要达到听民声、汇民智、促进发展的目的。”黄业斌希望能把自己的微博做成“网上办公室”，“发展中遇到的困难，转型中遇到的问题，借助微博让老百姓出出主意，开开处方”。

2010年4月3日下午5时19分，一条微博在河源网“公仆微博”上引来网友围观：“大家下午好！我是新加入的成员陈建华，欢迎大家来Follow！请网友们一如既往地支持和教我如何‘围脖’。”“公仆微博”，是河源市继在全省率先开通“公仆信箱”之后，搭建的又一个网络问政平台。在“公仆信箱”给网友回信，到“公仆微博”和网友交流，已经成为河源市委书记陈建华日常工作的内容。

广州博士科技创新研究会会长、南方民间智库成员彭澎坦言，“如果各地都像惠州、河源这样，不断创新手段，认真地开展网络问政，从而真正地减少上访甚至是群体事件，这不仅节省了政府和民众的大量精力，也增加了社会的和谐程度。”

借助微博进行网络问政的启示是，新兴技术对推动网络问政走向新高度至关重要。中国人民大学教授任剑涛指出，一个低成本、高绩效的技术平台，是网络问政最重要的保障条件。

正是由于认识到了这一点，越来越多的网络问政新技术登场。例如，省信访局推出的手机短信信访系统、河源公仆信箱手机版，都是通过技术手段，创新了网络问政的形式，使群众“问”起来更方便。

广纳民意助力科学决策

以“民间拍案”为主题、持续2010年全年的8场群众论坛，被称为席卷珠三角的头脑风暴，是高朋满座的思维盛宴。

在2010年年初的广东省委十届六次全会上，汪洋提出举办实施《珠三角规划纲要》群众论坛，让群众评说，让群众建言，让群众监督，推动《纲要》的贯彻实施。省长黄华华要求省政府相关部门大力支持，省委常委、宣传部长林雄直接部署具体工作。

《珠三角规划纲要》是中央赋予广东的一柄“尚方宝剑”，也是珠三角的改革发展规划第一次上升为国家战略。在《纲要》实施一年之际，汪洋提出让群众参与其中，也是想借用民智推动《纲要》的落地生根。

2010年5月下旬，“民间拍案——实施《珠三角规划纲要》群众论坛”总论坛第一场在广州开坛。论坛上，政府官员、人大代表、政协委员、专家学者、南方民间智库成员、网络意见领袖，都以建言者身份平等亮相，以圆桌的形式展开论辩。场内150名网友座无虚席，“板砖横飞”；场外也是“热气腾腾”，16万人次共同点击……

这样的“开门红”让“群众论坛”这一新型的参政议政方式，以开放性、建设性、全民化的姿态亮相。此后每月一场，月月火爆。论坛的主题是围绕《纲要》多层次展开的，既有珠三角前进的宏观视野，也有关注民生的微观叙事。珠三角总体布局、交通连接、建设文化强省、建设教育强省、完善住房保障、完善医疗保障、奔向低碳生活、珠三角经济转型——8场总论坛的8个议题，正是珠三角一体化进程中迫切需要解决的问题。

据统计，这8场群众论坛总共吸引了3000人次参加论坛现场活动，700多万人次观看了论坛直播并参与网上互动。

广东省委宣传部副部长、省社科院党组书记蒋斌说，以群众为主体是群众论坛最大的特色。他清楚地记得，许多论友一场不落来到现场，许多网友自始至终参与网上互动。还有七八十岁的老人亲临现场慷慨建言。“这就是论坛的魅力，这就是群众的力量。”

“没有想到，政府出台的一个规划纲要，竟然能引起如此大规模的讨论。我认为，这种‘网络问政、民间智库’的形式是推动政府改革非常重要的举措，应该在全国各地推广。”清华大学公共管理学院区域与城市发展研究中心主任、研究员施祖麟说。

如今，通过网络广纳民意，已成为广东各级领导科学决策的一部分。

2011年1月27日下午，“落实珠三角规划纲要建设幸福广东”网友座谈会在省政府里隆重举行。省委常委、常务副省长朱小丹携省直有关部门领导，面对面听取了10位网友对于广东发展的意见和建议。

2010年春天深圳两会前夕，推出一项新举措：问政于民、问计于民，引起全社会尤其是网友的热烈反响。活动开展一个多月后，广东省委常委、深圳市委书记王荣回应说，“对各位提出的真知灼见和反映的普遍问题，我们将会在深圳2010年政府工作报告中予以积极吸纳和专门回应。”

来自党委政府对网络民意的回应，对网络民智的重视，激发了越来越多的网民参与广东经济社会各项事业建设的积极性和创造性。在“文化强省建言献策”网民代表座谈会上，在《珠江三角洲地区改革发展规划纲要》群众论坛上，在广州亚运期间，在省市两会期间，网友建言献策，竞相为党委、政府出主意想办法。由于网友们不断地在网上提意见建议，配合推动，广东网络问政正在形成良性互动的可贵局面。

（作者张蓓蕾为《南方》杂志记者，本文原刊于《瞭望》新闻周刊2011年第10期）

解读网络问政的“广东经验”

新华社 XINHUA NEWS AGENCY

微引言

@任剑涛：网络问政的效果要看政府如何回应网民的政治热情。如果政府对网络问政没有回应，那网民就没有了持续的积极性。//**@十年砍柴：**广东的网络问政走在全国前面，根本上还在于广东的民间和官方的思想解放走在前面。//**@蓝云：**有一个说法就是：多上网、少上访。

2009年11月19日　来自　新华社

地方媒体：穿针引线搭桥梁

广东省的传媒业领全国风气之先，率先展开市场化改革，诞生了一批如《南方周末》、《南风窗》等全国著名的媒体。在搭建网络问政平台的过程中，广东的媒体继续抢在全国的前头，集纳网络言论、组织网民论坛、在政府和网民间穿针引线，是网络问政的先锋队和“扩音器”。

2009年7月20日，隶属南方报业传媒集团的奥一网推出了网络问政平台。据奥一网执行总编辑蓝云（现任南方民间智库执行秘书长、奥一网首席问政官）介绍，这是全国第一个系统化的网络问政平台。打开平台的网页，首先看到的是网友们的“谏言”、“质疑”、“声音”、“投诉”、“爆料”、“拍砖”，以及各个部门的“回应”。网站开设有“捎给汪洋书记的话”、“有话问黄华华省长”、“有话问省直机关”、“有话问21地市领导”、“有话问区长、市（县）委书记”等专栏。

“我们专门有十多个编辑对每个帖子或者回帖进行严格审查，如果某个帖子需要核实，我们就可以和同属南方报业传媒旗下的《南方都市报》各驻地的800多名记者联系，帮助我们核实，这也是我们的一个优势。”蓝云说。

在奥一网成立网络问政平台之后不久，2009年8月3日晚，广东省工商局首度以“网络发言人”的名义在奥一网上回帖。奥一网表示，这是全国第一个“网络发言人”。“当时我们设立网络发言人也是受到南方报业传媒集团等媒体的引导，由他们首先提议的。”被奥一网称为“全国首个政府部门网络发言人”的广东省工商局党组副书记彭海斌坦言。

“我们希望建立一个促进网民和政府良性沟通和信息共享的平台。民众的情绪或者想法都需要有渠道来传达，这样即使有一些怨气也可以进行疏导。我们有一个说法就是：多上网、少上访。”蓝云说。

政府官员：欢迎大家来拍砖

“欢迎大家‘灌水’、‘拍砖’”，在2009年春节前夕，广东省委书记汪洋、省长黄华华通过南方网、奥一网等网站发信给网民拜年，呼吁大家继续网络“拍砖”建言献策，“顶”起一个富有建设性的网络社会。这已经是汪洋和黄华华继2008年后第二次向网民拜年。

有效的官民沟通起到了让政府了解民情、聚集民智的作用，更是破解“思想解放”难题的锋利武器。据了解，广东省主要采取了“听”、“答”、“办”、“实”等四项措施：

中国人民大学国际关系学院教授任剑涛评论说，网络问政的效果要看政府如何回应网民的政治热情。换言之，网络问政的未来受制于它的绩效，有绩效，网民就有动力。如果政府对网络问政没有回应，那网民就没有了持续的积极性。从目前的情况来说，从国家领导人到地方领导，对网络问政的态度都是积极的。

知名网友“十年砍柴”说：“网络技术作为一种技术革新只能是手段。广东的网络问政走在全国前面根本上还在于广东的民间和官方的思想解放走在前面。如果政府没有诚意接受民众监督，技术再先进也没用。”

（本文根据2009年11月18日新华社报道摘选）

通过网络政治促进文明发达

南方日報

微引言

@南方日报：无论是基于互联网的社会管理创新，还是基于互联网的公共外交，其本质均是网络政治。文明的发达需要载体，互联网以及网络政治的出现对于中国来说是大幸也，地球因此而被“拉平”，文明因此而被训练，进而日益发达。文明，需要新内容，革故鼎新，永不停歇，方为正道也。

2011年5月6日　来自　南方日报

2011年4月29日，由察哈尔学会、南方民间智库联合发起的首届华人网络论坛在惠州举办，来自多国的华人嘉宾汇聚于此，纵论互联网与社会管理创新、互联网与公共外交。近年来，中国内地多座城市开展网络问政，对利用互联网进行社会管理创新作了多方面探索尝试，取得有益成果。同时，互联网以其开放性、全球性的特性，逐渐成为传播中华文化的强势载体，对公共外交将起到巨大的推动作用，网络外交可谓方兴未艾。与此同时，2010年度中国“互联网与社会管理创新城市”的评选结果揭晓，惠州、杭州等四座城市当选。

无论是基于互联网的社会管理创新，还是基于互联网的公共外交，其本质均是网络政治。在当今时代，越来越多的网民选择通过网络参与到社会管理以及一些政治事件中来，网络所产生的意见场日益向具体政治领域辐射。伴随着中国社会各阶层的分化和崛起，网络成为了各阶层讨论各种问题的聚集所，成为社会各种意见和情绪的发酵场。如何利用网络进行社会管理创新，乃至于推动中国公共外交事业，都是新鲜课题，也是一场政治考验。

中国已经成为了网络社会，网民在我国政治生活中的角色早已变得不可忽视。这样一个庞大的群体在网上或许为网民，但在现实生活，无不扮演着某一种具体的角色，而其共性则皆为公民。由于互联网及时、多向、迅捷、开放等特点，公民对于意见的表述常常通过互联网等进行。这种意见的表述不是单线的，这个领导看得见，那个领导也能看见，正由于其公开性，也就会形成网络压力，无论承认与否，压力政治是存在的。有压力很正常，但关键是能否换压力为动力。惠州之所以在网络问政领域风生水起，便是通过一系列政治创新把压力政治变成了动力政治。一压一动之间，文明兴起，社会管理水平迈上新台阶。

伴随着互联网科技的进步，中国网民正在越来越多地与世界沟通，与多元化的社会沟通。这种沟通常常通过不同意见的表达而逐步达成共识，一些人类所普遍承认的价值也得到了更大多数中国网民的认同。应当说，中国网民的公民意识通过汶川大地震、玉树大地震乃至于日本大地震有了长足进步，而互联网信息的多样化也促使更多的中国人去了解和追逐真相。2008年“家乐福事件”发生时，不少网民被民粹主义情绪所裹挟，发表了一些过激观点，也产生了一些过激行为，那时为家乐福辩护则很快会被打成“汉奸、走狗”；但当日本大地震发生后，虽然也有幸灾乐祸之人，但占据主流的是同情的声音，大家通过日本人民在汶川大地震中对中国人民的大范围捐助而感知到许多情绪，仇日言论明显减少。一方面这是中国网民在精神领域的成长，另一方面，不断进步的网络表现实际上是网络外交的进步。中国网民的形象在相当程度上代表着中国民间的形象，而这种形象对于公共外交事业显然至关重要。

这是外交创新，具体到社会管理层面上来，网络既可以广泛地收取民意，也可以通过网络而让中国政治运行的程序等等让公民知道，让公民监督。公民多一点知情权和监督权，政府就会多一分保障，毕竟监督和公开会让一级政府在施政时更加注重民意，更加注重管理的科学化。在惠州等地开展的基于互联网的网络创新实践，说到底是一场社会管理制度的现代化改革，这样的改革经实践证明有利于推动社会发展和和谐，有利于实现动态稳定，也有利于集纳民智，提高执政和施政水平的科学化。

文明的发达需要载体，互联网以及网络政治的出现对于中国来说是大幸也，地球因此而被“拉平”，文明因此而被训练，进而日益发达。文明，需要新内容，革故鼎新，永不停歇，方为正道也。

（评论员文章，本文原刊于2011年5月6日《南方日报》）

网络问政促进执政理念转变

學習時報

微引言

@周瑞金：网络是虚拟的，生活是现实的，官民要通过网络问政实现共同治理。//**@胡泳：**网络问政要从线上走到线下。不能是姿态性的，要使官员通过网络问政导向为一种责任政治，即问责政治。//**@黄业斌：**网络问政改变的不仅仅是政府姿态，更是网民对政府的监督和约束，有助于推动执政理念的转变。

2012年10月1日　来自　学习时报

政府如何应对网络监督，如何发挥网络问政的作用，如何推进网络问政制度化建设等问题，已成为政界、学界和网络界关注的热点话题。2012年9月23日，第三届中国网络问政研讨会在广东惠州举行，来自中央党校、中宣部、广东省委省政府、中央编译局、中国社会科学院、北京大学、北京师范大学、新加坡国立大学、惠州市委市政府等单位的专家学者、党政官员、网络“大虾”就这些问题展开讨论。

针对如何进一步推动网络问政服务社会治理等问题，中国马克思主义研究基金会副理事长、中共中央党校原教育长郝时晋认为，网络时代是民意爆发的时代，民意已经成为一种不可忽视的强大力量，事实上已经在影响政府的决策。令人欣喜的是在这样一场新兴的攻坚战中，政府没有缺席，反而迎难而上，以主动的姿态积极地参与其中。网络问政成为互联网时代推动民主法制建设的新形势和新情况，促进了政府与人民之间直接、即时、高效互动交流与沟通，也是人们实现知情权、参与权、表达权和监督权的重要途径，这也是政府努力实践政务公开化、透明化，加强对行政权力的制约，加强民主监督，提供高效便利服务的有效方式。

中国社科院博士生导师、原《人民日报》副总编辑周瑞金认为，网络舆论就是检测和研判“影响社会和谐稳定突出问题”的最新鲜、最丰富的信息源。借助互联网的问政参政，唤醒和激活我们的体制机制，改进公共治理，撬动民间社会，促进官民沟通，是当前成本最小、风险最低的政治体制改革举措。

惠州市委书记黄业斌认为，网络问政光有口号、许诺是远远不够的，关键是落实，要让网络问政转化成为广大党员干部的习惯思维、习惯方式，网络问政必须治庸治懒、问效问责，通过发挥制度的刚性作用，把倒逼压力转为工作动力，以实际成效保障网络问政的深入持久开展。

黄业斌认为，网络问政改变的不仅仅是政府姿态，更是网民对政府的监督和约束，有助于推动执政理念的转变。就网络问政如何能够制度化等问题，新加坡国立大学东亚研究所所长郑永年教授认为，网络已经成为讨论中国政治和社会的渠道，网络创造了一个开放的政治背景，就是政治互联网平台。互联网可以促进一个国家的民主化，尤其是民主政治体系的建立。互联网的技术特征是分散化、分权化，是一种完全扁平化的开放。在中国的政治生活中，互联网作为一种技术，可以打破政府与人民之间的界限，成为打破界限最有效的工具，互联网在官员和社会群众之间扮演着非常重要的角色，可以促进两种沟通交流，共同促进问题的解决，推动社会的进步。

周瑞金认为，从民意政治发展到民主政治应该具备几个条件：一是党政干部要提高媒介素养，能够和民众一起通过网络这一平台建设民主政治的自觉性和主动性；二是形成一系列有关的制度，保证网络问政的经常化、程序化，能够使网络问政参政保证质量；三是制定一系列必要的法律法规，使网络问政参政走向法制化，不随着领导人的更换，不受领导人素质的影响，能够使网络问政依法进行，取得有效的成果。周瑞金认为，互联网作为个人、民间组织之外的第三种社会力量，正改变着传统的“强政府弱社会”格局，尤其是日益发展的微博，已经成为政府转型的最大社会推手，并激发了公民社会的产生。网络是虚拟的，生活是现实的，官民要通过网络问政实现共同治理。

北京大学胡泳副教授认为，网络问政要从线上走到线下，由于现实中制度是有欠缺的，导致很多问题集中到互联网上，这是很危险的。网络问政不能是姿态性的，不能成为走秀台，要使官员通过网络问政导向为一种责任政治，即问责政治。

（作者陶春为学习时报一编室副主任、副编审，本文原刊于2012年10月1日《学习时报》）

网络问政给力“惠民之州”

时事报告

传递中央精神 纵论天下大势

微引言

@黄雁行：从2008年8月开始，惠州市顺应信息时代的发展要求，在全国率先探索开展网络问政工作。随着实践的深入，网络问政成为了一项听民声、察民情、聚民智、解民忧的“惠民工程”，升华为实现“惠民之州”、“文明城市”、“幸福惠州”等战略目标的重要支撑。

2011年7月13日 来自 时事报告

从2008年8月开始，惠州市顺应信息时代的发展要求，在全国率先探索开展网络问政工作。随着实践的深入，网络问政成为了一项听民声、察民情、聚民智、解民忧的“惠民工程”，升华为实现“惠民之州”、“文明城市”、“幸福惠州”等战略目标的重要支撑。惠州网络问政工作获得国家级、省级奖项7项，并被《人民日报》等国内主流媒体作为“惠州样本”广为宣传报道。惠州因此获评“2009年广东网络问政年度城市”、“2010年度中国互联网与社会管理创新城市”。

一、建立领导用网机制，促进主动问政

惠州市委、市政府深刻认识到做好网络问政工作对于新时期执政的重要性，坚持“不回避、不忽悠、不作秀”和“真问互信，真听实干”的原则，借助网络问政平台，由主要领导带动各县（区）、各职能部门负责人积极上网、触网、用网，主动听民声、察民情、聚民智、解民忧，让群众声音得以传到“庙堂”之上。市委书记、市人大常委会主任黄业斌亲自担任惠州市网络问政工作领导小组组长，亲力推动问政工作。两年多来，市委书记黄业斌和市委副书记、市长李汝求分别通过人民网、奥一网、今日惠州网等网络媒体与网友交流近10次。此外，

黄业斌、李汝求等市领导还通过3次网友见面会、网友座谈会，面对面听取网民的意见、建议。在主要领导的带动下，各县（区）、各市直职能部门先后成立网络问政工作领导小组，主要领导担任组长，有力地推动了全市网络问政工作。

二、建立全方位互动机制，做到便捷问政

惠州市打造了四个富有特色的网络问政平台，实现了全方位互动。第一，编写《惠民在线信息摘报》全方位收集民意直达决策层。从2008年8月开始，市委宣传部将网民关注或较为突出的意见、建议和问题进行收集整理，编成每周一期的《惠民在线信息摘报》上报市主要领导批示，批示由市委督办和市政府督办转各部门办理，结果统一在本地三个主要网站上公布。第二，开设“惠民在线”论坛——全媒体在线即时交流。每月各安排一名市领导和一名市直职能部门负责人在“惠民在线”论坛上线，进行文字、图片、视频直播。网民可以现场提问和发表意见，与上线领导直接交流。“惠民在线”论坛2008年8月开播至今，已有60多位市领导、县（区）领导和市直部门负责人上线，成为网民参政议政的“网上议事厅”。第三，创建网络问政综合信息平台——全天候受理网民问题。2008年11月，在政府门户网推出网络问政综合信息平台，为群众提供24小时的意见受理渠道，群众还可以通过手机短信、电话提交意见和建议。群众提交的信件通过政府电子公文交换平台分送相关县（区）和市直职能部门，各部门通过该平台予以回复，实现前台受理、后台办理的“一站式”网络问政方式。第四，开通“书记微博”——市领导与网民的“直通车”。2010年3月22日，黄业斌书记在奥一网开设“黄业斌微博”，成为了广东省第一个开通微博的地市级领导。他每周发表一篇微博文章，与网民进行直接、快捷的网络“交谈”。通过不断完善这四个平台建设，引导民众有序地、便捷地参与政治生活和公共事务。

三、建立严格考核机制，确保有效问政

首先，综合信息平台设置“红黄绿”灯和评分制度。提出回复网民问题的“四部曲”，以及“红黄绿”灯和评分制度。要求各部门回复信件按照“立即回

复、按程序办理、及时派员处理、办结情况告知”等四个步骤进行。一般性问题5个工作日内回复，比较复杂的问题15个工作日内回复。5个工作日内按时回复的，平台将自动标以“绿”灯，未回复的标以“黄”灯，超过15个工作日仍未回复的标以“红”灯。提交信件和浏览信件的群众，都可以对部门回复做出评分，评分结果公开，并作为网络问政工作的考核指标之一。

其次，定期开展各项检查、监督。一方面，市领导在《惠民在线信息摘报》上的批示，市领导上线时没有解决的问题，由市委督办、市政府督办交相关县（区）、职能部门限时处理和回复，统一向网民反馈。另一方面，由市纪委会同市委督办、市政府督办、市委宣传部、市经信局组成检查组，每月进行检查监督。

再次，三项考核评价问政成效。将市直各部门的网络问政工作情况纳入“行风评议”和“万众评公务”考评范围进行考评，对县（区）网络问政工作纳入了县（区）委书记、县（区）长及市直部门正职目标责任考核，年度考核中低于80分（100分制）的，给予黄牌警告。通过“三管齐下”，严格考核，推动网络问政工作有效运作。网络问政已成为排解民忧、化解矛盾的“直通车”，也成为网络反腐、行风监督的“千里眼”。

四、建立媒体联动机制，实现明白问政

一是在“惠民在线”论坛播出前，本地所有媒体进行预告，在通过网站征集意见的同时，传统媒体派出记者线下收集问题。二是在线上交流结束后，传统媒体对上线交流情况进行大篇幅的跟踪报道。三是本地主要网站首页突出宣传网络问政，市领导在摘报上的批示批示、处理情况等都在重要位置及时公布。四是传统媒体专门开设“惠民在线报网互动”、“惠民追踪”等栏目，对网络问政工作全程跟踪报道。通过全媒体互动，网络问政工作已家喻户晓、深入民心，越来越多的党政官员与网民群众一起，共同参与到社会管理当中。惠州网络问政品牌正以不断高涨的人气和参与度，转型成为一个响亮的社会管理品牌。

（作者黄雁行为中共广东省惠州市委常委、宣传部长，本文原刊于《时事报告》杂志2011年第7期）

惠州：把网络问政作为工作习惯

网络传播

微引言

@徐少华：广东将创建集网上信访、手机信访、电话信访三位一体的“广东网上信访大厅”，网上接访让网络问政不再“虚拟”。//**@王衍诗**：有效解决民生诉求的成功实践说明，网事并不如烟，问政不是浮云。//**@李芳**：网络问政怎么能成为党政领导干部的工作习惯？我们已经把网络问政纳入党政一把手的考核目标。

2011年4月8日　来自　《网络传播》杂志

2011年2月27日，国务院总理温家宝专程到中国政府网和新华网访谈室，同海内外网友进行在线交流，这是温总理第三次同海内外网友进行在线交流。而在广东河源，第二届中国网络问政研讨会举行，政界、学界、传媒界以及网友代表围绕网络问政新趋势展开深入探讨。一南一北两件网络问政大事竟同时发生，这种机缘巧合折射出中国网络问政正在走向常态化。

目前，广东21个地级以上市的网络问政平台建设已初具规模，一套行之有效的机制制度正在全省建立，一种理性表达、良性互动的氛围正在形成，一条新时期群众路线的金光大道正在拓展延伸。例如潮州市党委政府把通过网络发布消息、征求意见、咨询决策等要求写进文件。

广东省、市领导看中的，就是网络带来的“直接对话，平等沟通”，他们希望在网上看到的是民意的真实表达，是网友对政府的监督，是网友献出的“金点子”。作为网民，我们也要拿出热情，以负责任的态度多发些高质量的贴子，多为广东的发展出谋划策。

“广东网络问政平台已经由2009年开始制度创设，到2010年制度尘埃落地，到2011年进入制度延续的状态。只有在制度有强大跟进力的情况下，网络问政

近年来，以国务院新闻办为支持单位的网络权威杂志《网络传播》先后4次刊发文章，介绍、总结广东在网络问政、创新社会管理方面的探索和成效。

才真正冷却在制度上，作为一种我们既有的制度弥补，才能够真正作为网络办事办公一个有效手段，才能够真正作为我们这样一个时代在制度创设上与时俱进，不落伍于我们的执政和社会发展需求。”中国人民大学教授任剑涛表示，创新制度容易，而跟进制度和将制度落定在一个政策和法规上的努力，还需要进一步夯实。

“网络问政怎么能成为党政领导干部的工作习惯？我们已经把网络问政纳入党政一把手的考核目标，而且考核的分数50％是网民打的，不是通过汇报，通过突击就能完成的了。”惠州市委宣传部副部长李芳表示，两年多以来，惠州通过网络问政解决了56000多个问题，惠州市委黄业斌书记提出网民无小事，网络问政要做到真听真问真落实，对网络问政作为不忽悠、不回避、不作秀。所以惠州已经把网络问政作为一项工作习惯，网民也把网络问政作为一项生活中必不可少的事情，所以惠州的渠道畅顺，惠州的人民、网民幸福指数就越高。

（杨冗晟，本文根据《网络传播》杂志2011年第4期摘选改编，原题《网络问政：广东模式的金光大道》）

广东网络问政渐入佳境

时代周报

微引言

@杨建顺：网络问政渐成趋势，体现了一种观念的更新。应该和现实中的行政行为的改革—行政观念的转变—行政方式的多样化结合起来。//**@郭巍青**：从个别代表委员向网民征求意见，逐步形成多渠道、成规模、有系统的网民意见收集机制。//**@王楠杰**：互联网正在刷新参政议政模式，网络问政也成为2010年地方两会的新热点。

2010年2月24日　来自　时代周报

为确保网络问政工作有效推进，惠州市政府出台了《关于开展网络问政工作的通知》，进一步完善网络问政问责机制，对部门的回复进行评分即是这项机制的内容之一。

另一项制度也行之有效—“红黄绿”灯警告制度。对网友提出的一般问题，各有关部门必须做到5个工作日内回复。部门按时回复的，问政平台将自动亮“绿”灯，超过5个工作日尚未回复的亮“黄”灯，超过15个工作日仍未回复的亮“红”灯。

同时，惠州市还建立起监督检查制度，将网络问政工作纳入各县（区）党政一把手、市直职能部门目标考核指标体系中。

惠州市政府高层和各级部门主要负责人频频“触网”也引来了关注，网络问政工作得到省委的充分肯定。广东省委书记汪洋就惠州网络问政工作先后两次批示，要求省有关部门“注意跟踪了解情况”。

2010年1月29日在广东省第十一届人民代表大会第三次会议上所作的《政府工作报告》里，网络问政首次被正式写入—“开展网络问政，政务、厂务、村（居）务公开取得新进展”。省长黄华华并于现场指出“广泛接受社会公众和新闻舆论监督，引导群众通过互联网理性表达诉求”。

互联网正在刷新参政议政模式，网络问政也成为2010年地方两会的新热点。据了解，2010年广东省政协从网站上共收集到90多条市民提供的线索，从中整理出来的有效线索有29条。

中山大学政治与公共事务管理学院教授郭巍青分析说：“最初是网民关注代表和委员的看法，后来是通过网络参与到代表和委员参政议政的过程之中；从个别代表委员向网民征求意见，逐步形成多渠道、成规模、有系统的网民意见收集机制。”

互联网技术的飞速发展让网络问政成为了公民一种新的参政议政手段，其对于政府的施政行为带来很大的便捷，而网络问计于民也已经成为政府工作重要的组成部分。网络问政的“走红”成为一个不可阻挡的潮流，中国法学会行政法学研究会副会长杨建顺认为政府官员网络问政渐成趋势，体现了一种观念的更新，说明多种决策手段正在逐步运用到政府的施政方针中来。

但同时，网络问政之“问”，并非单向之“问”，而应该是有问有答，双向互动与沟通，这就意味着要让其名副其实，还有很长一段路要走。

对此，杨建顺提出，网络问政的具体方式方法规则还需要进一步明确和分类。“网络问政应该和现实中的行政行为的改革—行政观念的转变—行政方式的多样化结合起来。如果成功地结合起来，那么网络问政的前景可以说是无限的”。而这一切的前提是，“需要有一系列的制度作为支撑”。

（作者王楠杰为时代周报记者，本文摘选于《时代周报》2010年第67期）

网络问政：倾听民意　改善执政

微引言

@邱震海：网络问政成为官员未来机制考核一部分，不会因为官员的更替产生“人亡政息”的情况。//**@邱震海**：面对未来几年中国社会可能出现种种矛盾，我们现在需要寻找各种阀口，我认为网络问政可以成为众多的舒缓阀口之一。//**@姜声扬**：中国当前碰到不少转型期的矛盾，为此民众情绪舒缓也是个重要的切入口。

2012年9月24日　来自　凤凰卫视《时事开讲》

近年来，凤凰卫视《震海听风录》、《时事开讲》栏目，多次关注、介绍广东、惠州开展网络问政、创新社会管理的探索和成效。图为《震海听风录》2011年5月4日报道首届华人网络论坛节目视频截图。

凤凰卫视2012年9月24日播出的《时事开讲》栏目，对在惠州市召开的第三届中国网络问政研讨会，以及会上发布的网络问政“6+2惠州共识”进行了点评。同时，对网络问政“惠州模式”进行了充分认可。以下为节目文字摘选：

网络问政可成为舒缓民意的阀口

对民意来说，慢慢需要有一个舒缓的一个阀口，所以面对未来几年中国社会可能出现种种矛盾，我们现在需要寻找各种阀口。互联网或者民众在互联网上进行监督，官员及时的回应民众的这些要求，我们称之为网络问政，我认为也是可以成为众多的舒缓阀口之一，它可能不是唯一的，但是它是众多之一。

在广东惠州举行了第三届中国网络问政研讨会。我们知道，惠州一直在网络问政走的比较前面，因为市委书记黄业斌自己本人是在广东省，也可能是在全国最早的开设微博，用实名开设微博的政府官员，而且每天亲自上网，所以有助于官员能够第一时间的了解民意。

民情的上通下达，过去可能老百姓只能通过上访，那种非正常的途径向政府反应，因为主流的媒体，主流的司法缺乏渠道，现在老百姓往往可以在网上直接跟市委书记、市长进行对话，直接可以表达他们的诉求，而官员也能够直接的在网上进行批复，这是一种在前几个年，我记得我在这里已经讲过几次惠州的经验，惠州的一种做法，甚至模式。

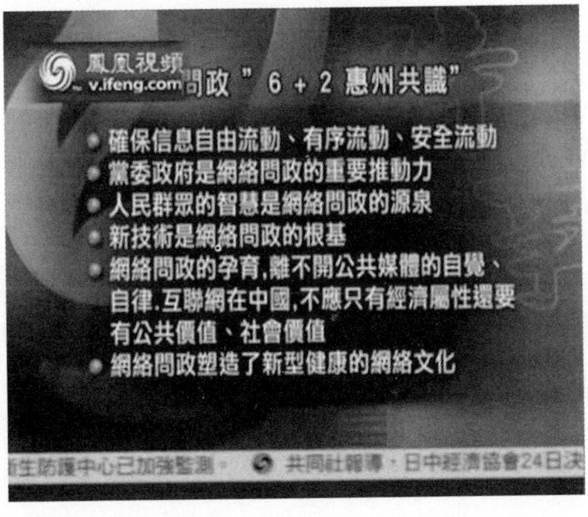

《时事开讲》栏目点评网络问政“6+2惠州共识”，认为网络问政“惠州模式”相当程度上，已经可以给各地借鉴和参考。

网络问政可成为官员考核一部分

现在惠州很多的做法有进一步的升级、深化，如果说过去还是取决于某一个政府官员的开明，比如说市委书记黄业斌本人比较开明，但是现在会落实到很多的机制上去，比如说一个官员是否倾听网民的声音作为政绩考核的一部分，也即已经落地。落地以后，成为官员未来机制考核一部分，成为政治体制或官场的一部分，这是第一个。第二是，不会因为官员的更替产生“人亡政息”的情况。

讲到网络问政，如果关心微博的朋友们都知道，现在网络上非常流行的“表哥”，陕西安监局局长杨达才，就是由于互联网的兴起，大家在网络上不断地进行搜索，不断地跟踪，最后把他“拿下来”。由此折射一个现象，虽然我们不能说互联网是万能的，但是它折射一个现象就是，以网络为代表，以新技术为代表，以网民为主要载体的公民社会正在不断地兴起。

（本文根据2012年9月24日凤凰卫视《时事开讲》栏目摘选改编）

惠州：从网络问政到“民共治”

加拿大商报
TODAY COMMERCIAL NEWS

微引言

@任剑涛：惠州已经建立良性的互动机制，让党政机构与社会在网络问政平台上实现互信。//**@郭巍青：**惠州的很多制度要求政府主动面对民意，这是很多其他地方政府做不到的。//**@邱震海：**在建立网络问政部门激励制度等方面，惠州的做法十分宝贵。//**@黄业斌：**怎样和群众建立有机联系，这是提高执政能力的关键。

2011年5月7日　来自　加拿大商报

经过近3年的实践和摸索，惠州市逐步探索出依靠互联网推进社会管理创新、搭建沟通平台引导民众有序参与政治生活的模式。由于官方的重视与引导，网友参与社会管理的激情日渐被激发出来。

“李市长，您和黄书记是网络问政第一个吃螃蟹的人，那么多年螃蟹吃下来，更多的是鲜味还是苦味？会不会担心吃螃蟹的时候可能螃蟹没被蒸死，一不小心会咬你，还是想到螃蟹终于有一天会被吃掉，最终达到和谐？”。2011年4月29日，首届华人网络论坛圆桌讨论现场，凤凰卫视评论员邱震海直截了当地向惠州市市长李汝求发问。

“吃螃蟹，最主要的还是美味！”李汝求毫不犹豫地应答，“政府要建立和网民之间的良好互动关系，大家要互相信任。政府作出实效，老百姓就会知道网络问政是有效的。”

“怎样和群众建立有机联系，这是提高执政能力的关键。”黄业斌说，要通过引导网络民意、理性表达诉求，提高虚拟社会管理水平。通过网上信访和手机信访，多管齐下畅通群众诉求快速反映渠道，解决实际问题，让人民群众意识到在网上“说了不白说”。

2011年5月7日加拿大商报、美国《侨报》，5月1日星岛日报等华文媒体对4月29日在惠州举行的首届华人网络论坛进行了报道。

为保障网络问政工作持续有效推进，惠州市委市政府已制定出一套广纳民意、汇聚民智、维护民利的网络问政长效机制。

邱震海在首届华人网络论坛上，为惠州的网络问政打了7分（10分制），他说，在建立网络问政部门激励制度等方面，惠州的做法十分宝贵。

知名学者、中国人民大学政治学系教授任剑涛也为惠州的网络问政加分："惠州目前已经走出了宝贵的两步：第一步是领导挂帅，惠州书记市长能够亲自触网，与网民制度化交流，典范先行。第二步是开始制度化，惠州已经建立了一个良性的互动机制，也让党政机构与社会在网络问政平台上实现了互信。"

中山大学政务学院教授郭巍青表示，惠州的很多制度要求政府广泛了解、主动面对民意。这是很多其他地方政府做不到的，而惠州走出了这一步。

（作者林旭娜为南方日报记者，彭美、胡服为南方都市报记者，本文根据2011年5月7日《加拿大商报》摘选改编）

七　围观惠州：草根思维提供科学发展金点子

网民正在以一股新的社会力量崛起，指点江山，搅动江湖，有思考力的网民是地区发展之福。当然，他们表达的方式，不会正襟危坐，照本宣科，也许有些激烈，有些狂野。一方党政主官，当适应他们的话语体系，虚心纳谏，获得真经。

黄业斌多次与网民在线交流、接受当面“拍砖”，陈奕威被网民亲切地称为“威哥”，与网民打成一片。因此，众网民也直言不讳：“鸣之”建议设惠州市网络问政工作局；李少魁建议要从惠及市民到惠及全民；“公民证”提出，网络问政有问有答才越走越远，李阳景说，网络问政应首选民间网站……拳拳之心，溢于言表。

在首届华人网络论坛上，南方民间智库惠州分库成立，13名网民代表佼佼者成为首批成员。自此，“围观”有了组织，更有智慧，更有成效。如今，微博微信来势凶猛，应对网民“微时代”的围观，惠州仍在路上。

7.1 建言与评价

规划建设深莞惠（坪新清）产业合作示范区

@谌毅兵： 深莞惠（坪新清）产业合作示范区定位为深莞惠深度合作先行区、低碳新兴产业聚集区、高科技产业服务创新中心，设创智中心区、高端制造区、生态景观区、生活配套区四大功能区，预计2020年实现地区生产总值1500亿元，创税150亿元，地区人口20万人。经实地考察和分析，坪新清三地合作具有利条件，前景广阔。

2012年1月31日　来自　网络问政平台

《珠江三角洲地区改革发展规划纲要（2008-2020）》（以下简称《纲要》）的颁布实施，区域合作成为珠三角和深莞惠未来发展的重要抓手。区域合作要求除了在交通、环保、社会管理等领域进行跨区域合作之外，还需要更为深入、全面的合作方式，实现城市间产业规划与发展的互补与共享、经济利益共享、社会事务共治等等。在不打破、重组现有行政管辖权限的前提下，在城市之间合适的边界地区选取一定面积的区域，采取一定的合作模式，进行全面的合作，为未来城市间的深度合作探索合作的机制、模式、方式和方法，是落实《纲要》和促进区域合作及一体化的重要途径。

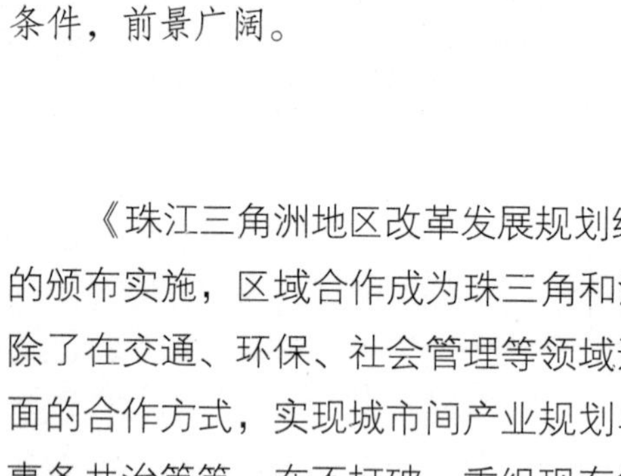

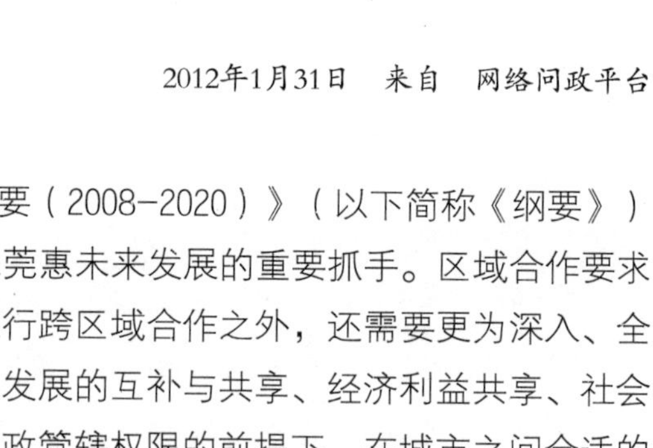

深圳、东莞、惠州三市作为珠三角的重要区域，三市在三市党政联席会议的框架下，已经在产业发展（如高新技术产业网）、交通建设等方面达成了共识，形成了一定程度的合作，但仍有深入推进的需要和必要，需要开展更为深入、全面的合作。

深圳市坪地街道、惠州市新圩镇、东莞市清溪镇位于深莞惠三市的地理几何中心，属于边缘、欠发达、后发地区。以实施《珠三角纲要》和推进深莞惠三市党政联席会议要求为契机，以坪地高桥工业区为启动区、核心区，打造区域合作示范区，突破行政、土地、财政、税收、社会管理的障碍，实现优势互补、共享共赢，促进产业发展及转型升级，为深莞惠三市的经济发展注入强大动力，实现经济社会的融合，是三地由边缘到中心的必然选择，也将为珠三角一体化提供有益的经验和借鉴。

经过实地考察和分析，坪新清三地合作具有天时地利人和的有利条件，合作前景广阔。坪地街道依托深圳强大的经济实力和产业基础、特区品牌、城市综合优势，新圩镇以其丰富的土地和生态资源，清溪镇有着较具规模的产业基础和优越的生态优势，三地合作具有巨大的资源互补条件。通过统一规划、共同建设、共同发展，不但能够实现示范区在产业发展、经济发展、社会管理等上的整合，更能促进坪新清三地和深莞惠三市的深度合作，促进三市在经济、社会的全面融合。设想中的合作示范区包括“一园八村”：高桥工业园、南坑村、红卫村、红田村、约场村、东丰村、铁场村、九乡村和大浦村，总面积105平方公里。

合作示范区定位为深莞惠深度合作先行区、低碳新兴产业聚集区、高科技产业服务创新中心，设四大功能区，即创智中心区、高端制造区、生态景观区、生活配套区，预计到2020年实现地区生产总值1500亿元，创税150亿元，地区人口20万人。

建立利益共享机制。园区创造的地区生产总值列入各自的统计口径，在全省的GDP统计中合并。土地收益，原则上“生地变熟地”后出售所得收益的50％归属地政府，50％归管委会（股份开发公司）用于园区的滚动开发。税收收入按照三方商定的比例分成。

三地合作采取股份合作模式或委托管理等商定的模式。深莞惠三市成立合作开发协调小组，挂靠三市市长联席会议，成立合作开发协调委员会，协调解决重大问题。成立管理委员会，三地授予管委会一定的政府权限，承担社会管理、公共服务等职能。

在开发建设上，深莞惠三市以一定的比例出资成立股份制开发公司，负责规划、投资开发、土地经营、招商引资、经营管理等工作。股本作为示范区开发的启动经费，后期资金主要通过市场融资解决。

附注：

1．汪洋、黄华华、王荣对研究成果作出批示，朱小丹肯定研究成果，许勤、黄业斌等深莞惠三市多位领导，龙岗区有关领导和部门，肯定和支持示范区的规划建设。

2．2011年4月18日，深莞惠三市党政联席会议上签订《关于推进深莞惠边界地区坪新清片区规划开发的合作协议》，标志着研究成果正式成为政府决策。

3．2011年11月22日，惠州市第十次党代会上，建议被写入党代会报告。报告明确提出，要“加快推进‘坪新清产业合作示范区’建设”。

（作者谌毅兵为南方民间智库成员、深圳龙岗区委党校教师，本文2012年1月31日发表于奥一网网络问政平台，获“南粤智多星”——网民促进广东科学发展金点子奖一等奖）

惠民之州机会均等惠及全民

@李少魁：惠民之州，又进了一大步。原来的惠民之州，我看到的感觉是惠及市民，但是现在看了里边的内容，很多的机会均等的内容，我感觉到现在是惠及全民。一字之差，一个是市民，一个是全民。事实上，打造一个公平的社会，机会均等是一个基础的基础，难得在这些方面，走在全省的前列。

2012年8月30日　来自　网友见面会

我这次已经是第三次参加书记网友见面会了，我对惠民之州有一个更深的认识。这次在来之前，查了一些网络的资料，我对机会均等有一点体会。

惠民之州，又进了一大步。原来的惠民之州，我感觉是惠及市民，但是现在看了里边的内容，很多的机会均等的内容，我感觉到现在是惠及全民。一字之差，一个是市民，一个是全民，因为把外来人口，特别是务工人员的基本利益都包含在机会均等里面。事实上，打造一个公平的社会，机会均等是一个基础的基础，难得惠州在这些方面，走在全省的前列。新增财力的70％用于民生，而不是像许多地方都说我的财政预算是70%。我觉得这两个概念，新增的大家看得见、摸得着，也藏不到什么地方去，而且报了个数，上半年就是32.4个亿，拿的是真金白银。

第二个，我想一个稳定的社会，它的条件是这个社会的每一个阶层，都有它的上升通道，这个社会自然就稳了，每一个阶层都有上升通道。我是顺德的一个委员，2011年顺德给我一个课题，就是怎么给82万蓝领工人一个上升通道，叫做成长机制，你这边给了一个机会均等，比我们走在前面了，每一个阶层只要都有上升通道，这个社会就很稳定。

第三个，我在这想讲一下，昨天晚上我们来的时候听了一个同志的介绍，把惠州这十年以来的发展如数家珍地讲了。我们现在已经进入一个社会管理创新的阶段，不像我们过去搞经济开放的时候，再摸着石头过河了。我们可以在经济模式上，探索来探索去，但是现在搞社会管理创新，一定要理论先行，而不是摸着石头过河，摸着石头过河来进行社会管理创新，它的失败率很高。

我课题搞完以后，提了一个四面体，财富顺德、文化顺德、理论顺德、经济顺德。在政府的人才强区的战略里边出台的五项政策，其中一个就是高技能人才的政策，它已经上升到理论层面。所以在这里作为旁观者，我想幸福惠州，大家都承认，大家也都看到了；财富惠州，也都能看到；文化惠州，我已经说了，包括苏东坡给惠州带来的历史遗产，都是很深厚的文化，但是我想希望下次我来的时候，我们再参加网络活动的时候，希望能够看到理论惠州。

（作者李少魁为南方民间智库成员、民间学者、知名网友“李含章”，本文根据2012年8月30日惠州书记网友见面会上的发言整理）

大陆“网络问政”经验值得台湾学习

@韦戈：前往广东惠州参加首届华人网络论坛，首次得知惠州样本成为大陆各地取经学习的对象，网络问政已成一个重大议题，惠州成功的经验相当值得台湾方面学习。如果官员都能够认识网络、善用网络，提高执政能力，提高施政水平，甚至实现网上办公，针对网民的意见与建议实时做出响应，“不回避、不忽悠、不作秀”，这才是民众之福。

2011年5月4日　来自　海峡导报

每次前往大陆出席会议、从事调研、参加学术活动，或开课演讲都是一种学习的经验，每次都能从中得到很多的心智启发与知识增长。

日前，笔者与好友一同应邀前往广东惠州参加首届华人网络论坛，首次得知惠州经验已成惠州样本，成为大陆各地取经学习的对象，网络问政已成一个重大议题，惠州成功的经验相当值得台湾方面学习。

在我看来惠州所推行的“网络问政”，其中包括打造平台、建立机制、强化问责、联动宣传都是积极有效的办法。它的作用除了能够化解民怨，还能汇集民意，对于促进和谐社会、推进民主建设、提升政府形象与施政能力都有帮助。

另外，会中也讨论到网络活动与公民社会之间的关系、网络民意对于国家公众外交的影响，以及网络管理等问题。对此，大家有个基本共识，网络开放应该是通则，管制是例外，自律重于他律，网络的正面意义大于负面作用，建立机制不可轻忽。

会中，笔者的友人曾经谈到台湾经验，说明台湾同样有网络警察，对于色情、贩毒、恐怖活动及暴力与诈骗都有实时监控，但对于政治性的主张及意识形态的问题则少有管制，其它的犯法活动，如侮辱诽谤则由当事人遵循法律途径自行解决。

台湾各级政府及重要官员也都设有网络民意信箱，让民众可以直接写信给各级机关首长，表达对市政、县政的意见，或是抗议施政缺失等，但问题是常流于形式，民众意见分交权责单位处理之后，往往以一纸不着边际的回文加以打发。

会中，笔者确实见到部分大陆官员思想解放的速度与广度，有关官员至少并未把网络活动看成是一种洪水猛兽，官民之间可以是一种伙伴关系，透过现代的网络活动，不但可以让民众知道政府的施政内容，也可以让官员了解民众真实的需求。

最后，正如《惠州网络问政历程》一书中所说，如果官员都能够认识网络、善用网络，提高执政能力，提高施政水平，甚至实现网上办公，针对网民的意见与建议实时做出响应，“不回避、不忽悠、不作秀”，这才是民众之福。台湾应该见贤思齐，有为者亦若是。

（作者韦戈为台湾时事评论员，本文原刊于2011年5月4日《海峡导报》，原题为《惠州“网络问政”，值得台湾学习》）

探索从网民中推选代表委员，网络问政更进一步

@曾德雄： 惠州准备从网民中推选“两代表一委员”，这不能不让人非常期待。网络民意的真实、积极与人大、政协的体制性地位结合，一个直接的效果就是确保了真实民意的体制性表达，使民意在公共政策的制定、选人用人等等方面真正发挥其应有的作用。期待惠州在这方面探索出成功的经验。

2012年9月25日　来自　新快报

日前，第三届中国网络问政研讨会在惠州召开，最值得注意的是，惠州将探索从网络问政参与积极性高、建言献策质量好、网络影响力大、德才表现好的网民中，推选若干党代表、人大代表、政协委员推荐人选，拓宽网民有序参政问政的渠道。这个值得关注的信号是否寓意网络民意与体制性民意的接轨?

我们经常说现代社会是民主社会，民主社会就是民意作主，而民意必须通过体制性的民意机构来作主，否则就会乱套。人大和政协就是我们国家的体制性民意机构（党代表也可看作是党内的民意代表）。

虽然近些年来涌现了一大批勇于表达民意的人大代表和政协委员，但毋庸讳言，由于各种客观因素的限制，人大和政协在表达民意方面还有欠缺，不论是与公众的愿望还是与其自身的目的性要求之间，都有相当大的距离，以致每年两会或出现重大公共事件的时候，公众对人大政协的呼唤不绝于耳。

网络问政前几年异军突起，现在日益成风起云涌之势。网络问政表达的也是民意，由于网络的特性，它更真实、更积极、更全面、更及时。同样由于网络的特性，它有可能声音更大、传播更广，甚至在相当的程度上更加有效。近些年不断发生网络的介入改变了一些公共事件的走向，民意的主导作用通过网络得到相当程度的实现，典型的比如刚刚发生的陕西“表叔”事件。

但网络问政同样有其不足，首先是它的被动性，议题的设置、议程的安排等等都处于被动。虽然近两年网民的声音日渐强大，也推动了很多问题的提出和解决，但由于它始终是在体制外，无法获得体制性的资源、发挥体制性的主导作用。虽然各地都在强调网络问政的制度化，但网络问政的制度化并无改其非体制性民意表达的地位，无改其被动角色，只是在网络问政的规范性方面有所提高而已。

其次是偶然性。还是举“表叔”的例子：如果这位安监局长没有发笑，如果

他笑的时候没有被拍下来，如果被拍下来没有人发到网上，如果发到网上没有那么多转发……那么，“表叔”就依然是“表叔”。这里面充满了太多的偶然性和不确定性，这与民意的表达是有很大距离的。民意的表达要求的是全覆盖、可预期，不允许有任何的偶然因素，否则只能说制度上还存在缺陷而必须修补。

现在，惠州准备从网民中推选“两代表一委员”，这不能不让人非常期待。网络民意的真实、积极与人大、政协的体制性地位结合，一个直接的效果就是确保了真实民意的体制性表达，使民意在公共政策的制定、选人用人等等方面真正发挥其应有的作用，如此，民意的主导作用和民主社会的前景方才可期。

期待惠州在这方面探索出成功的经验。

（作者曾德雄为广州市人大代表，本文原刊于2012年9月25日《新快报》）

深化网络参政问政，政府应更有作为

@戴秋生：经过4年多的实践和摸索，惠州已逐步探索出依靠互联网推进社会管理创新、搭建沟通平台引导民众有序参与政治的有效模式。在新形势下，如何深化网络参政问政已成为一道新课题。作为全国网络参政问政代表性城市——惠州要继续率先探索，依托网络参政问政平台，放大参政、智囊效应，打造“民共治”的惠州模式。

2012年6月23日　来自　网络问政平台

一、进一步建立全面的互动机制，全方位多层次收集民意，及时办理，迅速反馈

首先，要继续整合和加强现有沟通渠道，进一步扩充民意表达渠道，进一步增加网民意见回复率。

其次，要继续完善网络发言人制度。惠州已经较早的建立了网络发言人制度，但还存在以下须进一步完善之处：1．网络发言人“兼职”“轮流”的状态带来的权益之计和专业化水准欠缺的问题；2．网络发言人主动性和责任心不强的问题；3．网络发言人未实行实名制和问责制而不能有效避免网络发言人身份被冒用和缺少监督、处罚机制的问题。

二、进一步明确和完善复杂问题协调机制，整合政府职能，加强工作联动机制

1. 领导负责，专门机构管理

设置专门的管理机构和队伍，对网络参政问政平台上的留言进行预处理和报送，政府主要领导干部负责审查和批示，其中的信息传递工作和最终的回复发布工作则仍由专门管理机构执行。

2. 多方报送，分类处理

3. 划分归类，分别回应

可根据一般信息、重点信息、隐秘信息的简单划分，相应地规定即时、阶段和不公开等回应方式。

4. 跟进评价，科学总结

应重视和收集参政问政者对政府回复的进一步反馈和满意度评价，以保证对网友留言的回应质量，把握问题处理的效果。此外，有必要对网络参政问政中的民众诉求主题进行定期梳理和归纳，分析民众诉求的共同现象和变化规律，并定期将梳理、分析、归纳、回应和处理情况对外公开。

5. 留存档案，长效执行

对于一般信息、重点信息、隐秘信息应当分别进行档案留存，以便进行阶段处理和全程督办，确保网民诉求不会“无疾而终”，使网络参政问政工作痕迹化、长效化。

三、组成兼职网民队伍，引导网络舆情的客观性指向

四、成立应对网络事件的“专家库”

为避免出现面对网络事件或话题时表现拙劣，政府可聘请若干具有丰富的网络知识和管理技能的专家为网络顾问，要求受聘专家承担现场协助处理网络突发事件、定期就网上现象或本地可能出现的网络问题进行专题汇报和协助完善网络参政问政机制等工作。

五、加强与非本地的主流网站的交流、沟通和合作

在“质疑”成为一种常态的传播时代，政府有必要以宣传或新闻部门为主导，加强与各大网站的有效沟通、交流和合作，以填补突发事件网化后的“信息空白”。

六、培育、支持“非官方”的网络参政问政平台，作为政府网站平台的有益补充

目前惠州虽有为数不少的网络参政问政平台，但有必要进一步开放和增加“非官方”的网络参政问政平台，扩大网民畅所欲言的渠道，充分发挥网络“智慧传播”的功能，同政府监管形成优势互补、良性互动的网络参政问政和网络管理格局。

七、完善网络舆情监控制度，提高网民修养

政府应当建立一支稳定的网络舆情监控队伍，对网络舆情进行全方位、全时段的分析监控，做到即时、主动、准确的发布权威信息，消除误解，化解矛盾，正确引导网络舆论。另一方面要提高和加强网民的素质和修养，塑造一批理性主流网民，推动网民理性建言，提高网络公民意识，增强网民网络参政问政能力。

八、提高党政干部的网络问政技巧和网络舆情应对能力

可在党校等高等院校开设网络公关素养和沟通能力等专项培训课程，并设置针对性的模拟“实战”状态下的考核科目，以提高党政官员的网络问政技能和水平，使“问”和“答”通畅、有效进行。

九、进一步完善激励政策

网络问政是新鲜事物，需要采取宣传和激励措施来增强人气和影响力。目前，惠州已参照省里“南粤智多星—金点子奖”设置了“智惠—金点子奖”，但未明确获此奖项的条件、评奖程序和奖励方式等相关内容，操作性不强。此外，相比物质奖励，网民更希望获得的是所提问题、意见和建议的真正落实和身份的认可。

惠州，现正处在着力加强社会建设、积极创新社会管理和深入推进基本公共服务均等化的战略机遇期，更需要和谐、理性和富有价值的群声。作为网络参政问政的代表性城市，要继续引领网络问政，充分挖掘网络问政这一公共管理改革进程中新生事物的资源价值和指标效应，使网络更全面、更深入、更好地服务于惠民之州的建设，惠州的各级政府就不应满足于已取得的成绩，而要进一步尊重并理解社会情绪，深入进行自我查找和自我批评，在保证现有措施落地的同时，更要以远见视野进行网络问政的理论和制度创新。

（作者戴秋生为惠州知名网友、律师，曾作为网民代表旁听惠州市第十次党代会，本文根据2012年6月23日奥一网网络问政平台发表文章摘选）

网络问政有问有答才越走越远

@公民证：我在网络上问政的时间比较长，最尴尬的就是问了没有答。这些方面如果不解决好的话，网络问政是空话，因此政府要支持网络问政，有问必答。网民和政府之间，必须互动，必须有问有答，网络问政才能进行下去。尽管有不圆满的地方，也不要指责，否则当事人很难受。对于有问有答和有问不答的网络问政，网民有天壤之别的感受，所以，建立有问必答制度才能保障网络问政健康发展。

2010年4月16日　来自　网络问政研讨会

（作者“公民证”为南方民间智库成员、奥一网知名网友，曾作为网民代表参加2008年4月17日“汪网会”）

珠三角一体化关键要消除行政壁垒

@杨择郡：珠三角一体化建设中面临的迫切问题，主要是行政壁垒，行政壁垒是阻碍珠三角一体化的关键。惠州要融入珠三角一体化，还有很多需要完善的东西。惠州应该主动清理、废除一批具有地方保护主义倾向、阻碍珠三角区域一体化发展的地方性法规和红头文件。从立法源头上杜绝地方保护主义和行政行为对市场的分割现象，主动与其他城市交流和分享信息资源，大力培育民间力量特别是行业协会的发展。从而实现珠三角城市的错位发展。

2009年7月16日　来自　网络问政平台

基本服务均等化须提供产品和服务

@杨择郡：基本服务均等化，有两个含义，第一个是政府为城乡，或者说主要的农村不同人群，提供的公共产品；第二个是提供的服务，惠州市提前一年完成了中央和省下达的关于农村饮用水的工程建设，我想这方面应当说是惠州人民的骄傲。除了重视农村的饮用水工程建设之外，要对农村生活垃圾的治理同步进行，而且要拿出一套有效的方案。此外，要解决农村饮用水工程运行管理的机制，包括后续维修的人员和队伍，更主要的是要培训人才。

2012年8月30日　来自　网友见面会

（作者杨择郡为南方民间智库成员、惠州政府法律顾问）

建设文化惠州要鼓励创造性文化行动

@江湖海：无论是对文化强省建设的响应，还是推动文化惠民的自身需要，惠州提出了建设文化惠州。文化惠州建设有目标，有方案，有操作办法，值得期待。建设文化惠州，首先，要充分重视、切实尊重与合理使用真人才。其次，要给政策，鼓励创造性文化行动。再次，要具体地、实打实地、有创新性地做文化事业。诚如此，文化惠州建设定当硕果喜人。

2010年10月22日　来自　网友见面会

@江湖海：比如创办高品质的文学院，签一批影响力作家，让他们优惠入户并落实工作待遇；比如打造一批高品质的惠州题材文艺作品集，分文学、美术、书法、摄影、词曲等推出；比如组织全国名家画惠州、拍惠州、写惠州、歌惠州系列活动并将有品质的代表作持续推广；比如扶持具备创新潜质特别是有原创能力的作家、画家工作室或民办文化机构，政府出面将一些政府机构搬迁后的空房适当无偿提供给优秀艺术家作为创作空间，等等。

2010年10月22日　来自　网友见面会

（作者“江湖海”为南方民间智库成员、知名网友、媒体从业人员）

通过增强文化竞争力提升城市整体竞争力

@幽壹：惠州如何通过增强自己的文化竞争力，来达到提升城市整体竞争力的目的呢？建议：一、改《惠州日报》为《东江日报》，扩大受众范围和影响力；二、找准比较优势，将惠州定位为“东江明珠”；三、凝取各方力量，申请创办“东江大学”；四、打正客家旗号，创办东江客家卫星电视。只有立足于“泛东江地区”这块腹地并把这块腹地经营好了，惠州才能真正迸发出“独特的、强劲的、有影响力”的文化竞争力。

2010年10月22日 来自 网友见面会

（作者“幽壹”为知名网友，曾作为网民代表参加2008年4月17日“汪网会”）

网络问政应首选民间网站

@李阳景：现在惠州政府官员时不时上网答民提问，这是政府重视民意一种进步。可他们只选择官方网站，却未能在民间网站上线，总是一种遗憾。难免令民众猜疑：这样的民意会不会是过滤的民意呢？让政府官员在西子湖畔上线回答网民的问题，这样的民意才能更为直接代表本地网络民意，不知政府官员能否听到我的呼声呢。

2008年11月14日 来自 南方都市报·惠州读本

重视民意切忌“快刀砍乱麻”

@庆余年：监督本意是督促政府部门积极处理问题，但是，对于这些问题的处理，完全是由政府部门主导的。过程是怎样，无法知晓；是否严肃处理，压根不知。因此，政府部门重视民意是好事，但请不要敷衍我们，不要快刀砍乱麻，给出个处理结果就了事。网络监督，其意在督促社会良性发展。民意，就是监督的代表，请尊重。

2010年5月18日 来自 惠州西子湖畔网

7.2 思考与争鸣

网络问政搞得好　可以减少上访和信访

@彭澎： 网络问政搞得好，可以减少上访和信访。因为上访的人是有很大的成本，政府也有一笔问户稳定的经费。如果通过网络问政减少上访和信访，可以降低经费，因此是发展的方向。//**@彭澎：** 网络问政倒逼人大政协机制，网络问政成为普通老百姓参政议政的平台，人大代表如何代表老百姓的利益和选取的利益，我认为应该形成了倒逼机制，形成了压力。

2011年4月16日　来自　网络问政研讨会

2010年3月22日，在与网民交流后，惠州市委书记黄业斌在现场立即开通微博，成为广东省第一位开通微博的地市级领导。

黄业斌是对网络问政情有独钟的一位领导，不仅自己每年都与网友上线交流，而且要求全市各级领导都重视网民的意见，积极上网直接了解民情、民意。他已经多次与人民网、奥一网开展过上线交流。现在又适应网民开微博的潮流，通过更加便捷、更加简要、更加直接的微博方式与网民互动交流，应该说需要更大的勇气、更强的信心、更平和更宽容的心态。

从惠州市委书记开微博，我们可以看到惠州网络问政制度化、常态化和创新性的新举措。目前，在市委书记带头之下，惠州在网络问政方面已经逐渐形成“惠州模式”：每个月都安排一位市领导、一位市直机关领导、一位县级领导及镇领导上线与网民交流。

据了解，惠州市网络问政平台2008年一年内解决网民提出的问题2.7万多个。而且，诸如提高教师工资待遇等一些具体问题，在黄业斌的亲自干预下还真的奏效，这使网络问政有了民间基础，受到老百姓普遍欢迎。如果只是做秀，不可能得到长期的关注和持续的开展。

参与网络问政的机制除了黄业斌等市领导直接上线交流外，更多的是常态性的《今日惠州网》“惠民在线”的平台。该平台编辑的《惠民在线信息摘报》是惠州市领导的重要民意参考材料。

网络问政制度化建设还纳入了政绩考核体系。网络问政工作是惠州市各县（区）党政一把手、市直职能部门目标考核指标体系的内容，并将网络问政工作纳入“行风评议”和“万众评公务”考评范围。同时，各县（区）党政一把手、市直职能部门网络问政工作由市委组织部会同市委宣传部、市信息产业局进行考核，考核结果将作为干部奖惩的依据。

对于部门回复网民提出的问题进行评分，并实行“红黄绿”灯警告制度。对网友提出的一般问题，各有关部门必须做到5个工作日内回复。部门按时回复的，问政平台将自动亮“绿”灯，超过5个工作日尚未回复的亮“黄”灯，超过15个工作日仍未回复的亮“红”灯。由于网络问政更加快捷、便利，当地市民上访大大减少，很多人选择直接到网上反映问题、提出诉求，如果解决得好，自然有更多的民众通过这种渠道来反映情况。

当前，全国各地党政部门都为群体事件、上访信访头痛不已，并为了减少上访，花费了不少维稳资金和人力。对于老百姓来说，上访也是劳命伤财的事，如有更好的渠道是不会轻易采取的。我想，如果全国各地都如惠州这样，认真地开展网络问政，从而真正地减少上访甚至是群体事件，这不仅节省了政府和民众的大量精力，也增加了社会的和谐程度，还是互联网技术的一大成功应用呢！

（作者彭澎为南方民间智库专家委员会副主席、广州市社科院高级研究员，本文2010年3月25日发表于奥一网网络问政平台）

市委书记开“微博”是一种犀利的姿态

@厦门浪：黄业斌是一个非常重视网络民意和网络舆情的领导，“赶时髦”开了微博，应该说，这是需要更大的勇气和平宽容的执政理念的。这个“围脖”织得更多的是一种姿态，一种犀利的姿态，一种愿意交流的姿态，一种带头听取民意的姿态。从黄业斌开微博的犀利姿态，我们可以看到惠州网络问政制度化、常态化和创新性的新举措。

2010年3月29日 来自 人民网

2010年3月22日，惠州市委书记黄业斌开通了微博，成为广东省第一位开通微博的地市级领导。作为惠州市委书记的黄业斌为何要赶这个时髦呢？纵观近几年来黄业斌对网络问政和网民的态度不难看出，黄是一个非常重视网络民意和网络舆情的领导，不仅自己每年都与网友上线交流，多次与人民网、奥一网开展互动，而且要求全市各级领导都重视网民的意见，积极上网直接了解民情、民意。现在，黄又“赶时髦”开了微博，应该说，这是需要更大的勇气和平宽容的执政理念的，这个“围脖”织得更多的是一种姿态，一种犀利的姿态，一种愿意交流的姿态，一种带头听取民意的姿态。

从黄业斌开微博的犀利姿态，我们可以看到惠州网络问政制度化、常态化和创新性的新举措。目前，在市委书记带头之下，惠州在网络问政方面已经逐渐形成“惠州模式”：每个月都安排一位市领导、一位市直机关领导、一位县级领导及镇领导上线与网民交流，真正做到了网民意见积极收集，集中办理、落实的常态化。惠州网民反映问题不需要鼓噪，不需要更多的网络渲染，就能得到当地领导和部门的及时跟进与处理，这同时也是对惠州当地执政官员的监督、督促和执政为民的压力与鞭策，真正发挥了网络成本低廉，及时的优势，为执好政，服务好人民，构筑和谐社会起到了示范和带头的作用。

据了解，惠州市网络问政平台2008年一年内解决网民提出的问题2.7万多个。惠州将网络问政制度化建设纳入了政绩考核体系，网络问政工作是惠州市各县（区）党政一把手、市直职能部门目标考核指标体系的内容，并将网络问政工作纳入“行风评议”和“万众评公务”考评范围，考核结果将作为干部奖惩的依据，这成了推动惠州建立阳光政府、服务政府的利器，倒逼官员更趋依法执政、为民执政。惠州在市委书记黄业斌的带动作用下，充分体现了网络问政的快捷、便利性，当地市民上访大大减少，很多人选择直接到网上反映问题、提出诉求，问题得到及时跟进与解决，群体事件必然减少，社会稳定度必然得到提高，民众的焦虑情绪会减少。

每个人都有免于恐惧的自由，免于恐惧是公民的权利，黄业斌的围脖更多的是一种犀利的姿态，一种减少和消除民众恐惧的姿态，因为通过黄业斌的“围脖”，每个市民都知道他们的书记离他们不远！

（作者“厦门浪”为南方民间智库成员、知名网友，本文2010年3月29日发表于人民网）

【回应】市委书记开微博不必过度叫好

@刘义杰：市长微博（原文如此，编者注）的确是一个可以与民很好互动的方式，但是，它究竟能不能真正为民做实事，取决于有关部门和领导的思想和作风，乃至于有没有为人民做事的理念，有没有建设服务型政府，有没有以人为本的那根弦儿。如果具有执政为民的理念，勤下“基层”也一样把百姓的事情解决好。市长微博究竟能不能办实事，受到人民的认可还不确定，因此，我们大可不必先行叫好，况且市长姿态犀利与否，也并不取决于市长为民服务的方式方法，关键还是要看效果。

2010年3月29日　来自　大河网

传媒的发达是网络问政的前行动力

@惠城写手：网络问政要前行需要发达媒体支撑。媒体发展特别是网络发展需要政府支持和民众努力。竞争也就是最好发展动力。网络写手希望官方能一如暨往给网络发展提供更为宽松环境。本地网络越发展吸引人气就越强，聚集网民越多，声音就越强大，网络问政的效果就会越好。

2010年4月22日　来自　惠州西子湖畔网

惠州市荣获首个“广东网络问政年度城市”称号。2010年4月16日上午，首届网络问政研讨会暨2009年度广东网络问政排行榜揭晓仪式在惠州市举行。市委宣传部等单位荣获广东网络问政榜样机构，“惠州经验”被评为广东网络问政十大经典案例之一。（2010年4月17日惠州日报）

惠州市荣获首个“广东网络问政年度城市”称号对惠州广大网民来说是个好消息。既然是网络问政的城市必然有较为开放的网络环境、有一定人气的本地网络和广大热心的网民。历史的车轮是滚滚向前的，谁也难于阻挡网络发展步伐。无疑“网络问政年度城市”称号是有助加快惠州网络向前发展的。

过去的一年，惠州的网络确实做了几件精彩网事。先是惠城区工人文化宫改为金帝休闲会所的事情，本地网民不断的网上反映引起广东卫视注意，工人文化宫为何变成高档休闲会所报导成了广东卫视新闻节目。东莞往交界惠州倾倒垃圾的事情激起惠州网民无比愤慨，网民声音也引起省城媒体注意，“东莞垃圾惠州成山”成为南方日报的头条报导，那垃圾成山的巨幅照片令人触目惊心。惠深沿海高速不能按时通车新闻也被网民发现猫腻，在网民和媒体猛追敲打之下，“惠深沿海”的包袱相继抖出，网民将不设紧急通道的“惠深沿海高速”推向全国，于是在中央电视台的王牌节目焦点访谈出现“惠深沿海高速公路偷工减料”报道。

这三件事情很有代表性：公有财产为何变成私有财产？发展经济同时要不要保护环境？投资巨大的重点工程如何监督其实施好？网络给传统媒体提供优质信息资源，而传统媒体将网络声音变为更为强大有力，本地网络的声音与传统媒体很好结合成为惠州年度网络热点话题。当然网络本身也有很强的传播力，也许是巧合，过去一年影响极大本地网事都与交通相关。雨中最美女协警成为央视感动中国后选人物之一，可谓影响巨大。而江西去深圳的大巴在惠州侧翻造成十几人死亡也是影响极大。网络传播功能可说是发挥到淋漓尽致，可以让一个人一夜名扬四海，也可以让一个地方的坏事瞬间传八方。

网络问政要前行需要发达媒体支撑。媒体发展特别是网络发展需要政府支持和民众努力。竞争也就是最好发展动力。惠州日报联手东江时报与南方都市报竞争就有利于本地报业良性发展，今日惠州网与西子湖畔竞争也是好方法，一家独大对政府、读者、网民来说都不好消息。一枝独秀不是春，万紫千红才是春。

传媒是个好东西，更为草根化的网络更是好东西，没有发达的传媒支撑就没有强势宣传部长，没有开明的宣传部长就难有宽松传媒网络发展空间。作为创建全国文明城市具体负责人、市委宣传部长黄雁行深谙舆论宽松对文明城市重要，于是她发表了《善待媒体、善用媒体》文章。惠州网络问政发展除了市委书记、市长重视之外，也与这个宣传部长直接领导下的传媒界努力分不开。记得我作为网友代表见业斌书记时，心里有点忐忑不知说什么，当时市委宣传部同志对我说“不要有什么顾虑，想说什么就说什么。”本届政府要做三件大事：一是生产总值翻一翻，二是创建全国文明城市，三是承办省运会。后面两件大事都是黄雁行部长亲自参与，这两件大事也需要广大群众大力支持才能完成。

网络写手希望官方能一如暨往给网络发展提供更为宽松环境。本地网络越发展吸引人气就越强，聚集网民越多，声音就越强大，网络问政的效果就会越好。

（作者“惠城写手”为惠州知名网友，本文2010年4月22日发表于惠州西子湖畔网）

问政之本在于构建网络社会管理方式

2010年10月22日，在惠州市委书记“网友见面会”上，网友“鸣之”提出，问政之本在于构建网络社会管理方式，建议成立专门机构“市网络问政工作局”深化网络问政工作，并专门提交书面建议材料，提出从体制上建立健全专门机构；成立惠州“民间智库”，凝聚力量培育中坚网民；建立问政奖罚机制规范虚拟法治等建议，引发了关注和讨论。惠州市委宣传部也于2012年11月15日进行了书面回复。

建议设立“市网络问政工作局”

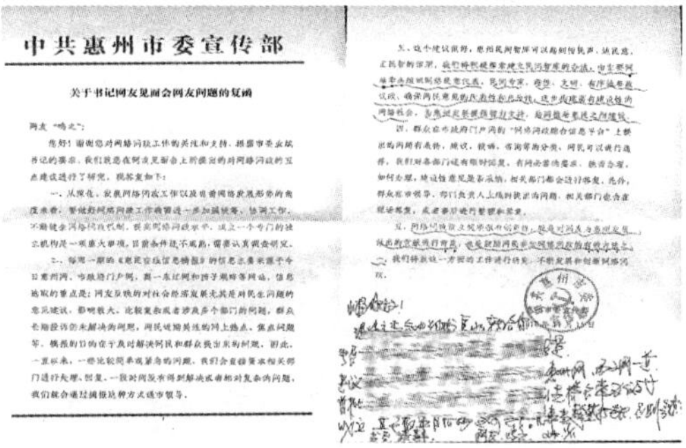
中共惠州市委宣传部

关于书记网友见面会网友问题的复函

网友“鸣之”：

惠州市委宣传部书面回复。

@鸣之：网络问政无疑是虚拟社会管理工程。据悉，人手少、事务多及“九龙治水”等现象，乃是惠州市深化网络问政工作之瓶颈和羁绊。体制决定工作绩效。首先要建立一支专业队伍，参照创建全国文明城市工作模式，成立“市网络问政工作局”。再次要制定一部地方法规。如《惠州市网络问政服务管理办法》，明确“网络问政”的工作宗旨、职责内容、种类与设定、网民参政议政、管辖与回复、问责处罚等，逐渐规范形成与现实社会管理平行的虚拟社会管理格局。

2010年10月22日　来自　网友见面会

【回应】设网络问政工作局是个馊主意

@吴国志：书记与网友见面会上，网友“鸣之”提出，“比如现在多个部门管网络问政，很难专业地办好，建议设立‘网络问政工作局’，由专人处理”，笔者不敢苟同。政府行为是会产生行政成本和代价的。一来必将增加纳税人的负担，二来是产生更多的行政成本，与近年来政府努力精简机构的精神不符。设立“惠州市网络问政工作局”这样一个劳民伤财、解决不了问题的机构，还是算了吧。

2010年10月26日　来自　南方都市报·惠州读本

【回应】推进网络问政常态化应该先行先试

@鸣之：“网络问政”既成为新时期官民交流沟通的又一管道，又成为虚拟社会现代管理的基本方式。这些年来，一个不争的事实是：通过深化“网络问政”推进了惠民之州建设，网上诉求的多了，直接到政府信访部门来上访的人少了；网上解决诉求的多了，过去那种人找人求助的少了；政府网上办事见效的多了，民众对政府服务社会的疑虑和怨气少了。

2010年11月2日　来自　南方都市报·惠州读本

@鸣之：毋容置疑，时下尚处初始阶段的“网络问政”也有待深化改进之处：一是网民发帖有待理性引导和培育主流网民，二是网络问政的内涵与外延有待拓展深化，三是网络问政的服务与管理职能有待强化。要深化网络问政，须从体制上建立健全专门机构，以确保专门人员，开展专门工作，稳步推进“网络问政”工作的常态化。应该以先行先试之气魄勇敢走下去，做大、做强、做扎实，立足于从系统工程原理和社会管理基础来设计之。

2010年11月2日　来自　南方都市报·惠州读本

【回应】网络问政的现实选择：完善问责机制

@吴国志：对惠州网络问政工作取得的成效，我历来持肯定态度。进一步深化网络问政工作，形成完善的工作体系，也为笔者所称道。只是设立专门机构就能够解决网络问政工作目前遇到的瓶颈问题吗？笔者认为还有待商榷。与其成立一个名不副实的网络问政工作局，倒不如建议由市委书记、市长亲自挂帅，抽调各有关市直机关一把手组成网络问政工作领导小组，协调网络问政具体事务中遇到的问题，进一步完善网络问政的制度建设，尤其是问责机制，加大执行力度，督促各有关部门真正做到各司其职，这也是推进网络问政工作的现实选择吧。

2010年11月5日　来自　南方都市报·惠州读本

（作者“鸣之”为南方民间智库成员，真名谭迎疆；作者吴国志网名“溺水之鱼”，均作为网民代表参加2010年10月22日惠州书记“网友见面会”）

别把网络问政当解决问题“常规处方”

@叶天：网络问政是件好事，但它更应该作为解决疑难杂症，解决棘手问题的“特效药”存在，而非解决一般问题的“常规处方”，这应该是民众，特别是网民看待官员网络问政的根本出发点。如果市民遇到任何困难首先想到的是上网找书记、市长而非先通过职能部门来解决，那么实施网络问政的目的和意义就有失偏颇了。

2008年9月22日　来自　东江时报

惠州“网络问政”读出三个“好”字

@邓红岩：据《人民日报》头版题为“惠州网络问政惠泽民生”的消息报道，“惠民在线”成为惠州政府沟通民意的有效渠道，读罢，很受启发。笔者以为，从“惠州网络问政惠泽民生”至少可以读出三个“好”字，一是网络问政思路好，网络是民意的集散地、风向标。二是网络问政方法好，“惠民在线”成为惠州政府沟通民意的有效渠道；三是网络问政效果好，成为解决民生问题的“直通车”。

2010年3月22日　来自　今日惠州网

网络问政冷思考："网意"有局限

@林晓华：从地区实践来看，广东省惠州市自2008年始，网络问政已经走出了路子，总结出了"惠州经验"。然而，在笔者看来，当下热门的网络问政需要冷思考。网意，仅是部分民意。既要关心网民意见，更要关心非网民意见。事实上，网络问政已初步体现了它的高效与魅力，随着社会的发展，网络问政也许将成为公众参与社会事务主要形式。笔者只是认为，当下社会的官民沟通应当采取多元化的方式。在进行决策时，通过电视、报纸等传统媒体，甚至于小区公告牌、横幅等多种形式。，充分把各方民意考虑进去。这样做，可能实际效果比单纯的你问我答式的网络问政要好得多。

2012年3月6日　来自　红网

网络问政重在公权力更积极的作为

@白璐：在广东惠州，市委书记带头上网问政问需问计于民，开通个人实名微博与网友交流，其作为范本的导向意义显然要远远大于具体的实际意义。一个在网上只需花几分钟就能完成的小帖子，在市委书记的亲自批示下，却促成了一个民生问题的解决。网络问政乃信息时代语境下官民沟通的全新模式，归根结底是官民沟通平台，其真正的要义在于推进政府职能转变、建设服务型政府，让公权力以更积极的作为不断增加惠民的"含金量"。

2011年12月12日　来自　惠州日报

7.3 问政进化论

广东网络问政成功秘笈何在?

@布衣布衣：据人民网统计，目前，广东已经成为中国网络问政最活跃的省份之一，网络发言人、微博问政、党政部门在线答疑、地市党政主要负责人触网赶考等种种“新鲜事儿”不断。成功秘笈何在？笔者认为：一是高层参与引来诸多网友追捧；二是创新举措赢得良好互动交流；三是改“听”为“办”，建立制度“江湖”。

2012年10月24日　来自　中国共产党新闻网

自网络问政在中国兴起，五年的时间里，网络问政这一新兴的公民参政方式在各地的发展也是良莠不齐，有的地方应者寥寥、形同虚设；有的地方剑走偏锋、丢失本意；有的地方，却红红火火、互动频繁。其中，又尤以广东最为引人注目，据人民网统计，目前，广东已经成为中国网络问政最活跃的省份之一，网络发言人、微博问政、党政部门在线答疑、地市党政主要负责人触网赶考等种种“新鲜事儿”不断在广东拉开帷幕，赢得了广大网民的热烈响应。

那么，广东网络问政的成功秘笈又在何处呢？笔者认为：

一是高层参与引来诸多网友追捧。在网络问政的五年中，广东省委书记汪洋发拜年信、五会拍砖大侠、亲自与网友在线互动，以自己的躬亲示范，带动了广东各级政府和官员参与网络问政的热情，使网络问政在广东各级政府中得以常态化推进，并吸引和培养了一大批网络意见领袖，使网络民意成为广东各级领导科学决策的组成部分。

二是创新举措赢得良好互动交流。新常委网聊、设立“南粤智多星”奖、召开网民代表座谈会，各种形式新颖、广纳民意的互动交流方式吸引着诸多的“油菜花”们主动参与进来，为广东经济社会发展建言发声，为党委、政府出点子、想办法，提供了诸多来自于民间的金智慧。

三是改“听”为“办”，建立制度“江湖”。网络问政要落到实处，收到实效，关键取决于政府部门对于群众反映的态度，“真心地问、负责地答、认真地办、系统地理”是广东省网络问政过程中始终秉持的原则，《互联网信息快报》、“网友集中反映问题交办会”、网络新闻发言人等制度的建立，为无法可依的网络江湖立起了规矩，真正实现了由网民“问”、政府“听”的“网络听政”向网民“提”、政府“办”的网络问政的转变。

作为改革的先行者，广东在网络参政问政和社会管理方面同样走在了前面，也为党委政府如何更好地利用网络探索出了一条可行的道路，相信随着社会的不断发展，网络问政必将在各地蓬勃展开，在推动民主政治建设的进程中发挥积极的作用。

（本文2012年10月24日发表于中国共产党新闻网）

网络问政“惠州样本”影响全国凭啥?

@惠州日报：网络问政更重要的是一种施政行动，关键是把民间合理性建议意见一件件落到实处，把聚集的民间聪明才智转化为改善民生、造福百姓的真正实惠。广东网络问政“惠州样本”影响全国，凭的就是牢记党的宗旨，问民生、知冷暖，不推诿、不回避、不忽悠、不作秀，一级抓一级、层层抓落实的施政行动。

2010年3月8日　来自　惠州日报

2010年2月24日，《时代周报》发表《广东网络问政渐入佳境》一文，对惠州市网络问政产生、发展和完善过程，及其对广东乃至全国网络问政的积极意义和影响作了较大篇幅的报道，推介惠州市开展网络问政的主要做法和经验，将其称之为广东网络问政工作的“惠州样本”。人民网、搜狐网、新浪网等数十家知名网媒转载了该文。

广东网络问政“惠州样本”影响全国——凭啥？只要细细梳理一下惠州网络问政自2008年8月正式启动以来的足迹，我们就不难发现，这个经验的关键在于网络问政实现了由“知”到“行”的跨越。如果把党委、政府及相关部门通过网络平台问政于民、问需于民、问计于民看作是了解民意、汇集民智的认识层面（即“知”），那么，党委、政府及相关部门通过网络平台急民所想、忧民所难、解民所困则是顺乎民意、应用民智的实践层面（即“行”）。不再满足于仅仅在执政姿态上重视网络民意，而是创造性地进一步将其转化为一种新的现实治理手段，从“在线交流沟通”走向“抓落实惠民生”、从“有意善待”走向“积极善用”，努力实现党委、政府与民间的理性互动和多方共赢，有效促进社会和谐稳定。这些正是广东网络问政“惠州样本”的亮点所在。

网络问政绝不能只是一种施政认知，更重要的是一种施政行动，关键是要把民间合理性建议意见一件件落到实处，把聚集的民间聪明才智一步步转化为推动发展、促进和谐的现实生产力，转化为改善民生、造福百姓的真正实惠。

无论放眼国外还是纵观国内，网络问政都没有可供套用的现成经验，但惠州毅然先行先试：从书记、市长与网友见面会，到网民代表应邀旁听市人大、市政协“两会”；从各级党委、政府高层和部门主要负责人频频“触网”，到大量民生热点、难点问题及时得到解决；从《今日惠州网》“惠民在线”论坛正式开播，到在线交流及有关信息收集、处置、反馈等一整套网络问政常态机制和问责机制初步形成……在惠州，网络问政的触角正在不断地由“线上”向“线下”延伸，开始成为全市各级党委、政府及有关部门决策施政、执政惠民的一种习惯和常态。

可以说，广东网络问政“惠州样本”影响全国，凭的就是牢记党的宗旨，问民生、知冷暖，不推诿、不回避、不忽悠、不作秀，一级抓一级、层层抓落实的施政行动。

（本文原刊于2010年3月8日《惠州日报》）

网络问政应重视制度嫁接

@何小手：问政并非新鲜事物，然而名符其实、切实有效的问政行为，却是从最近几年发展起来的，其间，尤其是网络起了较大的推动作用。今后发展网络问政，政府不仅要把精力放在平台建设方面，对于自身的制度嫁接，也当有所思考，唯有如此，网络问政才能发挥持续的推动作用。

2013年1月14日　来自　南方都市报

今后发展网络问政，政府不仅要把精力放在平台建设方面，对于自身的制度嫁接，也当有所思考，唯有如此，网络问政才能发挥持续的推动作用。

近年来，各级政府致力于建设问政平台，为促进权力透明和公众参与提供了条件。问政并非新鲜事物，然而名符其实、切实有效的问政行为，却是从最近几年发展起来的，其间，尤其是网络起了较大的推动作用。借助问政行为，政府和民众一起成长，各自的权责更为明晰，一些常识亦在朝野扎根。

问政双方的角色扮演，体现的乃是现代政治运行规则，权力应受到有效监督。长官意志、领导一言堂定当舍弃；民众基本的参政权益亦要受到尊重。于此角度看待问政行为，显然它不只是局限于“问政于民”，还应“还政于民”。兼听则明，政府决策要主动听取、吸收民间意见，寻求不同意见的最大公约数；“权为民所赋”，此外应致力于倾听“沉没的声音”，不仅要让民众表达意见，还要使其声音被听见（参见2011年5月26日人民日报评论《倾听“沉没的声音”》）。如此多方位互动，问政的时代使命方可凸显。

发展迅速的政务微博提高了问政的效率。2012年是政务微博高速发展的一年。有研究报告显示，每天都有100多家官方微博诞生。至2012年10月底，新浪认证的政务微博总数达到60064个，相比2011年同期净增41932个。截至2012年11月11日，腾讯认证的政务微博数已达70084个。政务微博听众总数已数以亿计。

值得注意的是，政务微博建设日趋成熟，其定位不仅在于单纯发布消息，为政治宣传服务，而是逐渐走向实用，在回应民情、公开辟谣、征求民意等方面初现成效，其有助于政府危机应对和形象修复。例如在乌坎事件中，@广东政法微博针对舆论的批评在关键节点敢于发声，获得了民众和学界的认同，该微博的良好表现迎来广泛赞誉，被赞为“中国好声音”。

类似的网络问政行为的确在某些公共事件中起到了重要作用。广州就垃圾分类展开的广泛讨论，以及近来民众对白云山隧道规划的质疑，都直接或间接地呈现了问政衍生的公共理性，为实现政府善治创造了条件。公众意见开始影响甚至左右了部分公共决策。然而必须承认，当下网络问政作用之体现，较多集中在政治观念转变方面。我们强调问政，并非全然站在大众一边，认为大众就真理在握。问政真正的价值或在于，通过这种润物细无声的方式，强化官民互动，以双方都可接纳的方式交换意见，呈现观点，体现善意，强化权力边界，体现各方角色应有的价值。

可以预计，今后的网络问政将向纵深发展，对权力运行施加的影响将越来越大。如今的问题是，问政之后该如何办？如果问政只是制造舆论影响力，那么对它的价值无疑是一种贬损。2012年底出现的多起网络反腐案例，尽管舆论起到了较大的推动作用，但一旦舆论冷却，后续问责往往随之被忽略，有媒体称这些无疾而终的事件为断尾话题。新华社亦曾就此发文呼吁重视民众问政，强化舆论监督的社会影响力，期待新闻不“断头”。

“舆论可能早退，但制度不该晚点”。针对舆论监督背后的制度惰性，南方都市报曾以此为题发表社论，呼吁制度跟进，为问政建立制度基石（2012年9月3日）。事实上，基于问政的制度创新在部分地区已有尝试，珠海多家单位牵头所做的课题报告提议建立“政府失信行为致歉制度”，某种程度上即是对民众利益及其关切的回应。当然，我们更期待，制度创新不仅要有形式上的创新，更要强化它的实质内涵，使之成为民间问政的左膀右臂。

基于互联网等平台的问政行为，已成为普通民众参政议政的重要部分。今后发展网络问政，政府不仅要把精力放在平台建设方面，对于自身的制度嫁接，也当有所思考，唯有如此，网络问政才能发挥持续的推动作用。

（作者“何小手”为南方都市报评论员，本文原刊于2013年1月14日《南方都市报》2012年网络问政特刊）

从网络问政走向群众问政

@康不德：从网络问政走向群众问政，让群众唱主角，也不忽略精英。群众问政，由此更显示出政治文明对于建设和谐社会的重要性。下一步，广东的网络问政应该探讨从哪种机制上进一步推动群众问政，从哪种机制上让群众问政的声音更能代表不同阶层的意见，从而给予人大立法和政府施政以帮助，让网络问政走向深入。

2011年1月10日 来自 南方都市报

网络问政并不是虚幻的，而是实实在在的，网络问政是问政的新手段，是增强政治民主、推动政治文明的新方法。政治文明总是需要创新的。同样是走群众路线，与强制命令式参与相比，网络问政更多的是调动群众参与政治的主动性，群众的各种意见都能够借助网络问政平台得以抒发，得以展现。这和那些只允许群众表达赞成意见的地方相比，当然是云泥之别。

“从群众中来，到群众中去”，这是执政党群众路线的总纲。然而，这些年来在不少地方从群众中来的少，到群众中去的更少。归根结底就在于不少领导和单位把执政党的群众路线抛在脑后，他们自得于既有利益，忽略群众疾苦，他们满足于太平日月，惊慌于群众呼声，他们面对群众的不同意见只会打压，不会疏压，结果是双方对立情绪严重。官被民所反感，民则不见容于官，此类现象之危险，在中国的历朝历代皆有血的教训。

群众路线怎么走？还能不能重塑“鱼儿离不开水，水儿离不开鱼”的感情链条？那就是，不能只看得见群众二字，却看不见群众中的一个个个人。个人融于社会主流当中，是容易被忽视的。迈入信息化时代，网络问政可以获得最广泛的群众参与。借助于网络的开放性、平等性、便捷性等特征，群众可以更为自由地将意见传递出来，还可以与主政官员在网络上“面对面”沟通，可以把真实想法甚至“冤屈”完全展现。网络问政是群众权利的张扬，是对官员权力的新限制。更重要的是，推动网络问政是政府胸怀大局，与时俱进的体现，是对群众自主关切小到社区大到国家事务意识的尊重。网络问政除了对话、沟通、监督的意义，对政府施政更有建设性的功能。

从网络问政走向群众问政，让群众唱主角，当然也不是忽略精英。每一个时代都是精英的时代，在历史上令人恐惧的是只有一个或几个精英的时代，而只有拥有群英荟萃的精英并起的时代才是一个文化繁荣、政治昌明、民主发展的新时代。广东网络问政对于群众的参与极为重视，对于精英人群的参与也十分用力。其实，许多时候，精英本身即是来自于群众。南方民间智库的成立和发展说明，无论群众或精英，在网络问政中都有广阔的发挥空间。

走群众路线，搞好群众关系，理应明白，让群众说话，与群众对话，会进一步促进社会的和谐，在更高的层面上实现安定团结。亚运会前后广州的变化以及和全国其他地方的对比，已经鲜明地证明了这一点：政府尽可能广开言路，欢迎群众给政府施政建言献策，也不畏惧群众发言批评。让政府多反思，及时发现问题，这不是在抹黑城市形象，而是在让城市的精神魅力倍增。其中，网络问政能够起到良好的发言与对话功能。

群众问政，由此更显示出政治文明对于建设和谐社会的重要性。下一步，广东的网络问政应该探讨从哪种机制上进一步推动群众问政，从哪种机制上让群众问政的声音更能代表不同阶层的意见，从而给予人大立法和政府施政以帮助，让网络问政走向深入。

（作者“康不德”为知名媒体评论员，本文根据2011年1月10日《南方都市报》2010年网络问政特刊摘选）

网络问政让城市治理更有效率和活力

@惠州日报：近年来，作为信息化时代语境下民主政治路径的一种有益尝试，网络问政已为现代城市的肌体注入了一股新鲜血液，让一些地方的城市治理彰显出空前的效率。网络问政已在惠州生根发芽、蓬勃生长，不断激发着珠江口东岸这座城市的发展活力。网络问政正预示着一种新的政治文明形态。精心培育并依靠制度的改善和建构，努力拓宽民主的实践空间，网络问政将带给我们的不仅仅是对一个城市形象的重塑，更是一条加快城市和谐发展的阳光大道。

2010年4月19日　来自　惠州日报

微博问政：力不“微”、势不“薄”

@宁琳净：如今，聚集在惠州网络问政平台的网民超过百万人，大至市委、市政府的大政方针，小至家长里短的小事、琐事、身边事，网民都是最重要的参与者和监督者，一些网友的意见还写入了党代会报告和政府工作报告。微博即时、广泛、互动的传播优势，屡屡产生力不“微”、势不“薄”的问政力度。无论是政务网站还是政务微博，都只是政府和官员与群众互动、沟通的工具。因而网络上沟通反馈，网络下还要督导解决。如果不解决落实现实民生问题，网络问政还是形式主义的空壳子。

2012年9月26日　来自　星辰在线湘江评论

期待网络问政问出“无缝隙”政府

@毛天祥：2008年，黄业斌、李汝求相继和网友在线互动交流。黄业斌说，通过网络可以了解社情民意、接受百姓监督，工作上可以少走一点弯路。勿庸讳言，“庙堂之高”和“江湖之远”过去是有缝隙的，正因如此，越来越多的政府官员主动借助网络征询民意。毕竟，网络状态下的电子政府是“无缝隙”的，每一个网络节点都可以直接联系上层与基层，且互相交流十分方便。惠州的网络问政，让我们对建立“无缝隙”政府充满了期待。

2008年9月22日　来自　东江时报

网络问政与网络施政的一字悬殊

@宁海路：惠州的网络问政已展开了一段时间。从这个新方法的特征看，网络问政正在成为一种官员着意力行的事情，从表面上看，似乎它正在成为行政系统普遍的选择。然而，必须说明的也就是两个判断：一是，惠州的网络施政仍旧停留在“问政”的层次上，二是，在缺乏制度化努力的前提下，网络问政这一表象的作用也可能受到反弹。总之在惠州政府系统全面做出应有的反应前，还是谨慎乐观更为恰当。网络施政的重要性与必要性不用再赘言，绝非是要无端地给网络施政泼冷水，必须客观地评估它对新的行政模式的接受程度。

2008年9月19日　来自　南方都市报·惠州读本

网络问政：虚拟到现实的转身

@石兆：惠州市委书记黄业斌所说的“我们在网络问政中决不作秀”是有现实意义的，也是正视了网络从虚拟走到现实的这一现实。从个人而言，希望这次（2009年7月7日书记市长网友见面会）惠州的网络问政不是最后一次，而是成为一种政府与民众之间真正进行沟通的桥梁。只有如此尊重虚拟与现实之间的连接，才能真正适应这个社会即将到来的变迁。

2009年7月9日　来自　南方都市报·惠州读本

八　附录

- 惠州网络问政大事记
- 网络问政“6+2惠州共识”
- 2008-2012年网络问政十大经典案例

附录1：
惠州网络问政大事记

2007年10月17日，在北京出席党的十七大的惠州市委书记黄业斌做客人民网“强国论坛”，与广大网友在线交流。

2008年6月24日，黄业斌对网友“hzhqzxs”发布的网帖《淡水到惠州的公交梦》作出批示，并转给市公用事业局等部门制订解决方案，拉开了惠州网络问政的序幕。

2008年8月开始，惠州市对本地主要网站论坛的网民意见、建议及问题，进行收集整理，每周编发1至2期《惠民在线信息摘报》送市主要领导批示，批示及结果在网上公布。

2008年8月14日晚，“惠民在线”论坛正式开播，黄业斌作为首位嘉宾与网民在线交流。黄业斌表示，市领导和各政府部门会定期上线与网民互动交流。

2008年9月18日晚，时任惠州市委副书记、市长李汝求成为“惠民在线”论坛第2位上线嘉宾。

2008年9月23日，惠州市印发《“惠民在线”工作方案》，明确每月一名市党政领导和至少一名政府职能部门负责人通过“惠民在线”论坛与网民在线交流。

2008年11月14日，“惠民在线——网络问政”综合信息平台在惠州市政府门户网推出，全天候接受网民提出的问题。今日惠州网、西子湖畔网等网站进行链接。

2008年12月18日，时任惠州市环保局局长王细波成为“惠民在线”论坛嘉宾，是全市首位上线的部门负责人。

2009年1月22日，黄业斌、李汝求联名致信全市网民，首次通过网络向广大网民拜年。

2009年1月22日，惠州市下发《关于开展网络问政工作的通知》，明确开展网络问政试点工作，并在各县（区）、各部门逐步推开。

2009年3月19日晚，惠东县开通“惠民在线——网络问政”论坛，时任县委书记黄树正上线与网民在线交流，标志着惠州市网络问政机制向县（区）延伸。

2009年7月7日，惠州市举行“书记市长网友见面会”，市领导黄业斌、李汝求、陈训廷参加见面会，听取18位网民代表对惠州市经济、社会发展的意见、建议。

2009年8月20日，惠州市召开“惠民在线”网络问政工作一周年座谈会，现场听取网民意见。

2009年9月21日，惠州市下发《关于开展“惠民在线”网上办公工作的通知》，规定在46个部门开展网上办公。

2010年1月，惠州市首次尝试并通过网络征集“两会”旁听代表，4位网民代表分别旁听市政协十届四次会议和市十届人大五次会议。

2010年2月23日，惠州市人大常委会将市人大代表参考网民意见提出的两件议案（转建议）作为2010年重点督办的代表建议，14件未获代表采纳的“民间建议”交由各相关职能部门研究处理及回应。

2010年3月22日，黄业斌在奥一网南方微博开通个人实名微博，这是广东省第一位开通微博的地市级领导人。2012年9月23日，在第三届中国网络问政研讨会上，“@黄业斌”入选“广东十大政务微博”。

2010年4月7日，黄业斌书面批复23位网友微博留言，指示相关职能部门负责人及县区领导调查解决。

2010年4月16日，首届网络问政研讨会在惠州市召开，惠州市获得首个“广东省网络问政年度城市”（2009年度）等3个奖项。

2010年5月7日，惠州市纪委、市委宣传部、市监察局、市委督查办、市政府督查办联合下发《惠州市网络问政督查工作制度》，对网络问政工作的督查、考核进行明确规定。

2010年5月21日，《惠州市“网络问政创新完善年”活动实施方案》出台，明确没有及时妥善解决网民反映问题的县（区）、单位，要对主要领导进行问责。

2010年8月17日，今日惠州网“惠民在线”论坛获“第二届中国互联网品牌大奖——全国地方网站最具创新发展潜力品牌”。

2010年10月22日，惠州市再次举行“网友见面会”，黄业斌、黄雁行参加见面会，就“深化网络问政，建设惠民之州”，听取24位网民代表的意见和建议。

2011年2月27日，在第二届中国网络问政研讨会上，网络问政的“惠州样本”入选2010年度“广东网络问政十大经典案例”。

2011年4月29日，首届华人网络论坛在惠州市召开，惠州市、杭州市（浙江）、烟台市（山东）、合阳县（陕西）等国内4个城市获评2010年度“中国互联网与社会管理创新城市”。

2011年5月25日，惠州市移动手机网络问政综合信息平台启动，惠州市成为广东省首个启动手机问政平台的城市。

2011年11月，网友李少魁、公民证（网名）、戴秋生参加旁听惠州市第十次党代会，网友谌毅兵建设“坪新清产业合作示范区”的相关建议写入党代会报告。

2011年11月30日，刚到惠州工作3个多月，市委副书记、市长陈奕威（时任代市长）成为“惠民在线”论坛嘉宾，与网民在线交流。

2012年6月12日，惠州市政府新闻办实名认证官方微博“@惠州发布”在新浪微博、腾讯微博、奥一网南方微博同步上线。

2012年8月24日，惠州微博发布厅在新浪微博、腾讯微博正式上线，发布厅政务微博群由惠州25个市直部门和7个县（区）的官方微博组成。

2012年8月30日，惠州市举行“2012年书记网友见面会”，黄业斌、范中杰参加见面会，15位网民代表畅谈“基本公共服务均等化”，黄业斌建议设立网友“金点子奖”。

2012年9月23日，第三届中国网络问政研讨会在惠州市举行，惠州再次获评“广东网络问政年度城市”（2011-2012年度）等3个奖项。《惠州市关于深化网络问政工作的若干意见（试行）》（简称“惠州网络问政16条”）出台。

2012年9月23日，大河网、红网、人民网、胶东在线、奥一网、中国宁波网和金山网、今日惠州网等8家网站在惠州联合发布网络问政“6+2惠州共识”。

2012年10月19日，惠州网上办事大厅正式开通运行，首批5390项服务事项“进驻”，可在线申办市级事项504项。

2012年12月18日，“广东省2012年社会管理十大创新”榜单揭晓，惠州市“特色之家”等社会建设创新项目入选。近年来，惠州市根据不同群体实际，先后探索成立“出租车司机之家”、“流动商户之家”、“外来工之家”等。

2013年1月10日，人民网“年度最受关注地方领导”名单揭晓，黄业斌排名第五再次上榜。这是黄业斌连续第7次入选，也是2008年以来连续5年居榜单前5名。

2013年1月13日，在广东省第二届网络文化精品评选颁奖活动中，“@黄业斌”入选“十大政务微博”。

附录2：
网络问政“6+2惠州共识”

喜迎十八大，再创新辉煌。借第三届中国网络问政研讨会召开之机，我们聚首广东惠州，以实际行动传承改革开放、科学发展的精神，总结过去六年来全国开展网络问政的思路和经验，为实现网络参政问政的制度化而不懈努力。

我们认识到，互联网是二十世纪最重要的技术革命，已经成为推进国家信息化建设、推动经济社会发展的重要平台。以日新月异的互联网技术为载体开展网络参政问政，是建设和谐社会和文化强国的重要途径，成为中国特色民主监督和参政议政事业的重要组成部分。

为了熔铸多元观点，并充分体现网络世界的平等、透明、效率精神，我们充分理解参与各方由于所处地域领域、文化教育和社会分工各有不同，必然有着丰富多样的诉求和立场，但都有着共同推动社会稳定进步的愿望，协力寻求理性沟通解决问题的决心。

基于此，我们八家网站，与来自全国各地的政界、学界、传媒界和网民参会代表，达成如下共识：

1．我们共同致力于营造文明和谐的网络环境，确保信息自由流动、有序流动、安全流动，促进我国互联网健康发展。

2．党委政府是网络问政的重要推动力。网络问政是新时期密切联系群众、了解民意、凝聚民智的创新手段，是具有国际视野和政治远见的中国官员，基于对转型期中国国情的深刻洞察，主动顺应时代的变革之举。

3．人民群众的智慧是网络问政的源泉。智慧与真知蕴于民间，通过网络平台，原生态草根智慧可以被集纳和传播。“围观改变中国”的实质是网民渴望参与公共社会建设的强大意愿，是网络问政参政的群众基础。

4．新技术是网络问政的根基。140字有大乾坤，微博异军突起，自媒体时代到来，网络问政进入了全新的阶段。基于互联网技术的网络问政，一定要站在技术的潮头，方能引领时代，倒逼制度改革。

5．网络问政的孕育，离不开公共媒体的自觉、自律。互联网在中国，不应只有经济属性、娱乐属性，还要有公共价值、社会价值。

6．网络问政塑造了新型健康的网络文化。构建充满活力、和谐有序、建设性的网络互动平台，也是弘扬社会主义核心价值观的重要体现。我们将加强交流合作，建立共享机制，推动网络问政在全国深入、有序发展。我们承诺，共同打造创新型、服务型、阳光型平台，践行社会责任，创造网上幸福家园。

【注】网络问政"6+2惠州共识"，由历年来获得网络问政类"中国新闻奖新闻名专栏"的6家全国优秀网站——大河网、红网、人民网、胶东在线、奥一网、中国宁波网，和网络问政工作表现突出的2家地市网站——金山网（中国·镇江）、今日惠州网，于2012年9月23日在广东惠州共同发布。

附录3：
2008-2012年网络问政十大经典案例

2008网络年鉴：网络问政元年

如果说2007年是网络公民崛起元年，那么，2008年就是网络民意强力问政、网络情绪影响政情、网络民主平台初步搭建的重要关头，可谓网络问政元年。

中国三十年改革开放，积极改善民生民权、稳步推动文明进步，网络社会纵深发展，民主诉求闪亮登场。

一个用钢条也封不死的虚拟空间，一个个删不完的永久论题，让在其位或不在其位的许多人意识到：人除了吃饱喝足，还有更高诉求……

1．涛哥触网

2008年6月20日，在人民日报创刊60周年之际，中共中央总书记、国家主席、中央军委主席胡锦涛到人民日报社考察。胡锦涛在人民网“强国论坛”，通过视频直播与网友进行了22分钟的在线交流。这是中国党和国家最高领导人首次在网络上与公众直接沟通。

2．总理回应

“两会期间我一直在上网”，2008年3月18日，国务院总理温家宝在十一届全国人大一次会议记者招待会上，回答记者提问时如是说。这也是温家宝总理连续四年在记者招待会上谈到互联网。

3．岭南十拍

2008年2月29日，南方都市报集结奥一网“捎给汪洋书记的话”平台的十篇经典拍砖帖子，出版16版特刊《岭南十拍》，经中共中央政治局委员、广东省委书记汪洋在全省领导干部会议上点评，一时风靡岭南，并直接促成了之后的汪洋与网友见面会。

4．高官在线

2008年，9位省委书记纷纷与网民在线交流，直面网络问政。

5．网友议政

西藏3·14事件，5月12日汶川地震，6·28贵州瓮安事件……2008年中国大事不断，在重大的社会议题上，网友们通过网络发出了自己理性而独特的声音。他们不再是旁观者，而是积极的参与者。

6．曝光出国

网络监督的力量在2008年大现威力，普通网友以无可辩驳的证据彻底曝光公费出国游，一批官员被处分，多个省市收紧出国考察审批。

7．人肉反腐

天价烟事件中，南京市江宁区房产局长周久耕被网友们的“人肉反腐”击中落马。由此一种新的通过网络、借助网友的反腐方式走上前台。

8．市长网辩

2008年10月6日，常州市最大的论坛“化龙巷论坛”出现一篇指责市长王伟成在BRT工程中为家人、亲朋“捞好处”的网帖，行文十分激烈。市长王伟成积极回帖自辩清白，其行为在网上引起一片赞扬声。

9．西丰事件

2008年1月4日，西丰县有关人员来到北京，要求法制日报社主办的《法人》杂志就一篇批评西丰县的文章澄清事实真相，称记者涉嫌“诽谤罪”，并要拘传。该事件一时成为全国性大新闻。西丰县委书记张志国被认定为指定者，被网民称为“最牛县委书记”。

10．“猥亵”门

2008年10月29日晚，深圳市某酒楼，11岁女童热心帮50来岁男子指路时，“被卡住脖子强行往男厕里拖”。当家长找其理论时，男子大放厥词。事件上传网络，一片轰动，在网友的“人肉搜索”下，该男子无所遁形。最后，林嘉祥被撤销党内外一切职务。

2009网络问政特刊：广东正经

濒海临风，故南粤易得风气之先。

广东网民数量之众，冠绝一时，灌水拍砖，蔚为大观。

更堪称道者，南粤官员善借新兴网络，主政者汲取民意，纳谏如流。

智者尽其谋，勇者竭其力，问政听政，步入纵深，诤言妙计，尽入彀中。

广东经济水平长居神州之前沿，网络文明亦领海内之风骚。其盛况为媒体人关注，2009年11月18日，新华社播发长篇通讯《解读网络问政的“广东经验”》，予以解析。

“广东经验”贵如金玉，千头万绪亟待梳理，今不揣浅陋，推出《广东正经》，述评广东2009网络问政十大事件等，惟愿顾后而瞻前，鉴往以知来。（韦中华）

1．网上交办

2009年6月29日，中共广东省委办公厅召开网友集中反映问题交办会，实现了“从问到答”、“从答到办”的跨越式推进，标志着广东开始探索网络问政的长效机制。连同3个月内召开的第二次交办会，37个交办问题在2009年底前全部办结。

2．网络发言人

2009年8月3日，在一则反映韶关工商局“涉嫌滥用职权”的网帖后面，“广东省工商局”在奥一网网络问政平台进行了答复。这是全国第一个厅级以上党政部门“网络发言人”的正式发声。之后，广东另14个省直机关及佛山等地，全面推行网络发言人机制。

3．出国事件

2009年2月中，网上一段17分钟视频，曝光了广东肇庆市端州区长谭日贵等13人前往南非、土耳其、埃及等国旅游的视频。6月，广州海事法院一行6人赴南非、埃及、土耳其等国“考察”的报告在网上曝光。两件事情的调查与处理使公款出国旅游成为上半年网络热度最高的话题之一。网友们直接摆出视频和文件，“鉴证实录”的办法更有冲击力。

4．网晒预算

2009年10月16日，广州市财政局做出件破冰之举——从市委办公厅到食品安全检验所，把全市114个职能部门的预算一股脑儿贴到了政府网站上，供社会各界尽情浏览、免费下载。此次网上公开，涉及财政资金超过200亿元。这是国内第一次在网络上将政府“账本”完全“晒”在阳光下。

5．网民论坛

2009年11月1日，108名省内外知名网友及44名特约观察员、民间智库专家，与20多名“厅座”、“处座”共聚一堂，围绕“金融危机”展开激辩。这是国内到目前为止规模最为庞大的网民论坛，新华网评论道“官方与民间思想不谋而合”。在网民论坛上，南方民间智库正式宣告成立。

6．民间拍案

2009年3月、6月，南方都市报与奥一网连续在广州、珠海、深圳和惠州联合举办了4场《珠三角规划纲要》“民间拍案”拍砖会活动，专家和网友齐聚一堂，为《纲要》的落地生根“拍砖”、“灌水”。其间，南方都市报出版24版“民间拍案”特刊广受好评。民间的意见没有仅仅停留在“江湖”之中，在省委书记汪洋与社会人士围绕纲要座谈时，7位网友被邀请在列，来自“江湖”的声音传到了“庙堂”之上。

7．网上市长

换个身份怎么样？别再在网上自说自话了，你来当市长。2009年12月1日，王荣和深圳政府工作报告起草小组向网友发出了邀请。这个邀请拨动了这座城市的网络神经，于是，上千个网上市长随着多篇“我们一起当市长”跟帖浮出水面……再接着，网友们落座真实的议政桌前。

8．华哥信箱

“华哥”，是2009年广东网络江湖的一位“传奇式”人物，他身居要职，但在网络开设实名邮箱；他公务繁忙，但每天亲自回信10余封。他是河源市委书记陈建华，“华哥”是网友送给他的网名。一年多前，当他在跟帖栏中敲上“陈建华”三个字的时候，他没想到会涌来4000多封来信，每天10多封的回复让他这个“华哥”不好当，但他说当得很充实。

9．妇联触网

对于广东妇联网络问策的作用，省社科院人口与社会学研究所副研究员梁理文这样评价，“有一石三鸟的效果”。一是省妇联接收到了3000多的英雄帖，让广大市民有一次开诚布公向妇联表达真知灼见的契机，二是让妇女工作有了更多的外延，三是温兰子的实名回应让妇联的工作方法、工作载体都有了创新。将集思广益与了解民意结合起来，社会服务的输出与民间智慧的吸入结合起来。

10．深圳学生绑架案

2009年11月中旬，“中小学生频繁遭到绑架、撕票”的消息在深圳市民中口耳相传，并通过论坛、微博、手机短信等形式广泛传播，许多网民追问事情真相。12月7日，深圳市公安局称警方展开为期80天的校园周边整治行动，但未公布具体案情的做法引发网络热议。12月8日，警方正式公布系列绑架案情况。（温冲）

2010广东网络问政特刊：微博We勃

今国中互联网之发达，一日千里，以网站论，何止万千，以传播途径论，则翻新出奇，较之十多年前，已宛如隔世。

时间永在流驶，网络依旧沸腾。回眸2010年，舆论界已誉之为“微博元年”。微博者，具社会性和公共性，多草根性和互动性。信息裂殖，疾如闪电；力量聚合，倒海排山，诸多传统媒体已难望其项背。

有言：势单而力薄，人微而言轻。又有言：关注就是力量，围观改变中国。宜黄拆迁抓人，官员丑行网上直播；“我爸是李刚”，网友掀起造句运动。诸多网事在在昭示，网意汹涌，堪比风雷。

中山先生云：政治乃众人之事。微博力，其实是公民力，是群体力量的汇聚，是集合名词“我们（we）”的勃兴。

网络问政，献策建言，南粤主政者积极拓展公民表达空间，引领风潮，蔚为大观。岁末盘点，成果很不一般。兹略表一二，不亦欣然？（韦中华）

1．汪网三会

2010年7月2日，“汪帅”三见网友，场面一如既往地热烈，内涵却有深刻变化。第一次谈思想——广东新一轮思想大解放，第二次谈经济——实施《珠三角规划纲要》，第三次谈文化——广东建设文化强省。场场主题鲜明，从高屋建瓴到具体而微，从坐而论道到对症下药，“汪网会”有声有色，渐入佳境。这场座谈会还表明，广东的网络问政已成为党政机关的一项常规性工作。

2．微博问政

微博问政，以更低门槛的技术工具还原了人的“政治动物”本质。网络问政风行数年的广东，新的技术手段和载体不断被使用和翻新。2月25日，肇庆与佛山警方先后开通官方“微博”。3月22日，惠州市委书记黄业斌成为广东第一个开通微博的地市级领导人。5月11日，广东公安系统悉在新浪网建立微博群。微博正成为越来越多党政领导和职能部门问政的新平台，并将网络问政的覆盖人群推向一个新的广度。

3．第一棒

2010年12月22日，广东省学生联合会第十次代表大会提出的“广东再出发，我们第一棒！”口号，通过网络直播翻越府院围墙，切入政治生活，这是多元化时代青年学子与社会沟通的新途径。青年是一个国家和民族的未来。善用网络，拉近距离，凝聚共识，明晰责任。这是两代人之间的隔空对话，也是“互联网一代”的吁求与担当。

4．问政之间

乡村代课老师给省委办公厅干部颁奖，这种错位让习惯了传统秩序的中国人猝不及防。2010年4月16日，一场由南方报业传媒集团主办，南都全媒体·奥一网和南方民间智库承办的网络问政研讨会，以其别开生面的主题和形式，成为一次网络时代的新启蒙。网络规矩颠覆现实惯性，网民参与撕开现实困境，网络问政推动现实参与。这不是结局，而是昭示。

5．民间拍案

以“民间拍案”为主题、持续2010年全年的群众论坛，是一场席卷珠三角的头脑风暴，是一次广东“排头兵”再出发的集结号，是一席高朋满座的思维盛宴。谌毅兵、李健康、彭澎、金心异、李少魁等网友，以智慧和热情，在论坛中脱颖而出。以他们为代表的网友与官方形成网络问政的互动空间。在这里，庙堂与江湖交融、大树与草根共生、宏论与微言同在、天空与地气相接。

6．咆哮哥

广州市法制办工作人员彭晖，与知名网友厦门浪，在2010年6月17日相遇，两人发生了一场争执。这场言语冲突被厦门浪贴在网上后，引来巨量围观。30年改革已入深水，艰难顽阻渐露峥嵘。虽然只是积重翳面的冰山一角，但也凸现改革的攻坚仍在于政府行政权力之本身。

7．上网问案

网络的围观，媒体的关注，广东韶关市一起普通的土地承包纠纷案，成为2009年的社会热点。随着新技术的不断发展，民众掌握的监督方法更加多样化，监督主动性得到大提高，越来越多的民众用更有效的方式，在法律框架内，行使他们的权利，这也是时代的潮流。

8．公仆信箱

把网友的“刁钻”看成是智慧，这是陈建华的理念。所以，他能以开放和平和的心态，在河源这个“偏远”之地力推网络问政。他知道，网络能传递真实的声音和画面，使自己耳聪目明。从“华哥信箱”到“公仆信箱”，陈建华把个人的带头效应扩展为河源党政部门的制度规范，姿态更谦卑，办事更给力。这种务实的作风，使网上一些“愤青”“刺头”被感染，成为理性建设性的网络公民。从这个意义上说，河源树立了标杆。

9．惠州经验

从电台的“行风热线”到互联网的“惠民在线”，惠州的网络问政平台浮现花了3年。从《惠民在线信息摘报》到《南方微博信息摘报》，从党政官员频见网友到市委书记亲开微博，惠州的网络问政样本成型又花了两年。这五年，是惠州网络问政探索建立高效机制与切实保障的五年。2010年4月，惠州荣膺首个“广东网络问政年度城市”。真问，互信，真听，实干。“惠州经验”不在石破天惊之创举，而在为政之真诚。

10．民间智库

他们啸聚山林，出没无踪，但他们身无绝技，也不习百炼钢或绕指柔。他们有旧儒遗风，兼古侠之义。他们也穿马甲，潜水围观，但他们不是五毛，不是“水军”。他们不因万众狂呼而头脑一热，也不因一己得失而沉默无声。他们常感“风萧萧易水寒”的情境，偶有“壮士一去不复返”的壮烈。但他们最信奉的乃是“侠即吾心”。侠之大者，为国为民。为公共利益守望、疾呼，他们是一代网络公民。（邹高翔　温冲）

2011广东网络问政特刊：无微不治

郭美美炫富，爆红十字危机；卢美美浮现，启华商会疑云。动车相撞，令人反思高铁大跃进；故宫被盗，得窥帷幕深深十重门……微博140字，看似柔弱无力，却常常知民意，见民心，带闪电，挟风雷。

冲突现场，手指微动；大街小巷，随手一拍；办公室中，键盘轻敲，或上传，或转发，或评议，热点事件甫起，即可演为汹汹网情。如权威声音缺席，传言则会漫天乱飞。若及时释疑解惑，则阴霾立扫烟消云散。而今观之，微博几乎无孔不入无所不在，成信息流通之炽热平台，亦成社会治理之有力助手。

千里江陵一日往还，即令古人惊叹，而微博传播之速，则在电光石火间。“集中民智，仰仗民力，珍惜民利”，南粤主政者承科技之日新，因网络之迅捷，主动开门，俯身纳言。有道是：无心倾听，千呼万唤虽充耳亦可不闻；有心问政，一封来信一帖微博自有力量。

人称2011年为政务微博元年，岁末年初，此处且做一小结，顾后而瞻前。正可谓：往者或可谏，来者自可追！（韦中华）

1．汪网四会

“汪网四会”的最大新意在于：“汪帅”和五位省委常委一起与网民线上沟

通。2011年党政机关的新课题，涉及多位领导的分管范围。所以，以新方式再会网友，并非为创新而创新，而是有深刻的寓义。每年的“汪网会”，都有鲜明的主题。从“新一轮思想大解放”到“实施珠三角规划纲要”，再到“建设文化强省”，广东发展的每个步骤每个节点，得以激荡民间热情，广泛吸纳民智。而一年一度成为“例会”，也昭示这一对话形式的制度化。

2．广州发布

“中国广州发布”官方微博平台12月19日正式上线，与24个党政部门、社会团体及企业的官方微博，组成了广东省内地级以上市首个政务微博群。这也是在国内继北京、上海之后的第三个政务微博群。广州，一如既往地立于时代潮头。政务微博群较之单个部门开微博，能在部门之间形成良性竞争局面。谁的官腔少，谁的实招多，谁“萌”得一声彩，谁“雷”倒一大片，尽在“晒”中。

3．视频接访

网民集中反映问题交办会暨在线接访会，源自“汪帅”2009年5月的批示。从当年6月开始，已举办到第六次。每一次的交办会都有与网民互动的新举推出。第六次交办会首次开通网络视频接访，启用广东网上信访大厅，公布“南粤智多星奖方案”。网络视频接访使接访者的形象一览无余，而且可能被“围观”。通过这种完全公开的形式，杜绝了产生“雷人”“雷语”的可能，强化了为政者的公仆本色。

4．民意之径

“说身边事，谈幸福感”，2010年，“工人农民”作为“幸福广东工人农民论坛”的主角登场亮相。国企职工、外企员工、农民工、留乡农民……这些基层民众与其说在参与论坛，不如说是在倾诉劳动的苦乐。论坛是一条草根直达大树的路径，上传的是民意，下载的是民本。草根对幸福的感受是切身的、甚至是琐碎的，与他们共呼吸，才能成就“幸福大业”，才能体味主席教导——“人民，只有人民，才是创造历史的动力”。

5．幸福惠州

惠州是网络问政的“老典型”了，2011年，惠州又获得了一个分量颇重的奖项——“2010年度中国互联网与社会管理创新城市”。在一些地方刚刚开始重视社会管理时，惠州的社会管理已形成“人性化、规范化、常态化”的善治格局。调查结果显示，惠州居民的幸福感居全省首位。正如惠州市委书记黄业斌总结网络问政的成功之道所言：“只要民意落地生根，幸福就能加倍提升。”民意何在？在田间，在车间，在虚拟世界和现实人世间。

6．中山新举

2011年7月5日，中山市委书记薛晓峰与网民在线交流时主动爆料：我上个月已经满50岁了，看起来年轻，是因为中山的山好水好，很多中山人都显得比实际年龄年轻。一番话语，俨然与网民拉家常。领导示范，中山网络问政平台不断扩大，推出@平安中山，打造“微问警”平台，出现首例“微博自首”案例。

7．湛江清风

湛江的“清风竹影”网站，是该市惩防体系电子监察综合平台。近年来，重大建设项目频频落户湛江，反腐形势严峻。“清风竹影”应运而生。中山和湛江的社会经济状况差别很大，网络问政的着力点有所不同，但通过网络把准社情民意的脉络，实为殊途同归。

8．莞香花开 & 9．南海微群

如何实现网络问政向网络行政推进？如何让网民与官员彻底的“零距离”沟通？如何以制度化措施保证网民的诉求得以解决？“莞香花开”和“南海一点通”给出了答案。

东莞和南海，经济重镇，人口众多，社情复杂。东莞的“微访谈”由前市委书记、现广东省副省长刘志庚开场，一炮打响。媒体人自由报名担任主持人，消除了网民对官方“过滤”提问的疑虑。南海打造全国最大的“政务微博广场”，使网民声音无微不“至”。该区政府制定出台重要文件和作出重大决策前，必须先通过“一点通”征求公众意见。民意畅通即为民心工程，在东莞南海两地得到一“网”情深的诠释。

10．微博擒凶

一个正值妙龄笑容灿烂的女孩，一堆冰冷的白骨——它们之间有一个看不见的等号。当徐芬的家人捧着这两张照片在大街上痛哭时，再次触动我们关于人性、关于司法的敏感神经。在案件迟迟没有进展时，网友在奥一网上发帖将案情公诸于世。微博反响热烈，媒体跟进报道，上级部门介入，终于使案件侦破取得重大进展。凶犯落网，已审待判。以微博为代表的新型媒体，以网络问政为代表的新型监督方式，必将更有力地推动依法治国。（邹高翔）

2012广东网络问政特刊：政能量

人莫不知法治国家，其政府皆从民意以为政。然而一方居庙堂之高，一方处以江湖以远，信息互通，向来不易。

忧心国事者，代不乏人。有发言欲望，常无表达之途。或酒馆餐桌前，二三朋友互吐胸臆，可影响力毕竟有限。或报纸电视上，以个人身份发为言论，可有机会者究属凤毛麟角。

近十余年，互联网兴起，人人皆可吐槽发言，公共舆论平台就此奠立。而今微博突起，仅短短数年，其来势迅猛，影响日巨。

君不见，微公益，正能量持续放大；托举哥，传爱心感动中国。君不见，揭批腐败，穷追不舍，使“房叔”难逃法网；人肉搜索，证据接力，令“表哥”无所遁形。或转发，或评论，或链接，反腐大小浪潮，网上时见起伏。

接地气，讲人话，多互动，摸实情。网络发展日新月异，高效便捷，执政者自不会忽略。官微如雨后春笋一一推出，已为政务发布新平台，“推进网络参政问政制度化”，则成官方既定大目标。

网络看似虚拟，无法轻松；微博仅为百字，岂可小觑？扬正气倡文明，杜鹃啼血，耿耿赤忱，网情即为民意。执政者从中汲取能量，倾听诤言，探民情，知民心，正其时也。（韦中华）

1．常委网聊

2012年5月14日，常委网聊，承接广东省第十一次党代会，是新一届省委常委上任后的第一次集体办公，足见对网络和网民的认知。党代会提出“健全决策咨询制度，积极开展网络问政”，以及“推进网络参政问政制度化”，表明网络问政已进入决策的新层面。这是网络与民意结合的新空间，是传播技术革新背景下扩大公民知情权、参与权、表达权和监督权的突破口。由是观之，常委网聊是对广东五年来网络问政的梳理，更是对未来的期许。

2. 网上办事大厅

广东省第十一次党代会提出“推进网络参政问政制度化”，这是一个全新的理念，理念需要落地。于是，网上办事大厅作为其物理平台，于2012年10月17日正式开通。智能化政府的先行先试，电子政务的新方式，智能化政府以亲民的姿态、技术的便捷、制度的保障，呈现于公众面前。可以相信，网上办事，日复一日，查漏补缺，臻于完善，于官民都能形成制度自觉，进而成为文明的新形态。

3. 美韶癌帖

2012年9月23日，在第三届中国网络问政研讨会上，播放了病床上的胡美韶向省领导等社会各界的致谢视频，令人百感交集。一篇网帖直通省委书记案头，江湖庙堂心灵共振。网络很平等，问政不设防。由个例而发散，为弱势群体建立重大疾病救助体系，显得尤为迫切。“龙剑血帖”改变了龙剑本人的命运，更改变了广东数万代课教师的命运。“美韶癌帖”的后续效应还在集聚，终有惠及所有病患的一天。

4. 惠州共识

“6+2惠州共识”源自全国成功推动网络问政的网站，从他们的视角，审视网络问政的过去、现在、未来。最合理的载体，便是网站。由于网络问政，网站由单一的平台属性进阶到多元的媒体属性，由报网互动到独树一帜，具有了思想力和价值观，拥有了自己的受众群。网站不再是网吧的代名词，而是新技术手段传播主流文化的阵地。六条共识，字字珠玑，振聋发聩，网络问政，再出发!

5. 微信公众平台

如果说网络问政是一辆高速奔驰的汽车，那么它就是前后驱动：思想引领和技术支撑。2010年是微博元年，2011年政务微博大行其道，2012年微博仍然强劲，但已然面临微信的挑战。广东青联和肇庆市公安局试水微信，并非要取代其他网络问政平台，而是多一条联系外界的途径，进而改变沟通方式。技术倒逼观念更新和制度改革，在网络问政中体现得淋漓尽致。问政空间巨大，微信仍待发力。

6. 南粤智多星

“南粤智多星”——网民促进广东科学发展金点子奖源自网民的建议，得到省委书记肯定，成为全国首个为网帖设立的奖项，让网民成为网络问政的主角。2012年2月27日，颁奖会现场，一名获奖者抢麦建议在潮汕设立如茂名新区一样的区域，以及创办“世界潮人城”。言之切切，为一方发展的急迫心情溢于言表，全场给予掌声。包容、务实、创新的会场氛围，正是网络问政的气质写照。

7. 网络反腐

从“表哥”、“房叔”到“63小时扳倒区委书记”，2012年网络反腐成果丰硕。网络反腐是网络问政的深化，通过拷问官员，追寻事件真相，查找制度漏洞。举报成本甚至低于过往的“八分钱邮票”，网络尽显低门槛，而能达到广泛的传播效应，形成关注焦点，推动官方介入。在这个意义上，网络反腐与传统的舆论监督路数趋同。不同的是，在自媒体时代，网络使信息的发酵速度更快、裂变层级更多、影响人群更广，让贪腐者无从遁形。

8. 向上的力量

2012年5月，团省委举办的“寻找向上的力量”论坛，通过网络直播，引起全省青年热议。论坛的意义在于，切中了当下若干人道德缺失的软肋，若干青年价值迷惘的困境。“小悦悦事件”中，拾荒阿婆陈贤妹和18名冷漠路人的对比，发人深省。仿佛为印证论坛的价值，不久广州肇庆同现“托举哥”，“夺刀哥”、“最美路人”、“最美街坊”亦纷至沓来。向上的力量即正能量无处不在，或者你被它托举，或者你用它托举别人。

9. 政务微博

“接地气、敢说话、说人话”、“中国好声音”，这些赞誉让@广东政法在国内政务微博中独树一帜。不做僵尸，不做天气预报台，不照本宣科，“做有态度的政务微博”。社会管理诸层面中，政法领域尤显“敏感”，于制约公器保障公民权利中堪称首冲。而@广东政法的运作模式，折射出其何以成功：“大领导”要有态度，操盘手也要有态度。相比之下，某些政务微博只是应付作秀，不闻不问，不痛不痒，还能指望公众什么态度?

10. 制度化探索

网络问政植根于广东这片历来思想解放的先发土壤，由实践到理论，由现象到制度，网络问政需要升华。2012年，“推进网络问政制度化”写入省党代会报告、常委网聊创新对话方式、网民集中反映问题交办会持续举办、网上办事大厅开通、网络助力“三打两建”、惠州出台“问政16条”、“湛江清风”、“阳江探索”、“顺德微问政”……顶层设计和基础夯实齐头并进。制度化的目标，提升执政能力，消弭官民壁垒。（邹高翔）

跋

政能量，正点

蓝　云

（一）问政抓手，抓出幸福天地

社会大转型背景下，如何借助互联网推进社会管理创新？人人都有“麦克风”了，还能不能传递主流、积极的价值观，两个舆论场如何才能融通？微博时代，敢不敢实时亮出自己的观点，与网民“零距离”，与草根“互粉”？维稳，维稳，为何“越维越不稳”？互联网及其用户到底是社会稳定、进步的正能量，还是负能量，抑或非能量？

这是当下中国各地党政领导无法回避的问题。

时局激荡，广东惠州勇立潮头。

自2008年起，在一位书记、两任市长的带领下，用果敢的作风、永恒的激情、清新的文风，“决不作秀，真听实干”，直面互联网江湖。正如本书行篇所体现的，惠州在国内率先建成了网络问政六大平台。

惠风和畅，润物细无声。全方位、立体化系统平台的背后，是民意畅通大平台、网络公民社会的初见雏形，是社会综合治理成本的显著减低。据统计，惠州市信访量连续多年位居广东21地市下游。“多上网，少上访，不上街”规律，在惠州得以印证。

天朗气清，水落而石出。惠州把“惠民之州”作为总目标、总任务，大力实施“人本立市”战略。以网络问政为抓手，探索新时期“互联网执政”新路径，聚合全社会正能量，形成突破口，全方位推进社会管理创新，全面落实“五位一体”总布局。在长期实践中逐渐形成“民共建、民共富、民共享、民共乐、民共治”理念，实现了民生幸福与经济社会的协调发展。

南方民间智库专家调研组指出，惠州“改革开放立市，科学发展立市，解放思想立市”，成功打出了五张闪亮名片，其间有丰富、严谨的内在逻辑关系，惠民之州是核心，网络问政是抓手，文明城市是平台，经济建设是保障，幸福惠州是目标。

曾有网民直言不讳，在个别区域，网络问政是个别领导的一个“秀”，因为“实”的东西不行，只能玩些“虚”的，以博眼球。

在惠州，不会有这些疑问。2011年5月，“真维斯冠名清华教学楼”事件引发轩然大波。鲜为人知的是，真维斯是土生土长的惠州品牌，是在中国第一批“三来一补”工厂基础上成长的“惠货”。珠三角民间独立学者李少魁指出，惠州人太实干，有点“傻”，未能借此好好宣传。TCL、德赛、华阳、侨兴、富绅、雷士、隆生等一大批自主品牌，与石化等大项目，成为推进惠州经济持续健康发展的两大引擎，2012年惠州GDP增速列珠三角第一，全年外贸增速全省第一。面对世界金融危机，惠州不但经受住了考验，而且凸显实力、后劲、内功。

一低一高。低的是社会治理成本、PM2.5指数，高的是经济增长、基本公共服务均等化投入。之间的巨大红利，就是民生福祉。连续5年，市委市府向全市人民庄严承诺，每年新增财力的70%都用于改善民生。在中国城市竞争力研究会发布的榜单上，惠州已连续3年入选“中国最具幸福感城市排行榜”前10名，且排名逐年靠前。

（二）不“翻烧饼”，十年磨一剑

2013年1月17日，广东省委十一届二次全会，省委书记胡春华强调，要保持政策的连续性和稳定性，不“翻烧饼”。

惠州的发展、绩效，正是不“翻烧饼”的范本。谈及社会治理创新“惠州模式”，不能不提这座城市的“当家人”、市委书记黄业斌。

从2003年8月出任惠州市委副书记、代市长起，黄业斌在惠州市工作了10个年头。2006年10月，黄业斌出任市委书记。近期的南方都市报评论在解读“黄业斌再次当选人民网最受关注地方领导人”时指出，地方主政者的稳定，避免了城市行进方向受到领导人更替的影响，政策制定与执行亦保持了连贯性，较少出现今是昨非的现象。

2012年9月，黄业斌和新加坡国立大学郑永年教授与网友对话，聊起“慢生活”时说，这10年静下心来，很好地思考了如何治理一座城市。黄业斌介绍了惠州对流动摊贩友善、有序的基本立场——“摆者有其摊、摊者守其序”，这引起了郑永年强烈共鸣，“新加坡最早的产业也有流动商贩，现在还可以看到这样的痕迹”。

在黄业斌出任市委书记前6个月，在毗邻惠州的深圳，在成功改造中国第一批互联网网站“深圳热线“的基础上，奥一网呱呱落地。一帮“不安分”、“好折腾”的南方都市报员工，将南方报业“创新、包容、担当、卓越”的新闻基因注入了互联网，全国首创开设了“有话问总理”“有话问省长”“有话问市长”等互动栏目，开始了“有高度地贴近网络民意”的大胆探索历程。

奥一网与黄业斌的交集发生在2007年10月的十七大期间。南方都市报在京专访党代表，黄业斌说：“严禁，禁止，现在城市交通执法口号大都是冷冰冰的，一点都不温馨，体现的是一种从上到下施压的感觉。能不能人性化一点，温情一点？”黄当场拍板，委托奥一网面向全国征集“文明交通用语”。本次大会上，“扩大公民有序政治参与”成为全党共识。

2008年起，在时任省委书记汪洋亲身示范下，广东开始了构建充满活力、和谐有序、建设性的网络民主平台的历程，书记省长网络拜年、岭南十拍、珠岛拍砖、龙剑血帖、民间拍案、群众论坛等精彩篇章接连上演。其中，惠州市率先落实、全面部署、大胆创新，成为全省、全国网络问政典范。

2008年6月，黄业斌批示网友来帖，正式拉开网络问政大幕。

2008年9月，黄业斌与南方报业杨兴锋社长高端对话。黄业斌明确要求，来帖“不加过滤，原汁原味”，30多个提问一口气回复。

2010年3月，黄业斌再饮“头啖汤”，成为广东首位开设微博的地市领导。那时，各方对微博的看法远未一致。

……

在多元、复杂的互联网世界里，黄业斌敢于自降身段，主动直面网友，容纳各方意见，真诚坦率，真抓实干，这正是“斌哥”吸引广大网友的最大地方。

5年来黄业斌的两位搭档都是骨灰级网民，前任市长李汝求，4次与网友对话；现任市长陈奕威，在揭阳市长任上，就通过奥一网与全省网友对话。在揭阳的论坛上，网民称陈奕威为“威哥”，他们熟识的陈奕威，不仅是揭阳市市长，还是揭阳新闻网“向市长说说心里话”栏目的版主。来到惠州，陈奕威上任伊始就通过“惠民在线”论坛与网友互动交流。2012年9月第三届中国网络问政研讨会，惠州荣获“2011-2012年网络问政年度城市”，从人民日报原副总编辑周瑞金手中接过牌匾后，陈奕威现场动情说到：“最重要的是网友的支持，我今天很荣幸代表惠州领这个奖，这个奖、这个荣誉应该属于全体市民，特别是广大网友。”同时，陈奕威表示将会不断创新网络问政，使网络问政真正成为沟通群众的联系体，表达民意的直通车，解决民困的主渠道。

惠州市当地有两大网站，今日惠州网和西子湖畔网，前者是党报旗下网站，后者是民营网站。笔者注意到，历次市委书记与网友见面会，两家网站都能推荐网友、同进会场，“政治待遇”一样。不过在西子湖畔网的核心版块“西子论坛”上，常见批评帖，比如2013年1月16日下午的置顶帖子是《盛世危言：惠州发展存在致命的十大缺陷》。也许在这位网友心目中，惠州还不是完美城市，“斌哥”“威哥”还要继续努力。

柔性、开明、宽容的背后，并不代表惠州主政领导在涉及民生、平安、环保等重大事项上没有底线，不敢来硬的。每天的《惠州日报》封面，都有“警情天天报”，雷打不动。在“三打两建”专项行动中，惠州相关工作位居全省前列。

一软一硬。软的是“公仆”对“主人”的虔诚，是传统士大夫文化中对伦理的尊重；硬的是职责，是担当。其中的广阔空间，是人民群众的幸福蓝海。适应开放条件下的科学的社会治理模式，其利大矣。

电视剧《亮剑》中，李云龙说，一支军队的风格往往取决于首任长官的性格。

这10年，一个人的风度，与一座城市的气质，已经融为一体，难分彼此。

（三）聚合正能量，围观改变中国

一般认为，2005、2006年是网络“呕像”年。芙蓉姐姐等“偶像”的走红、大热让公众的“审丑感官”达到极限。中国网络的发展遇到拐点。经历了2007年的网络公民崛起、2008年的网络问政元年后，网络问政在2009年后向纵深化、实质化推进，并伴有制度创新。网络问政在广东及湖南、河南、山东、江西、海南、上海等省市，风起云涌，蔚为壮观。同时，网络行业本身也在重建价值，回归常识。

2012年9月，第三届中国网络问政研讨会，历年来先后获网络问政类中国新闻奖的6家全国优秀网站，大河网、红网、人民网、胶东在线、奥一网、中国宁波网，和网络问政表现突出的2个地市网站金山网、今日惠州网，共聚惠州，联合发布了网络问政“6+2惠州共识”。“共识”提出要为实现“网络参政问政制度化”而不懈努力，要点有：

1. 我们共同致力于营造文明和谐的网络环境，确保信息自由流动、有序流动、安全流动，促进我国互联网健康发展。

2. 党委政府是网络问政的重要推动力。网络问政是新时期密切联系群众、了解民意、凝聚民智的创新手段，是具有国际视野和政治远见的中国官员，基于对转型期国情的深刻洞察，顺应时代的变革之举。

3. 人民群众的智慧是网络问政的源泉。“围观改变中国”的实质是网民渴望参与公共社会建设的强大意愿，是网络问政参政的群众基础。

4. 新技术是网络问政的根基。

5. 网络问政的孕育，离不开公共媒体的自觉、自律。互联网在中国，不应只有经济属性、娱乐属性，还要有公共价值、社会价值。

6. 网络问政塑造了新型健康的网络文化。

在南方报业总编辑张东明、惠州市委秘书长范中杰和人民网原总裁何加正的指导下，该份共识广泛征求意见，几经修改，高度浓缩了各地经验，获得广泛共鸣，被公认为是迄今对网络问政的最准确概述。

“看见了一切”是奥一网的核心理念。在提出这一理念的奥一网创始人任天阳看来，智慧与真知蕴于民间，通过网络技术平台，草根原生态智慧可以被集纳和传播，因而得以看见一切。在参与广东网络问政进程中，奥一网不是被动的顺应，不是曲意的迎逢，而是主动介入，有所担当，有所作为。我们意识到，没有社会进步和发展，媒体不可能生存和发展。发挥传媒自身的领先优势，主动参与，积极引导，不仅来自大众传媒责任感的内在冲动，进而也促成了传媒自身内容与手段的丰富，视野与格局的开拓。

正如本书思篇所体现的，不管是各省市在政治、社会层面的网络问政探索，还是各地网站在内容、互动层面的网络问政尝试，均反映出，应对互联网时代的改革和创新。

目前，我国改革已经进入攻坚期和深水区，这无疑需要更大的政治勇气和智慧。2012年12月，习近平总书记在广东考察时着重指出，“尊重实践、尊重创造，鼓励大胆探索、勇于开拓，聚合各项相关改革协调推进的正能量”。

（四）YOU!

美国《时代周刊》将2006年度人物授予“YOU”（网民）。这是一个影响深远、划时代的评选。

的确，每一个网民的每一次互联网点击可能是零散的、无意识的，但数量众多的互联网点击就有了意义，有了内涵。你的点击既可以汇聚成小写的“呕像”，也可以汇聚成大写的“能量”。

这种点击、参与、围观，其实就是“政”的一部分。在孙中山先生看来，“政”就是众人之事。每一次正向点击，就是一份正能量，“正点”多了，就能聚沙成塔、集腋成裘，最终汇聚成推动社会进步、建设美丽中国的“政能量”。政能量，有YOU的一份！

奥一网员工与惠州市网络问政工作人员素不相识，却一见如故、一拍即合，都愿意为中国社会建设与公共空间转型尽绵薄之力。在共同工作中，受网友意见启发，萌发了出书念头。通过追踪惠州网络问政5年路径，从一个细微角度刻画中国社会跃动的脉搏，同时与国内外更多有识之士交流、互动，以便给中国社会进步增添一点“正能量”。

虽然关于本书的思考有一段时间，但出版过程还是比较仓促。我们做了一定的准备，但囿于学识、眼界、能力有限，本书内容还是与生机勃勃、方兴未艾的现实有距离。更主要的是，网络问政是一个博大精深的话题，更多的智慧和经验还蕴藏于民间，期待更多的“大侠”该出手时就出手，多“拍砖”，多“@”。2013年1月25日，广东省十二届人大一次会议开幕，朱小丹省长在政府工作报告中三处提及“网络问政”，强调“坚持问政于民、问计于民、问需于民，推动网络问政和网上建言献策”。这给广东未来网络网络发展指出了明确方向。

《政能量——惠州网络问政　行与思》还是份维基式的社会管理创新“民间蓝皮书”，她的共同作者还有70多位南方民间智库成员、几十万“斌哥”“威哥”网络粉丝、400多万惠州市民、1000多万奥一网友，还有200多位历年来通过奥一网、南网与网友互动交流的各级领导，因客观原因限制，不能一一署名，特表歉意！

（作者为南方民间智库执行秘书长、奥一网首席问政官、南网执行副主编）